Hermann Rauschning

Gespräche mit Hitler

Europaverlag

Umschlag und Einband von Georg Schmid

1973 Lizenzausgabe Europa Verlags-AG Wien
Printed in Austria
Druck Elbemühl Wien
ISBN 3-203-50440-5

Vorbemerkung

Die Neuauflage eines Buches, dessen Erscheinen vor einer Generation Aufsehen erregt und heftige Auseinandersetzungen ausgelöst hat, scheint auf den ersten Blick, ungeachtet des anhaltenden Interesses, ein Wagnis. Dies vor allem, wenn man von der Annahme ausgeht, die Zeitumstände hätten sich mittlerweile entscheidend geändert und die im Mittelpunkt der Betrachtung stehende Person gehöre einer nun schon erheblich zurückliegenden Zeitgeschichte an.

So einfach kann man es sich jedoch angesichts der Situation, in der wir leben, nicht machen. In unseren Tagen läßt sich ein Endergebnis der Hitlerschen Politik erkennen: die mit der Auslösung des Zweiten Weltkrieges in die Wege geleitete Auflösung des Bismarckschen Reiches der Deutschen. Der Begriff der deutschen Nation kann von den deutschen Nachfolgestaaten nicht mehr einhellig und übereinstimmend definiert werden.

Die Frage, ob Hermann Rauschnings Gesprächspartner, der einmal auch sein »Führer« gewesen war, ob Hitler, ungeachtet seiner umstrittenen historischen Rolle, unaktuell geworden ist, stellt sich vor solchem Vordergrund erst gar nicht. Die Spuren Hitlerschen Tuns und Denkens finden sich tief eingegraben in den verschiedensten materiellen und geistigen Bereichen und nicht nur in einem einzigen Lande: Neonazismus und Neofaschismus, die alle Gesellschaftsstrukturen durchdringende Neigung zu diktatorischen Praktiken, die Mißachtung der Freiheit, Geringschätzung und Verhöhnung der Menschenrechte, die Verdrängung des Rechts zugunsten der Verherrlichung der Gewaltanwendung und deren Erprobung an Schwächeren und schutzlosen Minderheiten, die Arrogierung der Macht zum Zwecke der Beherrschung der politischen Szene, das sind furchterregende Anzeichen jenes Ungeists, mit dem sich auch schon Rauschning konfrontiert sah.

Heute kann man für all das nicht länger allein die Herrschaft eines einzigen politischen Systems als verantwortlich ansehen. Längst neigt man dazu, die Last der Verantwortlichkeit für den friedlosen Zustand unserer Welt auf jene Mächte zu überwälzen, die nach Hitler den Gang der Ereignisse zu bestimmen begannen. Aber es sollte nicht in Vergessenheit geraten, daß Hitler es war, der die historische Gangart mit seinen gefährlichen und inhumanen Zielvorstellungen geprägt und ausgerichtet hat.

Hitler war es, der ein System ersann und perfektionierte, das auf einer trivialisierten Umwertung der Werte, auf der mißbräuchlichen Exploitierung von Gedanken Machiavellis und Nietzsches basierte, die Zerstörung aller geltenden Lebensformen forderte und zum Teil sogar ins Werk setzte, wo immer diese seinem eigenen Machtstreben entgegenstanden. Es war Hitler, der eine primitive Rassenhierarchie zugunsten der Vorherrschaft einer einzigen, der sogenannten germanischen Rasse, predigte.

Es sollte nicht in Vergessenheit geraten sein, daß er das Christentum als eine jüdische Erfindung verächtlich zu machen versuchte, daß er sich zum Richter über Wert und Unwert des Lebens von Menschen aufwarf, deren Existenzberechtigung er mit Hilfe willfähriger Wissenschaftler und Mediziner theoretisch und schließlich praktisch in Frage stellte. Sein erklärtes Ziel war es, eine Art Edelprodukt von Mensch zu züchten, das über Schwächere und Entrechtete gnadenlos triumphieren und herrschen sollte.

Nun sind dies freilich Zielsetzungen, deren Wahnwitz so offenkundig zu sein scheint, daß es vernünftig und nützlich ist, sich heutzutage davon deutlich zu distanzieren. Sie sind der Auffassung von jener Weltordnung, die laut Verbalkenntnis auf der Bereitschaft zu friedlicher Koexistenz beruht, auf der deklarierten Gleichheit der Rassen, der Freiheit des Individuums, des religiösen Bekenntnisses, auf der Achtung divergierender politischer Meinungen und auf angeblicher Pluralität der Gesellschaft jenseits der Klassen, diametral entgegengesetzt.

Die angesichts aller Lippenbekenntnisse dennoch anders aussehende Wirklichkeit macht erschreckend deutlich, daß Hitlers Saat nicht vom Reif furchtbaren Erkennens verbrannt worden ist. Wer die keineswegs unbegründete Angst davor verspürt, daß hinter den trügerisch schönen Vordergründigkeiten unserer Welt, auf deren Gang Vernunft und technische Perfektion fraglos stärker als je zuvor einwirken, auch bedenkliche gegenläufige Tendenzen wirksam sind, der sollte sich der

Problematik stellen: dem Wuchern des Irrationalen, der Rückbildung politischer Eigenverantwortung, der drohenden Möglichkeit, daß eine labile politische Lage, eine wirtschaftliche Krisensituation neuen Machthabern den Rückgriff auf jene Praktiken erleichtert, die Hitler so verführerisch – weil erfolgreich – praktiziert hat, wie manche heute noch meinen.

Dazu läßt sich aus den Aufzeichnungen Hermann Rauschnings nicht wenig erfahren, das nachdenklich stimmen sollte. Hitler gab in den Gesprächen, besser gesagt, in seinen autoritativen Monologen, denen Rauschning mit geschärftem Gehör folgte und die er nur höchst selten durch eine Zwischenbemerkung zu unterbrechen imstande war, viele seiner Absichten und Pläne ungehemmt preis. Selbst wenn man ihm unterstellen wollte, daß er mitunter weit über das für ihn praktisch Erreichbare hinaus in das unbegrenzte Feld seines traumatisierten Wunschdenkens vorstieß, schafft sein Bekenntnis erkennbare Umrisse einer Konzeption, die die Phantasie »seines« Volkes immer noch beschäftigt. Dieses, sein Volk, lebt nicht nur in Deutschland, sondern in allen Teilen der Welt, und es sollte nicht täuschen, daß es verschiedene Sprachen spricht, unterschiedliche Fahnen trägt und scheinbar divergierenden Ideologien anhängt. Hitlers pseudorealistische Einschätzung des Möglichen und seine pathologische Zukunftsvision von einer »neu geordneten« Welt sind – wie er – nicht zu Grabe getragen worden.

Heute bietet sich, wie den Einsichtigen bereits ehedem, eine schreckenerregende Perspektive, deren Grauenhaftigkeit sich potenziert, wenn man in Betracht zieht, daß die bei der Auswertung atomarer Energie erzielten Fortschritte, die vor uns stehenden Möglichkeiten interplanetarer Kommunikation und nicht zuletzt die Ergebnisse der Biochemie politische Charaktere vom Schlage Hitlers in die Lage versetzen könnten, Pläne von apokalyptischem Ausmaß in die Tat umzusetzen. Diese von vielen Zeitgenossen mit Vehemenz verdrängten Ausblicke sind es, die Hermann Rauschnings Buch zu dramatischer Aktualität verhelfen.

Seine »Gespräche mit Hitler« sind aber auch eine Dokumentation des eigenen Wesens. Rauschning, der, gleich manchen unserer fortschrittlichen Konservativen, von einer »konservativen Revolution« geträumt hat, geriet in enge Berührung mit dem Nationalsozialismus. Der Mann, dem Hitler sich so exhibitionistisch anvertraut hat, war vom Frühsommer 1933 bis zum Herbst 1934 Präsident des Senats der Freien Stadt

Danzig. Bereits in jungen Jahren war er, der aus der bis 1918 zum Deutschen Reich gehörenden und dann zu Polen geschlagenen Provinz Westpreußen stammte, in den Bannkreis des »Führers« geraten. Wie viele andere sah er in der NSDAP eine regenerative Kraft und glaubte, der Nationalsozialismus werde die Gesundung Deutschlands herbeiführen, das zu Zeiten der Weimarer Republik schwere Krisen durchzustehen gehabt hatte.

Das 1918 vom Deutschen Reich abgetrennte Danzig war in den dreißiger Jahren zur Hauptfrage der deutschen Außenpolitik hochgespielt worden und bildete vor dem Ausbruch des Zweiten Weltkrieges die Schlüsselfrage der europäischen Großmächtepolitik. (Das von den Westmächten nicht gewünschte »Sterben für Danzig« führte zum Tod von Dutzenden Millionen Europäern.) Und Hitlers Mitteilsamkeit gegenüber Rauschning ist vor allem darauf zurückzuführen, daß er im politischen Oberhaupt der Verwaltung des internationalisierten Stadtstaates Danzig ein geeignetes und wirksames Sprachrohr zu haben vermeinte.

Nun war aber Rauschning nicht nur ein außergewöhnlich intelligenter und politisch versierter Kopf, sondern auch ein ehrlicher Mann. Dennoch erkannte er zunächst nicht, daß er gegen den Strom schwamm: Er trat in der Danzig-Frage für einen Ausgleich mit Polen ein, an dem Hitler durchaus nicht interessiert war, ohne deshalb vor der Zeit seine Karten aufzudecken. Trotzdem gaben die in den Jahren 1933 und 1934 mit Hitler geführten »Gespräche« einen erschreckenden Einblick in die Mentalität des »Führers« und legten die Konsequenzen des von ihm eingeschlagenen Weges bloß. Anders als andere zog Rauschning die für ihn einzig mögliche Schlußfolgerung, trat von seinem Amt zurück und emigrierte über die Schweiz, über Frankreich und England in die USA, wo er heute noch lebt.

Die Erstausgabe der »Gespräche mit Hitler« wurde unter dem Druck des Dritten Reiches von den Schweizer Behörden zensuriert und gekürzt. Peter Stahlberger hat in seiner Dissertation »Der Zürcher Verleger Emil Oprecht und die deutsche politische Emigration 1933–1945« die Zusammenhänge dargelegt. Nunmehr liegt das Buch in der ungekürzten Originalfassung vor, vermehrt um das seinerzeit dem Zensor zum Opfer gefallene Kapitel »Hitler privat«.

Der Verlag

I.

Der kommende Krieg

»Der kommende Krieg wird völlig anders aussehen als der letzte Weltkrieg. Infanterieangriffe und Masseneinsätze interessieren nicht mehr. Dieses jahrelange frontale Abringen in erstarrten Formen wird nicht mehr wiederkommen. Dafür garantiere ich. Es war eine Entartung des Krieges.« Hitler blickte mit seinen starr gewordenen Augen aus der kleinen Glasveranda seines Berghauses auf die Bergwand drüben. »Wir werden die Ueberlegenheit der freien Operation wiedergewinnen.«

»Glauben Sie, Herr Hitler, daß Deutschland geheime Erfindungen vorbereitet hat, die jeden Widerstand brechen können, denen auch die französische Maginotlinie nicht standhält?« Der Danziger Gauleiter Albert Forster winkte mir zu, jetzt habe er Hitler bei seinem Lieblingsthema.

»Alle Armeen haben geheime Erfindungen parat. Ich bin skeptisch über ihren Wert,« erwiderte Hitler. — »Aber die Durchschlagskraft unserer neuen S-Munition. Ist es wahr, daß der elektrische Krieg ganz neue Möglichkeiten für einen Angriff schafft?« warf Forster ein. »Und die neuen Giftgase und der Bakterienkrieg. Wird man die Bakterien als Waffe im kommenden Krieg verwenden?«

»Ein Volk, dem sein Recht vorenthalten wird, kann jede Waffe verwenden, auch den Bakterienkrieg.« Hitlers Stimme wurde lauter. »Ich habe keine Skrupel und ich werde die Waffe haben, die ich brauche. Die neuen Giftgase sind grauenhaft. Aber es gibt keinen Unterschied zwischen dem langsamen Sterben im Drahtverhau und den Todesqualen des Gasvergifteten oder des Bakterienverseuchten.

In Zukunft steht ein ganzes Volk gegen das andere, nicht mehr eine Armee nur gegen feindliche Armeen. Wir werden die physische Gesundheit unseres Feindes schwächen, wie wir seine moralische Widerstandskraft brechen. Ich kann mir wohl denken, daß die Bakterienwaffe eine Zukunft hat. Noch sind wir nicht so weit, aber es werden Versuche angestellt. Sie verlaufen günstig, wie ich höre. Aber die Anwendung dieser Waffe ist beschränkt. Ihre Bedeutung liegt in der Zermürbung des Gegners *vor* dem Krieg. Unsere eigentlichen Kriege werden sich überhaupt *vor* den militärischen Handlungen abspielen. Ich kann mir denken, daß wir ein feindliches England damit niederhalten. Oder Amerika.«

»Glauben Sie, mein Führer, daß Nordamerika sich noch einmal in die europäischen Dinge einmischen wird,« warf der dritte von uns, der junge Führer der damaligen Danziger SA. ein. — »Jedenfalls werden wir verhindern, daß es das noch einmal versucht. Es gibt neue Waffen, die dafür wirksam sind. Amerika befindet sich dauernd am Rande einer Revolution. Es wird mir ein leichtes sein, in den Vereinigten Staaten Revolten und Unruhen hervorzurufen, so daß die Herren genug mit ihren eigenen Angelegenheiten zu tun haben werden. Wir benötigen sie nicht in Europa.« »Sie sagten, man wird den Feind schon vor dem Kriege mit Bakterien verseuchen. Wie kann dies geschehen, mitten im Frieden,« fragte Forster. »Durch Agenten, durch harmlose Reisende, das ist immer noch das sicherste Mittel, das einzig wirksame zur Zeit,« fährt Hitler fort. »Uebrigens müssen Sie sich vorstellen, daß es mehrere Wochen, wenn nicht noch länger dauert, ehe sichtbare Erfolge in Epidemien auftreten. Vielleicht wird man Bakterien auch im Gipfelpunkt des Krieges einsetzen, dann nämlich, wenn die Widerstandskraft des Gegners zu kippen beginnt.«

Unser Gespräch verbreitete sich über einige Details des künftigen Gas- und Bakterienkrieges. Wir saßen in der etwas engen Veranda von Haus Wachenfeld auf dem Obersalzberg. Hitlers wundervoller Wolfshund lag zu seinen Füßen. Die Berge leuchteten über einen freundlichen Wiesenabhang jenseits des Tales herüber. Es war ein zauberhafter Augustmorgen von jener herben, an den Herbst mahnenden Klarheit, die in den bayrischen Bergen immer wieder erfrischt. Hitler summte Motive aus Wagner'schen Opern. Er schien mir zerstreut, sprunghaft. Eben mitteilsam, versank er unmittelbar darnach in ein trockenes Schweigen. Uebrigens war es die Zeit, als sich der Nationalsozialismus seiner schwersten Krise näherte. Die Partei war in eine fast verzweifelte Lage geraten. Aber aus jedem Wort Hitlers klang die feste Ueberzeugung, bald an der Macht zu sein und das deutsche Volk einem neuen Schicksal entgegenführen zu können. Wir sprachen von dem Ausgang des Krieges, der tragischen Wendung aller deutschen Siege.

»Wir werden nicht kapitulieren, niemals,« stieß Hitler hervor. »Wir können untergehen, vielleicht. Aber wir werden eine Welt mitnehmen. Muspilli, Weltenbrand.« Er summte ein charakteristisches Motiv aus der »Götterdämmerung«. Unser junger Freund von der SA. unterbrach das Schweigen; es sei das überlegene Waffenmaterial unserer Gegner gewesen, das schließlich die unglückliche Entscheidung des Kriegsendes herbeigeführt habe. »Es liegt nicht an den Waffen, es liegt immer an den Menschen,« verwies ihn Hitler. »Aber doch entscheiden neue Erfindungen und überlegene Waffen über das Schicksal ganzer Nationen und Gesellschaftsklassen. Ist es nicht das, wohin Sie hinauswollten, mein Führer, als Sie eben sagten, daß der kommende Krieg ganz anders verlaufen würde wie der letzte? Die neuen Waffen, die technischen Erfindungen werden die ganze Kriegsführung ändern. Sie werfen die ganze Strategie über den Haufen. Heute hat Deutschland die Ueberlegenheit der Waffen und technischen Erfindungen.« »Nein, die Strategie ändert sich nicht. Wenigstens nicht durch technische Erfindungen. Das ist falsch.« Hitler wurde lebhaft. »Was hat sich seit der Schlacht bei Cannä geändert? Was hat die Erfindung der Pulverwaffen im Mittelalter an den Gesetzen der Strategie geändert? Ich denke skeptisch über den Wert technischer Erfindungen. Es hat keine technische Neuerung gegeben, die die Gesetze der Kriegführung auf die Dauer zu revolutionieren imstande war. Jeder technischen Erfindung folgt eine andere auf dem Fuße, die ihre Wirkung wieder aufhebt. Gewiß schreitet die Waffentechnik vorwärts, und sie wird noch viele Neuerungen schaffen, bis sie das absolute Höchstmaß der Zerstörung erreicht haben wird. Aber alles dies kann nur eine vorübergehende Ueberlegenheit sicherstellen.«

Heß, damals Hitlers Privatsekretär, der sich am Anfang des Gespräches zurückgezogen hatte, trat hinzu. »Den Herren scheint nicht klar zu sein, wie Deutschland angesichts des beschränkten Werts technischer Neuerungen für die Kriegsführung künftig dem Schicksal entgehen könnte, wieder in einen jahrelangen Stellungskrieg hineinzugeraten,« vermittelte Heß.

»Wer sagt, daß ich einen Krieg anfangen werde wie die Narren von 1914? Geht nicht unsere ganze Bemühung darauf hinaus, gerade das zu verhindern? Die meisten Menschen haben keine Phantasie.« Hitlers Gesicht verzog sich zu einer verächtlichen Grimasse. »Sie können sich das Kommende nur in den Bildern ihrer eigenen, kleinen Erfahrung vorstellen. Sie sehen nicht das Neue, das Ueberraschende. Auch die Generäle sind steril. Sie verfangen sich in ihrem eigenen Fachwissen. Der schöpferische Genius steht immer außerhalb des Kreises der Fachmänner. Ich habe die Gabe, die Probleme auf ihren einfachen Kern zurückzuführen. Man hat aus dem Krieg eine Geheimwissenschaft gemacht. Man hat ein feierliches Wesen darum veranstaltet. Krieg ist das Natürlichste, Alltäglichste. Krieg ist immer, Krieg ist überall. Es gibt keinen Beginn, es gibt keinen Friedensschluß. Krieg ist Leben. Krieg ist jedes Ringen. Krieg ist Urzustand. Gehen wir zurück auf die primitiven Handlungen, meinetwegen der Wilden. Was ist Krieg anderes als List, Betrug, Täuschung, als Ueberfall und Ueberraschung? Totgeschlagen haben sich die Leute erst, wenn sie nicht anders weiterkonnten. Kaufleute, Räuber, Krieger, das war früher eins. Es gibt eine erweiterte Strategie, es gibt einen Krieg mit geistigen Mitteln. Worauf kommt es im Kriege an, Forster? Daß der Gegner kapituliert. Wenn er das tut, habe ich Aussicht, ihn ganz zu vernichten. Warum soll ich ihn auf militärische Weise demoralisieren, wenn ich es auf andere Weise billiger und besser kann?«

Und nun entwickelte Hitler die Grundlinien seines Krieges, den er seitdem vielfach erprobt hat. Damals war es eine ungewöhnliche und wenig einleuchtende Lehre. Man sah, er hatte sich mit diesen Dingen lange und eingehend beschäftigt. Er fühlte sich als ein neuer großer Stratege, als ein künftiger Kriegsherr in einem neuen und bisher unerhörten Sinn.

»Wenn ich Krieg führe, Forster, dann werde ich eines Tages mitten im Frieden etwa Truppen in Paris auftreten lassen. Sie werden französische Uniformen anhaben. Sie werden am hellen Tage durch die Straßen marschieren. Niemand wird sie anhalten. Alles ist bis aufs kleinste vorbereitet. Sie marschieren zum Generalstabsgebäude. Sie besetzen die Ministerien, das Parlament. Binnen wenigen Minuten ist Frankreich, ist Polen, ist Oesterreich, ist die Tschechoslowakei seiner führenden Männer beraubt. Eine Armee ohne Generalstab. Alle politischen Führer sind erledigt. Die Verwirrung wird beispiellos. Aber ich stehe längst auch mit Männern in Verbindung, die eine neue Regierung bilden. Eine Regierung, wie sie mir paßt. Wir finden solche Männer, in jedem Lande finden wir sie. Wir brauchen sie nicht zu kaufen. Sie kommen von selbst. Ehrgeiz und Verblendung, Parteihader und Dünkel treiben sie. Wir haben einen Friedensschluß, ehe wir den Krieg haben. Ich garantiere Ihnen, meine Herren, daß das Unmögliche immer glückt. Das Unwahrscheinlichste ist das Sicherste. Wir werden Freiwillige genug haben, Männer wie unsere SA., verschwiegen und opferbereit. Wir werden sie mitten im Frieden über die Grenze bringen. Allmählich, kein Mensch wird in ihnen etwas anderes sehen als friedliche Reisende. Heute glauben Sie das nicht, meine Herren. Aber ich werde es durchführen, Zug um Zug. Vielleicht werden wir auf den Flugplätzen landen. Wir werden soweit sein, nicht bloß Mannschaften, sondern auch schon Waffen durch die Luft zu transportieren. Uns hemmt keine Maginotlinie. Unsere Strategie ist, Forster, den Feind von innen zu vernichten, ihn durch sich selbst besiegen zu lassen.«

»Was sagen Sie,« flüsterte Forster, »vor ein paar Wochen hat er den Generälen in Ostpreußen einen neuen Plan vorgelegt, wie man Ostpreußen gegen einen polnischen Angriff verteidigen müsse. Sie haben den Plan angenommen. Hitler ist ein Genie, er ist überall Fachmann.« Linsmayer, unser SA.-Führer, bat Hitler, sich mit uns photographieren zu lassen. Wir standen auf und traten vor das Haus an den steilen Abhang. Heß photographierte, Hitler in der Mitte. Wir gingen ein paar Schritte auf dem damals noch schmalen Weg, der knapp hinter dem Haus in den nahen Wald führte. Ich blickte nach dem gegenüberliegenden Gasthof »Zum Türken«. Sommergäste standen dort und sahen mit Ferngläsern herüber. Heß wies auf den grünen Abhang, der weiterhin in eine sanfte Kuppe ausmündete. Man müßte hier einen Landeplatz für Flugzeuge herrichten, um die lästige Autofahrt hinunter ins Tal zu vermeiden. Heß hatte übrigens gerade an einem Flugwettbewerb mit Erfolg teilgenommen. Forster sprach ihn darauf an. »Lassen Sie das künftig,« sagte Hitler. »Sie haben das nicht nötig. Ich brauche Sie, Heß.«

Hitler nahm das Gespräch wieder auf. »In der Luftwaffe werden wir selbstverständlich führend werden. Sie bietet viele Möglichkeiten. Wir werden allen überlegen sein. Es gibt nur einen ernstlichen Gegner für uns auf diesem Gebiet: die Engländer. Nie werden Slaven einen Luftkampf zu führen verstehen. Es ist eine männliche Waffe, es ist eine germanische Art des Kampfes. Ich werde die größte Luftflotte der Welt bauen lassen. Wir werden die verwegensten Piloten haben. Selbstverständlich werden wir auch eine große Armee haben.«

»Werden Sie die allgemeine Wehrpflicht einführen?« fragte Linsmayer. »Nicht nur sie, sondern eine allgemeine Dienstpflicht, gegen die die Hilfsdienstpflicht Hindenburgs ein unvollkommenes Stückwerk sein wird. Wir brauchen Armeen; nicht bloß hochqualifizierte Spezialformationen, sondern auch Massenarmeen. Aber wir werden sie nicht einsetzen wie 1914. Was die artilleristische Vorbereitung für den frontalen Angriff der Infanterie im Grabenkampf bedeutet hat, das wird in Zukunft die psychologische Zermürbung des Gegners durch revolutionäre Propaganda zu tun haben, ehe die Armeen überhaupt in Funktion treten. Das gegnerische Volk muß demoralisiert und kapitulationsbereit sein, es muß moralisch in die Passivität getrieben sein, ehe man an eine militärische Aktion denken darf. Die moralische Niederkämpfung des Gegners, wie erreichen wir sie vor dem Kriege? Das ist die Frage, die mich interessiert. Wer den Krieg an der Front erlebt hat, wird nicht neue Blutopfer wollen, wenn sie vermieden werden können. Alles ist gut, was das kostbare deutsche Blut sparen hilft. Wir werden nicht vor der Anzettelung von Revolutionen zurückschrecken. Denken Sie an Sir Roger Casemont und die Iren im Weltkrieg. Wir haben überall mitten im Lande des Gegners Freunde, die uns helfen, wir werden sie uns zu verschaffen wissen. Gefühlsverwirrung, Widerstreit der Gefühle, Unentschlossenheit, Panik; das sind unsere Waffen. Sie kennen doch,« wandte sich Hitler an mich, »die Revolutionsgeschichte. Es ist immer dasselbe; die herrschenden Klassen kapitulieren. Warum? Defaitismus; sie haben keinen Willen mehr. Die Lehren der Revolution, das ist das Geheimnis der neuen Strategie. Ich habe von den Bolschewiken gelernt. Ich scheue mich nicht, es zu sagen. Man lernt immer am meisten von seinen Feinden. Kennen Sie die Lehre vom Staatsstreich? Beschäftigen Sie sich damit. Dann werden Sie wissen, was wir zu tun haben.«

Wir hörten zu und niemand ahnte, wie nahe wir alle der Verwirklichung dieser Ideen standen. Ich dachte an die Experimente der deutschen Obersten Heeresleitung im Weltkrieg mit den bolschewistischen Führern. Was dort improvisiert schien, um den Feind durch eine innere Revolution kampfunfähig zu machen, war hier in ein System gebracht, war zur allgemeinen Regel geformt.

»Ich werde nie einen Krieg beginnen, ohne die Gewißheit, daß ein demoralisierter Gegner einem einzelnen gigantischen Stoß auf Anhieb erliegt.« Hitler bekam starre Augen und begann zu schreien. »Wenn der Feind innerlich demoralisiert ist, wenn er vor der Revolution steht, wenn soziale Unruhen drohen, dann ist die Zeit da. Ein einziger Schlag muß ihn vernichten. Luftangriffe, unerhört in ihrer Massierung, Handstreiche, Terror, Sabotageakte, Attentate von innen, die Ermordung der führenden Männer, überwältigende Angriffe auf alle schwachen Punkte der feindlichen Verteidigung, schlagartig, zur gleichen Sekunde, ohne Rücksicht auf Reserven, auf Verluste: das ist der künftige Krieg. Ein gigantischer, alles zermalmender Schlag. Ich denke nicht an das Hinterher, nur an dies Eine.

Ich spiele nicht Krieg. Ich lasse mich nicht durch ‚Feldherren' kommandieren. Den Krieg führe *ich*. Den geeigneten Zeitpunkt zum Angriff bestimme *ich*. Es gibt nur einen günstigsten. Ich werde auf ihn warten. Mit eiserner Entschlossenheit. Und ich werde ihn nicht verpassen. Ich werde meine ganze Energie darauf verwenden, ihn herbeizuzwingen. Das ist meine Aufgabe. Erzwinge ich das, dann habe ich das Recht, die Jugend in den Tod zu schicken. Dann habe ich so viele Leben erspart, als zu ersparen waren. Meine Herren, wir wollen nicht Helden spielen, sondern den Gegner vernichten. Generäle wollen, trotz ihren Lehren vom Kriege, sich wie die Ritter aufführen. Sie glauben, Kriege wie die mittelalterlichen Turniere führen zu müssen. Ich brauche keine Ritter, ich brauche Revolutionen. Ich habe die Lehren der Revolution zur Basis meiner Politik gemacht.«

Hitler hielt einen Augenblick inne. »Ich werde vor nichts zurückschrecken. Kein sogenanntes Völkerrecht, keine Abmachung wird mich davon abhalten, einen Vorteil zu benutzen, der sich mir bietet. Der nächste Krieg wird unerhört blutig und grausam sein. Aber der grausamste Krieg, der keinen Unterschied zwischen Militär und Zivil macht, wird zugleich der mildeste sein, weil er der kürzeste sein wird. Und zusammen mit dem vollen Einsatz unserer Waffen werden wir den Gegner durch einen geistigen Krieg zermürben. Wir werden so sicher eine Revolution in Frankreich haben, wie wir sie diesmal in Deutschland *nicht* haben werden. Darauf verlassen Sie sich. Ich werde den Franzosen als ihr Befreier kommen. Wir werden dem kleinen Mann des Mittelstandes als die Bringer einer gerechten sozialen Ordnung und eines ewigen Friedens kommen. Diese Leute wollen ja alle nicht mehr Krieg und Größe. Aber *ich* will den Krieg. Mir wird jedes Mittel recht sein. Und meine Parole ist nicht: »den Feind nur nicht reizen«, sondern ihn mit den äußersten Mitteln vernichten. Den Krieg führe *ich!*«

II.

Ein Abend und Morgen auf dem Obersalzberg

Wir waren von Danzig heraufgekommen: Forster, Linsmayer und ich. Es war knapp vor Mitternacht, als unser Zug in Berchtesgaden einlief. Hitler hatte uns sein Auto heruntergeschickt. Man fuhr gut zwanzig Minuten steil herauf, bis wir nach Obersalzberg kamen. Hitler wollte uns noch in der Nacht empfangen. Es war übrigens eine halsbrecherische Fahrt.

Hitler kam uns entgegen. Er hatte Besuch; Damen. Ein kleines, sympathisch bescheidenes Haus. Man saß in einem mittelgroßen, im Stil einer bayrischen Bauernstube hergerichteten Raum, der durch die ganze Breite des Hauses ging. Um den großen Ofen lief eine einfache Bank. Aus einem verhängten Vogelbauer piepten aufgeschreckte Singvögel. Heß begrüßte uns. Wir wurden vorgestellt. Hitler bot uns — in seinem abstinenten Hause — einen Kirschlikör an. Es war übrigens kalt oben. Harte Bergluft nach der Hitze der sommerlichen Bahnfahrt.

Ich sah Hitler damals im August 1932 nicht zum erstenmal. Ich hatte ihm auch schon vorher in die berühmten Augen geschaut. Aber ich sah ihn hier zum erstenmal in seinem eigentlichen privaten Milieu. Es war gut bürgerliche Verbundenheit mit Bergnatur und veredeltem Bauerntum; so wie sie vor dem Kriege in den mittleren Kreisen unseres Bürgertums üblich geworden war. Kattunvorhänge, sogenannte Bauernmöbel: alles etwas klein, verniedlicht. Keine geeignete Umrahmung für den künftigen Befreier Deutschlands. Wie Hitler persönlich auf einen wirkt? Diese Frage wird immer wieder an mich gestellt. Ich gestehe, daß es jedenfalls zwiespältige Empfindungen waren, die er bei mir persönlich weckte. Der große Volksredner verblaßte bis zur Unbedeutendheit des Kleinbürgers in dieser Umgebung. Das war alles sympathisch, aber von keinem Gegenstand ging ein persönlicher Ton aus. Mich machte die mitternächtige Gesellschaft stark überreifer Damen stutzig. Bedurfte er wirklich der gläubigen Hingabe von Frauen, um seiner selbst gewiß zu bleiben? Hitler hat nichts Anziehendes. Jedermann weiß es heute. Aber damals fabelte man von seinen tiefen blauen Augen. Sie waren weder tief noch blau. Sie blickten starr oder erloschen. Ihnen fehlt jeder Glanz und Schimmer echter Beseelung. Die Färbung seiner dunklen, fremdartigen Stimme ist für den Norddeutschen abstoßend. Der Ton ist voll, aber gequetscht, als wenn die Nase verstopft wäre. Inzwischen ist diese Stimme, kreischend, gurgelnd, drohend, rasend in der ganzen Welt bekannt geworden. Sie verkörpert die Qual dieser Jahre. Man wird sie viele Jahre als Symbol einer wahnsinnigen Zeit empfinden, und niemand wird begreifen, wieso von ihr ein Zauber ausgehen konnte.

Der Zauber der Persönlichkeit, es ist damit ein eigenes Ding. Ich habe an mir und anderen gefunden, daß man solchem Zauber nur erliegt, wenn man ihm erliegen will. Es ist mir aufgefallen, daß Hitler auf solche Persönlichkeiten den stärksten Eindruck machte, die entweder suggestionsfähig waren und einen femininen Einschlag hatten oder an Byzantinismus und Personenkult durch Erziehung und gesellschaftliche Stellung gewohnt waren. Das Aeußere Hitlers trägt sicherlich nicht dazu bei, seinen persönlichen Eindruck zu erhöhen.

Hitler empfing uns jovial. Es war die Zeit nach einem gewissen bestialischen Mord in Oberschlesien. Nationalsozialisten hatten einen politischen Gegner nachts aus dem Bett gerissen und zu Tode getrampelt. Der damalige Reichskanzler v. Papen, der später Hitlers Berufung zur Macht durchsetzen sollte, hatte scharfe Verordnungen gegen die politischen Verbrechen ergehen lassen. Die Potempa-Mörder waren zum Tode verurteilt worden. Hitler hatte sich in einem aufsehenerregenden Telegramm öffentlich mit diesen Mördern solidarisch erklärt. Er bekannte sich zu ihrer Tat, er nannte sie seine Kameraden. Diese Handlung hat Hitler damals viele Sympathien gekostet. Sein Stern begann zu verblassen.

Unser Gespräch knüpfte an die jüngsten Ereignisse an. Hitler entrüstete sich über den Kampf des nationalen Bürgertums gegen ihn. Er bezeichnete es als den eigentlichen Feind Deutschlands. »Ich werde den Stahlhelm auflösen lassen,« dekretierte er mit der Bestimmtheit des Mannes, der seiner Sache gewiß ist. (Der Stahlhelm war der Bund nationaler Frontsoldaten, die eigentliche Schutztruppe der Deutschnationalen.) Und dann geißelte er die, seiner Meinung nach verlogene und verbrecherische Politik Papens. Er griff die Todesurteile des Gerichts an und nannte sie einen Hohn auf jedes rechtliche Empfinden. Die Heftigkeit seines Tones zeigte, wie stark er sich durch seine Haltung exponiert wußte. »Solche Bluturteile,« sagte er, »vergißt ein Volk nie. Eine Nation in einer derart aufgerührten Zeit kann alles vertragen und vergessen, wenn es im offenen Austrag der einander bekämpfenden Anschauungen geschieht. Wenn ich der SA. die Straße frei geben würde, wenn in Straßenschlachten zwanzig- oder dreißigtausend Deutsche ihr Leben lassen würden, über all das kommt die Nation hinweg. Das verschmerzt sie. Es geschieht wie in der offenen Feldschlacht. Aber ein Fehlurteil, ein kalt und überlegt gefälltes, ein gegen das untrügliche Rechtsempfinden des Volkes gefälltes und exekutiertes Todesurteil, eine Exekution von Männern, die im nationalen Affekt gehandelt haben, als gemeine Mörder zu verurteilen, das haftet in der Nation unauslöschlich.«

Ich gestehe, damals von diesen leidenschaftlich vorgebrachten Argumenten beeindruckt worden zu sein, obwohl ich in dem scheußlichen Potempa-Mord nichts anderes sah als die Mehrheit des Volkes, nämlich einen der übelsten Flecke auf dem damals noch als Ehrenkleid geltenden Braunhemd. Aber was sind inzwischen für grausame Mordtaten und Torturen von SA. und SS. verübt worden. Nicht im nationalen Affekt mehr, sondern in der Lust an der Grausamkeit und mit nüchterner Berechnung. Ich weiß nicht, ob sich Hitler jemals bei seinen vielen Bluturteilen gegenüber angeblichen Landesverrätern seiner Aeußerung über Papens Gerichtsurteil erinnert hat. Wahrscheinlich nicht. Hitler, wie die meisten seiner hysterischen Gauleiter, wie etwa der Danziger Forster, haben das gute Gewissen, völlig ihre Meinung ändern zu können, ohne sich dessen bewußt zu werden. Sie leugnen im besten Glauben ihre eigenen früheren Ansichten ab.

»Papen wird das noch zu verantworten haben. Das garantiere ich ihm,« sagte Hitler. »Und der Stahlhelm wird seine Quittung bekommen. Ich werde ihn auflösen lassen für seine heimtückischen Angriffe auf meine SA. Er hat sich zur Bundesgenossenschaft mit Rotfront erniedrigt.«

Die Zeit war vorgeschritten. Die Damen griffen ein. Hitler hatte sich zur Unzeit hinreißen lassen. Ihm stand eine schlaflose Nacht bevor. Wir wechselten noch ein paar belanglose Worte. Hitler äußerte seine Meinung über die Eintönigkeit der Reiseeindrücke vom Flugzeug aus im Gegensatz zu den immer neuen und reizvollen Einblicken in die Landschaft und das bäuerliche und städtische Leben bei einer Autofahrt. Er riet uns, den Heimweg im Auto zu machen. Er selbst habe nach der ersten Ueberraschung über das Bild von oben längst keinen Genuß mehr an Flügen.

Heß bedeutete uns aufzubrechen. Wir wurden auf den nächsten Morgen vertröstet. Wir sollten uns auf einen Wink bereithalten, um unser Anliegen vorzubringen. Hitler begleitete uns noch bis an die Tür. Es war weit über Mitternacht, sternklar und frisch. Ein Morgenschimmer begann schon heraufzugrauen. Ich ging mit Linsmayer die paar Schritt zum »Türken« herüber. Forster wohnte in einem anderen Haus.

»Wir müssen grausam sein«

Ich muß gestehen, daß mich das Gehörte kaum schlafen ließ. Vielleicht war es auch nur die ungewohnte Bergluft, die für uns Menschen der Ebene nicht gleich ihre heilsame Wirkung spendet. Ich teilte mit Linsmayer einen Schlafraum. Uebrigens war dieser junge SA.-Führer einer der vielen sympathischen, aufrichtigen und echt patriotischen jungen Männer, die sich der Bewegung aus keinen anderen als edlen Motiven gewidmet haben. Es ist notwendig, dies gerade heute allen denen entgegenzuhalten, die nur in schwarz und weiß ihre Gemälde malen und kein Verständnis dafür haben, daß zahllose Deutsche in bester Absicht sich in einen reißenden Strom gestürzt hatten, im festen Glauben an die Notwendigkeit ihres Opfers. Denn gerade diese Jugend fühlte, daß sie ein Opfer brachte, eben das Opfer einer unbekümmerten Jugend, die sich selbst lebt und so zu leben ein Anrecht hat.

Es war nicht mehr früh, als wir die Nachricht bekamen, daß Hitler aufgestanden sei und uns sprechen wolle. Unser Gespräch begann mit dem Thema des vorigen Abends. »Wir müssen grausam sein,« sagte Hitler. »Wir müssen das gute Gewissen zur Grausamkeit wiedergewinnen. Nur so können wir unserem Volk die Weichmütigkeit und sentimentale Philiströsität austreiben, diese ‚Gemütlichkeit' und Dämmerschoppenseligkeit. Wir haben keine Zeit mehr zu schönen Gefühlen. Wir müssen unser Volk zur Größe zwingen, wenn es seine historische Aufgabe erfüllen soll.

Ich weiß,« fuhr er nach einer Pause fort, »daß ich ein harter Erzieher sein muß. Ich muß mir selbst auferlegen, hart zu sein. Meine Aufgabe ist schwerer als Bismarcks oder irgendeines, der Deutschland je geführt hat. Ich muß erst das Volk schaffen, ehe ich daran denken kann, die Aufgaben zu lösen, die uns als Nation in dieser Zeit gestellt sind.«

Daß Hitler von Haus aus ein rührseliges, ein ausgesprochen sentimentales Temperament ist mit Neigung zur Gefühlsschwelgerei und Romantik, weiß jeder, der ihn aus der Kampfzeit näher kennt. Seine Tränenausbrüche bei allen inneren Krisen waren keineswegs nur eine Nervensache. Der schluchzend-rührselige Ton, mit dem er etwa an die Berliner SA. appellierte, als der Stenneskonflikt die ganze Partei zu sprengen drohte, war echt und nicht Theater. Gerade darum liegt hinter der betonten Grausamkeit und Unerbittlichkeit Hitlers die Trostlosigkeit einer erzwungenen und künstlichen Unmenschlichkeit, nicht die Amoralität der reinen Bestie, die schließlich als Naturkraft wirkt. Trotzdem ist in der Härte und in dem beispiellosen Zynismus von Hitler noch etwas anderes wirksam als der unterdrückte Affekt einer übergroßen Empfindsamkeit, die ihrem Träger im Wege steht. Es ist der Drang, Rache und Vergeltung nehmen zu müssen. Ein echt russisch-nihilistisches Gefühl, ziellos und unverständlich, sich der »Erniedrigten und Beleidigten« annehmen zu müssen.

Hitlers ganze Gedanken rangen damals mit der Versuchung, aus seiner sich selbst vorgezeichneten Bahn, auf legitime Weise an die Macht zu kommen, herauszubrechen und sich mit einer blutigen Revolution in den Besitz der Macht zu setzen. Hitler wurde ständig von engsten Mitarbeitern bestürmt, aus seiner Zurückhaltung hervorzutreten und den revolutionären Kampf aufzunehmen. Er befand sich selbst im Zwiespalt zwischen seinem eigenen revolutionären Temperament, das ihn zur leidenschaftlichen Aktion drängte, und seiner politischen Verschlagenheit, die ihm riet, den sicheren Weg der politischen Kombination zu gehen, um erst dann seine »Rache zu nehmen«. Es ist keine Frage, daß gelegentlich der Herbstwahlen 32 der offene Ausbruch der nationalsozialistischen Revolution nahe bevorstand. Er hätte das Ende der Partei bedeutet. Der Aufstand wäre von der Reichswehr blutig unterdrückt worden. Immer wieder tauchte damals im Gespräch dieser Gedanke auf: »Die Straße frei den braunen Bataillonen«. Hitler malte sich und seiner Umgebung die Chancen einer überraschenden Besetzung der Schlüsselpunkte staatlicher und wirtschaftlicher Macht aus. Und er verweilte mit besonderem Interesse bei der Möglichkeit der blutigen Niederringung eines marxistischen Widerstandes in den Straßen. Wie weit Staatsstreichpläne durchgearbeitet waren, hatten Ereignisse des Sommers erwiesen. Es waren nicht Sonderunternehmen von lokalen Parteiführern. Sie gingen auf Hitler selbst zurück. Sie entsprachen seinem Temperament, seinen Phantasiebedürfnissen und seinen Vorstellungen von historischer Größe, die nicht ohne Blutvergießen errungen werden könne.

Es ist derselbe Widerstreit der Gefühle, der vor kurzem den Führer des Dritten Reiches schwanken ließ, ob er seinem Wunsch, der »größte Feldherr aller Zeiten« zu werden, nachgeben solle oder ob er nicht den schon einmal für ihn entscheidenden Weg der »Kombination«, der Kunst, sich in die Macht hineinzumanövrieren, sein Weltimperium gleichsam zusammenzulisten, weiterverfolgen solle. Hitler wurde übrigens von den Seinigen Vorwürfe gemacht, daß er den günstigen Zeitpunkt des Losschlagens versäumt habe. Und in der Tat: die Wirtschaftskrise begann sich 1932 ein wenig zu entspannen. Der Zustrom zur Partei nahm ab. Hitlers Gegner begannen, sich zu erheben und schienen das Rennen zu machen. In die Enge getrieben, aus allen Aktionsmöglichkeiten herausmanövriert, sah Hitler seine ganzen Pläne, an die Macht zu gelangen, zerrinnen. Die Wahl des Reichspräsidenten war für seine Partei eine schwere Niederlage. Seit Papen an der Macht war, sah er den verhaßten Nebenbuhler mit der Leichtigkeit und Unbekümmertheit des jungen Kavallerieoffiziers viele der politischen Hindernisse nehmen, die sich Hitler als seine eigensten Kampfobjekte erkoren hatte. Etwa die Besetzung der preußischen Polizei und die Beseitigung der marxistischen Machtbasis in Preußen. Von einer ungeheuren Ungeduld und Leidenschaft zur Aktion getrieben, mußte er den untätigen Sommergast in den bayrischen Bergen spielen, indes die Zeit verstrich und Papen seine Pläne vorwegnahm.

Der Plan in der Schublade

Uebrigens Pläne! Hitlers Fragen nach der Lage in Danzig führten zu der Frage nach der Wirtschaft. Ich erwähnte den Auftrag, den Hitler damals der Partei gegeben hatte, ein Arbeitsbeschaffungsprogramm zusammenzustellen. Die reichlich dilettantische Art, wie aus allen Arbeitsgebieten von ehrgeizigen Sachbearbeitern Arbeitspläne zusammengetragen wurden, um auf solche Weise zu einem Gesamtprogramm zu kommen, das die Arbeitslosigkeit beheben sollte, hatte großes Mißtrauen in die Ernsthaftigkeit der Partei geweckt. Dazu kam, daß damals die beiden wirtschaftlichen und technischen Programmatiker der Partei, die Ingenieure Feder und Lawaczek ihre mehr seltsamen als überzeugenden Theorien in »Intelligenzversammlungen« der Partei auf den Markt brachten; zum Gelächter aller Wirtschaftsmänner und zur peinlichen Blamage aller intelligenten Parteimitglieder. So fragte ich Hitler, dessen Verhältnis zu Feder mir damals nicht bekannt war, nach den Möglichkeiten der Finanzierung des Wirtschaftsprogrammes. Mir leuchte nicht ein, sagte ich, daß die Theorie Feders etwas anderes bedeute als die Finanzierung mit Hülfe einer Inflation.

»Wieso?«, fragte Hitler und sah mich unfreundlich an. »Die Finanzierung macht mir keine Sorge. Das überlassen Sie nur mir. Es gibt keine Schwierigkeiten, wenn man die Spekulanten ausschließt.« »Aber«, wagte ich einzuwerfen, »man wird nicht die Preise halten können, wenn man die Arbeitsbeschaffung so finanziert. Das Feder'sche Buchgeld hat auch inflatorische Wirkung.« »Inflation hat man, wenn man sie haben will«, entrüstete sich Hitler. »Inflation ist mangelnde Disziplin. Disziplinlosigkeit der Käufer und Disziplinlosigkeit der Verkäufer. Ich werde dafür sorgen, daß die Preise stabil bleiben. Dazu habe ich meine SA. Wehe den Männern, die ihre Preise heraufsetzen. Dazu brauchen wir keine gesetzliche Handhabe. Das machen wir von der Partei allein. Sie sollen sehen: einmal in einem

Laden unsere SA. nach dem Rechten sehen, — ein zweites Mal passiert etwas ähnliches nicht mehr.« Forster nickte befriedigt, ihm leuchtete solche Wirtschaftsdisziplin ein. »Uebrigens«, fuhr Hitler fort, »die Theorien des Feder und Lawaczek kümmern mich nicht. Ich habe die Gabe, alle Theorien auf ihren realen Kern zurückzuführen. Ich werde dies zu gegebener Zeit entschlossen tun. Mit Phantasien habe ich nichts zu schaffen. Diesen Feder und seine Leute brauchen Sie nicht beim Wort zu nehmen, auch wenn das parteiamtlich gebilligt ist. Sie mögen reden, was sie wollen; wenn ich an der Macht bin, werde ich dafür sorgen, daß sie keinen Unfug anrichten. Wenn die Männer Verwirrung stiften, Forster, so lassen Sie sie nicht mehr reden. Die Leute können nicht einfach denken. Es muß alles kompliziert sein. Ich habe die Gabe, zu vereinfachen, und da geht alles auf einmal. Schwierigkeiten bestehen nur in der Einbildung!« Er unterbrach sich. Hitlers Abschüttelung Feders war mir damals neu. Sie war interessant als Zeichen der Ueberlegenheit Hitlers über seine Umgebung. Sicherlich besaß Hitler die Gabe der Vereinfachung und zwar bis zu einem gewissen Grade durchaus in einem schöpferischen Sinne. Er hat die Gabe, wie viele Autodidakten, durch den Wall der Vorurteile und konventionellen Meinungen der Fachleute durchzustoßen, und er fand dabei wiederholt überraschende Wahrheiten.

»Ich lasse mir ebensowenig von diesen Industriekapitänen etwas vormachen. Kapitäne! Ich möchte schon wissen, auf welcher Kommandobrücke die steuern! Es sind einfältige Leute, die über ihren Kram nicht hinaussehen. Je näher man sie kennen lernt, desto mehr verblaßt die Hochachtung vor ihnen.« Hitler machte eine verächtliche Handbewegung. Forster begann von den Arbeitsbeschaffungsplänen zu schwärmen, die in seinem Gau für den Fall der Machtübernahme von einer sogenannten »ingenieurtechnischen Abteilung« gesammelt worden waren. Ich bemerkte Hitlers Ungeduld und warf ein, es handle sich erst um eine rohe Zusammenstellung, es fehle noch die Durcharbeitung. Mir schiene, ein leitender Gedanke müßte im Zusammenhang mit den Finanzierungsmöglichkeiten eine Rangordnung in die Projekte hineinbringen.

»Es kommt auf die Initialzündung an«, erwiderte Hitler. »Womit ich das erziele, ist von minderem Interesse. Der Wirtschaftskreislauf muß auf Touren kommen, und wir müssen einen Kreis schließen, daß unsere Wirtschaftskraft sich nicht ins Ausland ausblutet. Ich kann beiläufig mit der Wiederaufrüstung ebensoviel erreichen wie mit Häuserbau oder Siedlung. Ich kann auch den Arbeitslosen mehr Geld in die Hände drücken, daß sie ihren Bedarf eindecken. Damit schaffe ich Kaufkraft und zusätzliche Umsätze. Aber das sind einfache und gar nicht komplizierte Vorgänge, die wir meistern werden, weil man nur den Willen zu haben braucht, vor einigen unvermeidlichen Schwierigkeiten nicht zurückzuschrecken. Alles das ist keine Geheimwissenschaft, wie die Professoren meinen, sondern eine Sache des gesunden Verstandes und des Willens.«

Hitler legte, wie es schien, nicht großes Gewicht auf die Arbeitsbeschaffungspläne. Diese galten ihm offenbar mehr als Ablenkung in dieser Zeit der völligen Brache, als Beschäftigung der Phantasie mit Straßenbauten, Siedlungen, landwirtschaftlichen Meliorationen, technischen Fortschritten. Der ganze »Plan in der Schublade« war, wie so vieles andere nur Mittel zum Zweck. Es war eine schillernde Seifenblase, keine ernsthafte Arbeit. Und der Parteiführer selbst glaubte gar nicht an den Wert der Bemühungen. Er ließ sie aus propagandistischen Gründen, zu pädagogischen Zwecken laufen und kümmerte sich nicht im geringsten um die Ergebnisse. In der berühmten Schublade war also bei Licht besehen nichts. Die ganze sachliche Rüstung, mit der Hitler die Macht übernahm, bestand in seinem unbegrenzten Selbstvertrauen, mit den Dingen schon fertig zu werden, mit der primitiven, aber wirksamen Maxime: was befohlen wird, geht. Mehr schlecht als recht vielleicht, aber eine Zeitlang doch, und derweil wird man eben weiter sehen.

Immerhin steckte hinter Hitlers Haltung eine Vorurteilslosigkeit und Bauernpfiffigkeit, die man schon fast großartig zu nennen versucht ist. Es ging denn auch mit der leeren Schublade später ganz famos, nach Hitlers Meinung. Die auflaufenden Schwierigkeiten bestanden in der Böswilligkeit der Reaktionäre, die seine Absichten zu sabotieren wünschten. Schwierigkeiten, die im Wesen der Sache lagen, erkannte Hitler nicht an. Er sah nur menschliche Unzulänglichkeit und menschliche Böswilligkeit.

Uebrigens hatte er Glück mit seiner leeren Schublade. In die gähnende Leere steckte Herr Schacht seine ingeniösen Einfälle. Es ist sehr zu vermuten, daß ohne diesen wahren »Zauberkünstler« das Selbstgefühl Hitlers doch sehr bald einige schwere Stöße erlitten hätte. So konnte es geschehen, daß Hitler, kurz vor der Verabschiedung Schachts, dessen strengere Forderungen nach einer Regelung der Ausgabenwirtschaft durch einen Hinweis auf seine glückliche Vergangenheit ablehnen konnte: wenn er, Hitler, nämlich im »Kampf um die Macht« von Schwarz, dem Kassierer der Partei, Geld verlangt habe, dann habe der regelmäßig erwidert: »Herr Hitler, es ist nichts in der Kasse.« Dann habe Hitler mit der Faust auf den Tisch geschlagen: »Schwarz, ich brauche morgen früh tausend Mark«. Und siehe, am nächsten Tage sind die tausend Mark dagewesen. »Woher er sie genommen hat, was kümmert mich das!«

Die Finanzierung hat Hitler nie sehr gekümmert. Vielleicht war das eine Zeitlang seine Stärke. Jedenfalls machten es ihm alle Gauleiter nach. »Geld ist da, in unbegrenzten Mengen«, erwiderte mir Forster, unser Danziger Gauleiter, auf meine finanziellen Besorgnisse gegenüber seinen hochfliegenden Bauplänen. Während unseres Besuches bei Hitler interessierte ihn damals vor allem das Problem technischer Erfindungen.

»Herr Hitler«, nahm er das Gespräch auf, als Hitler in sich versunken einige Zeit vor sich hingeblickt hatte, »was halten Sie von neuen umwälzenden Erfindungen? Können wir mit solchen rechnen?

Und ist es nicht immer so, daß nur solche Erfindungen die Industrie zu ganz großen Investierungen zwingen, und daß auf solche Weise eine neue Wirtschaftsblüte, eine anhaltende entsteht? Ich meine«, Forster waren die Zusammenhänge offenbar nicht ganz klar, »eine weitere technische Steigerung unseres ganzen Lebens, wie nach der Zeit der Dampfmaschine die der Elektroindustrie, nach dieser die des Motors und der chemischen Industrie?« Ich warf ein, gerade Lawaczek sei der Meinung, die Zeit der großen revolutionierenden Erfindungen sei vorüber. Und darum wäre er zu seiner wenig einleuchtenden Theorie von der billigen Aufspeicherung der elektrischen Kraft mittels elektrolytischer Herstellung von Wasserstoff und zu seinem systematischen Ausbau von Talstufen als Mittel billiger Erzeugung elektrischen Stromes gekommen.

»Ingenieure sind Narren«, schnitt Hitler das Gespräch grob ab. »Sie haben eine Idee, die vielleicht brauchbar ist, die aber Wahnsinn wird, wenn man sie verallgemeinert. Der Lawaczek soll seine Turbinen bauen, aber nicht Wirtschaftsblüten erfinden. Lassen Sie sich nicht auf ihn ein. Ich kenne sein Steckenpferd. Meine Herren, das ist alles Unsinn. Die Welt wiederholt sich *nicht*. Was im 19. Jahrhundert galt, ist für das 20. keine Wirklichkeit mehr. Die Erfindungen kommen nicht mehr von selbst als unerhörte Glückfälle. Wir haben das heute in der Hand. Wir können es berechnen, wann etwa und in welcher Richtung Erfindungen zu erwarten sind. Es werden dauernd welche gemacht. Und es liegt an uns, sie zu entwickeln. Das aber ist der springende Punkt: wir entwickeln sie eben *nicht*. Wir lassen die Möglichkeiten verfaulen. Am Willen liegt es. Man kann heute nicht mehr die Dinge sich selbst überlassen. Die Länder, die reich sind, die alles haben, brauchen keine Erfindungen mehr. Wozu auch? Sie sind ihnen unbequem. Sie wollen auf die alte Art verdienen. Sie wollen schlafen, diese reichen Völker, England, Frankreich und Amerika. Der Lawaczek hat soweit schon recht: man muß das absichtlich machen, was vordem Glücksfall war. Man muß die Zufälle ersetzen. Das können wir! Das ist die Bedeutung der »großen Arbeiten«, die die Staaten von sich aus in Angriff nehmen werden, nicht mehr die Spekulanten und Bankjuden, die heute ein Interesse haben, daß nichts geschieht. Deshalb müssen wir Deutschen uns von allen diesen Verbindungen lösen. Wir müssen uns auf eigene Füße stellen. Aber Deutschland, wie es jetzt ist, ist keine biologische Einheit. *Deutschland wird erst sein, wenn es Europa ist.* Ohne die Macht über Europa müssen wir verkümmern. Deutschland ist Europa. Ich garantiere Ihnen, es wird keine Arbeitslosigkeit mehr in Europa geben. Eine unerhörte Blüte wird kommen. Wir werden die Welt aus ihrem Schlaf stören. Wir werden uns Aufgaben stellen, von denen sich die heutige Welt nichts träumen läßt. Und wir werden sie lösen. Aber wir brauchen Europa, und seine Kolonien. Deutschland ist immer nur ein Anfang. Kein europäisches Land ist mehr ein Ganzes. Europa ist es für uns. Wer es gewinnt, wird dem nächsten Zeitalter den Stempel aufdrücken. Wir sind berufen. Gelingt es uns nicht, so sterben wir ab, wie alle Nationen Europas verkommen werden. Hier heißt es unten oder oben. Der Lawaczek, der Feder sind alte Kaffeetanten. Was habe ich mit ihren bürgerlichen Weisheiten zu schaffen!«

Hitler brach ab. Es war das erstemal, daß ich etwas von seinen eigentlichen Zielen zu hören bekam. Ich gestehe, daß mich die Weite der Perspektive damals überraschte und beeindruckte.

Danzig, Freie Stadt und Freistatt

Aber unser eigentliches Anliegen betraf Danzig. Von den großen Plänen mußten wir zurückfinden zu der wenig schönen Wirklichkeit. Die nationalsozialistische Partei in Danzig befand sich damals in einer schwierigen Lage. Anders als im Reich stand die Partei hier nicht in der Opposition, sondern stützte, als stärkste Partei seit 1930, eine Minderheitsregierung, in der die Deutschnationalen führten. Seit dem mehr oder weniger offenen Kampf dieser letzteren gegen die Nationalsozialisten wünschte Forster Neuwahlen, gegen die sich der Danziger Senat sträubte. So wollte er die bisherige Unterstützung der Regierung aufgeben, um die Regierung in Schwierigkeiten zu bringen. Es handelte sich also um die Frage: billigte Hitler den Sturz der Regierung, lag die Opposition der Nationalsozialisten in Danzig in seinem eigenen politischen Interesse? Eine Frage, die sehr belanglos zu sein schien, die aber ihre Bedeutung erst gewann, wenn man die Gesamtlage der Partei in der damaligen Zeit berücksichtigte.

Die erste Frage, die Hitler uns stellte, war: »Haben Sie einen gerichtlichen Auslieferungsvertrag mit Deutschland in Danzig?« Ich verstand nicht gleich und antwortete, wir hätten allerdings ein gegenseitiges Rechtshilfeverfahren. Hitler erklärte sich näher: »Ich meine, muß Danzig auf Antrag des Deutschen Reiches reichsdeutsche politische Persönlichkeiten ausliefern, die in Danzig ihren Wohnsitz haben?« Ich verstand immer noch nicht, worauf Hitler hinauswollte. Ich verneinte aber. Es sei nicht üblich, politische Persönlichkeiten abzuschieben, wenn sie nichts Kriminelles begangen hätten.« »Es könnte sein,« erklärte sich Hitler deutlicher, »daß ich mich veranlaßt sehe, meine Parteileitung ins Ausland zu verlegen. Die Verhältnisse für unsere Partei könnten sehr bald schwieriger werden. Es könnte in meinen Absichten liegen, die Leitung vorübergehend vom Auslande her auszuüben. Wir könnten in Deutschland selbst einem zu starken Druck ausgesetzt sein, um noch frei arbeiten zu können. Ich muß an alle Eventualitäten denken und möglicherweise muß ich über Nacht Deutschland verlassen. Danzig wäre ein hervorragend geeigneter Platz, in unmittelbarer Nähe des Reichs. Ich könnte meine Entscheidung über Neuwahlen in Danzig davon abhängig machen, ob Danzig mir die Garantien bieten kann, die ich brauche.« Ich erwiderte, jedenfalls würde die jetzige Regierung in Danzig kaum genügende Garantien für die Sicherheit der politischen Arbeit der Partei bieten, wenn sie im Reich etwa verboten sei, auch wenn an sich kaum mit einer Auslieferung wegen politischer Belastung zu rechnen sei.

»Forster, wir müssen uns überlegen, ob es nicht besser ist, sich mit der jetzigen Regierung in Danzig gut zu stellen, anstatt eine Wahl zu erzwingen, die nicht so ausfällt, daß wir die neue Regierung allein stellen können.« Forster zögerte mit der Antwort. »Wie lange dauert es, bis Sie Neuwahlen machen können,« fragte Hitler. Bis in den Spätherbst, antwortete Forster. Hitler zuckte die Achseln: »Das ist mir zu spät.« Es gab eine längere Aussprache über die Möglichkeiten einer Neuwahl und über die Chance, die bisherige Regierung zur Tolerierung des Hitler'schen Hauptquartiers in Danzig zu bewegen. Ich konnte nicht verschweigen, daß, wenn etwa in Deutschland die Partei und SA. verboten würde, wahrscheinlich ähnliches auch in Danzig geschehen würde, weil es für die jetzige Minderheitsregierung die günstigste Gelegenheit sein würde, sich ihres Aufpassers zu entledigen. Im übrigen kam mir die Hitler'sche Beurteilung der Gesamtlage völlig überraschend. Ich hörte später, daß in der Tat die deutsche Regierung das generelle Verbot der nationalsozialistischen Partei erwogen und dieses nur vorläufig auf Drängen der Reichswehr zurückgestellt hatte. Der Kampf als illegale Partei interessierte Hitler, es reizte ihn sogar, weil er sich von der Illegalität neue Anreize versprach. Er konnte ihn rücksichtsloser, sozusagen heimtückischer führen. Hitler gab seinen »unbändigen Willen« zu verstehen, daß er entschlossen sei, sich erst recht durchzusetzen, und daß ein solches Verbot sehr bald mit dem Triumph der Partei enden würde. Aber er müsse freie Hand haben. Er dürfe nicht unter Polizeiaufsicht stehen.

Wir kamen zu keinem Ergebnis: Danzig, die Freie Stadt, als Freistatt der neu verfolgten, wieder illegalen nationalsozialistischen Partei blieb ein ungeklärtes Projekt, und es kam auch nicht zu einem Entschluß, weil es die Papenregierung vorzog, das Verbot nicht durchzuführen. Immerhin ist es im Hinblick der weltpolitischen Krise um Danzig nicht ohne Pikanterie, daß die Selbständigkeit Danzigs als

Staat einmal für Hitler besondere Reize gehabt hat, und daß er beabsichtigte, diese Lage für seine eigene Sicherheit auszunützen.

Wir kamen dann auf die gefährliche Lage in Ostpreußen zu sprechen. Gerüchte von einem Anschlag Polens wurden erörtert. Hitler äußerte sich über die Verschärfung der Lage gegenüber Polen mit einer ausgesprochenen Schadenfreude. Das entsprach im übrigen seiner auch kurz darauf eingenommenen Haltung in Pommern, wo die dortige Partei erwiderte, ein Anschlag Polens auf Ostpreußen, Danzig oder Pommern interessiere die Partei nicht. Jedenfalls würde sie sich abwartend verhalten. Hitler hat auch sonst Gelegenheit gegeben, ihm nachzuweisen, daß seine Parteiinteressen gemeinsame nationale Interessen weit überwogen.

Wir kamen dann auf den kommenden Krieg zu sprechen, auf die geheimen Rüstungen und Schutzmaßnahmen des Reichs. Die Chancen eines isolierten Krieges gegen Polen beurteilte Hitler schon damals günstig. Er schätzte den polnischen Soldaten besonders gering ein. Seiner Meinung nach sei er der schlechteste Soldat neben dem Rumänen und Italiener. Aber er verwahrte sich, seine Regierung etwa mit einem Kriege, und sei es gegen Polen, zu beginnen. Er würde vielmehr alles vermeiden, was die Spannungen vergrößern müßte. Er für sein Teil sei sogar bereit, mit Polen ein Abkommen zu schließen. »Wir müssen erst stark sein. Alles andere findet sich. Ich werde Schritt für Schritt gehen. Nie zwei zugleich. Merken Sie sich das, Forster,« sagte er zu seinem Benjamin. Wir kamen dann zu dem erwähnten Gespräch über Krieg und Kriegsmöglichkeiten.

Die Zeit war vorgeschritten. Es ging auf Mittag zu. Wiederholt war Heß hinzugetreten. Für einen Augenblick hatte uns Hitler allein gelassen. Wir sahen in das Tal hinaus. Heß erklärte uns die Gegend. er zeigte nach dem Fleck, wo Salzburg lag. Wir erfuhren, daß Hitler mit einem unstillbaren Grimm auf die Grenze blickt, die ihm sein Geburtsland verschloß. Wir fühlten, daß hier sehr starke persönliche Gefühle wirksam waren, nicht bloß politische und nationale.

Hitler verabschiedete sich von uns. Er gab uns ein paar Gedanken für die Danziger Politik mit. Danzig sei ein Platz größter Zukunft. In einem deutschen Europa würde es eine ganz besondere Aufgabe haben. Hier würde eine Millionenstadt entstehen, an dem Schnittpunkt natürlicher Kraftlinien. So sagte er. — Uebrigens fand ich die näheren Grundlagen zu dieser Ansicht Hitlers, die allen üblichen Urteilen über ein sterbendes Danzig, eine Raritätenstadt zuwiderliefen, bei einem unbekannt gebliebenen, weil früh verstorbenen Berater Hitlers, einem Ingenieur, Plaichinger mit Namen. Ich suchte ihn in München auf, und er belegte mir dieselbe Meinung von dem kommenden Großdanzig, dem künftigen Antwerpen der Ostsee. —

Wir verabschiedeten uns von Heß. Ein Auto stand für uns bereit. Wir fuhren nach München herunter. Als wir Obersalzberg verließen, stieg gerade Goebbels aus seinem Auto. Schwerfällig stelzte er mit seinem Klumpfuß den schmalen Pfad von der öffentlichen Straße zu Hitlers Berghaus hinauf. Er spann an seinem zähen Netz, in das eines Tages die Fliege Deutschland geraten sollte.

III.

Ostpolitik und neuer deutscher Adel

Das erste Braune Haus in München war eine charakteristische Mischung von modernem sachlichen Bürohaus und kitschiger Romantik. Stahlmöbel, Aktenschränke, raffinierte Kartotheken: das war die eine Seite. Senatorensaal, Fahnen, Farben- und sonstige Symbolik, schauderhafte Bilder: das war die andere. Ich hatte die Gelegenheit, ein paar Stunden einem solchen Bilde gegenüberzusitzen, als ich intimen Ausführungen Hitlers und einiger seiner Ratgeber zuhörte. Das Bild hieß »Triumph der Bewegung« oder so ähnlich. Auf einem unendlichen Blachfeld drängte eine ungeheure Menschenmenge wie im jüngsten Gericht die Schar der Auferstandenen durch Sturm und Gewölk dem helleuchtenden Hakenkreuz am Himmel entgegen. Ein grauenhafter Kitsch, verwagnerter Nationalsozialismus; dies Bild hing in dem sogenannten kleinen Konferenzsaal im zweiten Stock.

Es war ein sehr kleiner Kreis, der hier im Sommer 1932 auf Veranlassung von Darré eingeladen war, um die Grundlinien einer »Ostraumpolitik« zu erörtern. Darré, das jüngste Parteimitglied unter den späteren »Reichsleitern«, dem führenden Personenkreis um Hitler, hatte den besonderen Ehrgeiz, die künftige deutsche Ostpolitik abzuklären. Ihre großen Linien standen zwar schon in Hitlers Buch »Mein Kampf« fest. Aber die agrar- und bevölkerungspolitischen Konsequenzen waren in dem vagen und romantisch-historisierenden Bild nicht ausgeführt, auch Rosenberg hatte alles Detail offengelassen.

Darré, als gelernter Landwirt, hatte sich übrigens auch der wissenschaftlich begründeten praktischen Durchführung der nationalsozialistischen Rassengrundsätze und Rassenhygiene angenommen. Er war im Begriff, eine große und mit vielen Details ausgestattete Kartothek über die biologische Erbmasse der nationalsozialistischen Elite, vor allem der SS. anzulegen. Von Himmler damit betraut, legte er die Pedigreesammlung des Neuadels an. Ein Stutbuch oder Herdbuch für die planmäßig zu erzüchtende Herrenrasse, nach denselben bewährten Grundsätzen, wie sie jede landwirtschaftliche Züchtervereinigung verwendet. Darré zeigte mir seine Kartothekschränke und die großen Kartenblätter. Von Himmler war damals gerade die Verfügung für alle Mitglieder der SS. erlassen worden, daß sie nur mit besonderer Genehmigung heiraten dürften. Der Ehekonsens wurde erst nach eingehender biologischer Prüfung der Ehepartner gegeben.

»Hier entsteht der neue Adel. Wir werden das beste Blut sammeln,« sagte Darré, indem er auf die eisernen Kartothekschränke hinwies. »Wie wir unser altes hannöver'sches Pferd aus wenigen reingebliebenen Vater- und Muttertieren wieder herausgezüchtet haben, so werden wir aus dem besten deutschen Blut durch Verdrängungskreuzungen im Laufe der Generationen wieder den reinen Typ der nordischen Deutschen züchten. Vielleicht werden wir nicht mehr das ganze deutsche Volk reinzüchten können. Aber der neue deutsche Adel wird eine Hochzucht im buchstäblichen Sinne des Wortes sein.« Ich sah mir die großen Quartblätter der Katothek an. »Ich wünsche, daß alle meine Bauernführer in die SS. eintreten,« sagte Darré. »Aus dem Menschenreservoir der SS. werden wir den neuen Adel züchten. Wir werden das planmäßig und nach wissenschaftlichen biologischen Erkenntnissen tun, was der Blutadel früherer Zeitalter instinktiv getan hat. Wir müssen für unser Zwischenzeitalter den Instinkt durch rationale Maßnahmen ersetzen. Wir werden in allererster Linie das Bauerntum heranziehen, soweit es sich noch einen Rest des guten Instinktes durch das Bekenntnis zur Bewegung erhalten hat. Wir werden auch die gute Erbmasse des alten Blutadels, soweit er sich rein erhalten hat, hereinnehmen. Mir schwebt die Bildung von »Adelshöfen« vor, wo der neue Adel fest mit dem Boden verwurzelt, zugleich die stählende Aufgabe der Führung innerhalb eines fremden Volkstums haben wird. Das heißt, diese Adelshöfe werden mitten im fremdsprachigen Raum unseres kommenden Reiches liegen.«

Darré, der sich selbst in zweiter Ehe gerade mit der Angehörigen eines alten deutschbaltischen Adelsgeschlechtes verheiratet hatte, war im Begriff, die kleinbürgerlich-sozialistischen Siedlungsvorstellungen der Partei gründlich durch wesentlich andere Vorstellungen über eine deutsche Agrarpolitik zu revolutionieren und fand bei Hitler, der damals die ostelbischen Großgrundbesitzer für seine Politik zu gewinnen suchte, größtes Verständnis. Die Aussprache, zu der Darré mit Wissen Hitlers eingeladen hatte, galt denn auch der künftigen Ostpolitik als der Grundlage einer neuen deutschen Agrarpolitik und antiliberalistischen Bevölkerungspolitik.

Jemand aus Darrés Stabe hielt einen Vortrag über die räumlichen Aufgaben einer »Ostraumpolitik«, wie Darré die deutsche Ostpolitik nannte. Ein Staatenbund müsse entstehen, wie er sich schon einmal im Weltkrieg zu entwickeln begonnen hatte. Ein eherner Kern, ein zentraler Großstaat im Mittelpunkt; Böhmen, Mähren, Oesterreich als integrierende Bestandteile; dann ein Kranz von kleinen und mittleren unselbständigen Staatsgebilden; das sei, so führte dieser Vortrag aus, das Gerippe des deutschen Großreiches. Die baltischen Staaten, ein mittleres, auf die engsten ethnographischen Gebiete zurückgeschnittenes und von der Ostsee abgeschlossenes Polen, ein größeres Ungarn, ein in seine Bestandteile zerlegtes Serbien und Kroatien, ein verkleinertes Rumänien, eine in mehreren selbständigen Gliedern erstehende Ukraine, südrussische, kaukasische Staaten: das war das künftige Bundesreich, das Deutschland das Fundament seiner Macht geben sollte. Im Nordosten der Pfeiler Finnland, im Südosten der Pfeiler Georgien oder Grusien. Alles aber zusammengehalten durch eine gemeinsame Wehrmacht, eine gemeinsame Wirtschaft und Währung, eine gemeinsame Außenpolitik. Ohne Zukunft und nur ein ephemeres Gebilde würde dies alles aber bleiben, so fuhr der Vortragende fort, wenn nicht eine planmäßige Bevölkerungs- und Entvölkerungspolitik getrieben würde. Jawohl, auch eine *Ent*völkerungspolitik. Die große Gefahr für die weiße nordische Rasse sei die große biologische Fruchtbarkeit des ostisch-slavischen Menschen, der wie alles Minderwertige die fehlende Qualität durch die Quantität, das heißt durch die Gebärtüchtigkeit seiner Weiber ersetze. Durch den Agrarbolschewismus der Nachkriegszeit, das heißt durch die Aufteilung der Latifundien an bäuerliche Kleinsiedler sei die Fruchtbarkeit noch beängstigend gestiegen. Es gelte, den slavischen Kleinbauern wieder von der Ackerscholle loszulösen, ihn zum besitzlosen Arbeiter zu machen, damit seine Fruchtbarkeit sinke. Es gelte, den landwirtschaftlichen Boden überwiegend in die Hand einer deutschen Herrenschicht zu bringen. »Großbauer darf im ganzen Ostraum nur der Deutsche sein.« Der fremdstämmige Bauer müsse wieder Arbeiter werden, landwirtschaftlicher Wanderarbeiter auch für das Reich, und ungelernter Industriearbeiter.

Ein anderer Redner führte dann die agrarpolitische Seite weiter aus. Worauf es ankäme, sei, nicht innerhalb Deutschlands zu siedeln. Das sei ein typisch liberalistisches Hilfsmittel, sich das eigentliche Problem vom Halse zu schaffen. Kolonisation sei immer Siedlung im völkisch fremden Raum, sie sei Eroberung neuen Volksbodens. »Die Siedlungsideen dieser Brüning und Konsorten sind ein Verbrechen; denn es verführt das deutsche Volk zum ,Chinesenideal'. Nicht innere Kolonisation, sondern erobernde echte Kolonisation. Nicht Kleinsiedlung, sondern ,Hufenbauern'-Siedlung, die Neubildung von Großbauern!« Schon die preußische Ostmarkpolitik der Vorkriegszeit sei ein totales Mißverständnis des großen Problems gewesen, verständlich nur aus dem liberalistisch verseuchten Geist der Wilhelminischen Epoche. Und man habe denn auch die Quittung darauf erhalten, indem sich gerade der entgegengesetzte Effekt eingestellt hätte: ein Anwachsen der slavischen Bevölkerung anstatt einer Zunahme des deutschen Elementes. Man müßte dem Agrarbolschewismus der systematischen Zerschlagung des landwirtschaftlichen Großbesitzes entschlossen entgegentreten. Es gelte, große gespannfähige und maschinenverwendungsfähige Bauernhöfe aus den westdeutschen Zwerggütern wieder herzustellen. Und es gelte, den durch Agrarreformen zerschlagenen deutschen Besitz in den Versailler Nachfolgestaaten wieder herzustellen und zunächst die großen Güter in dem ganzen Ostraum in deutschen Besitz zu überführen. Man werde in Deutschland ein Erbhofrecht schaffen, das die weichenden Erben zwingen würde, in den Osten zu wandern, um dort selbst Großbauer zu werden. Man werde die Kleingüter in Deutschland zusammenlegen und so die landwirtschaftliche Bevölkerung auflockern. Die Reagrarisierung Deutschlands würde nie in Deutschland selbst erfolgen, sondern nur in dem großen, vom Nationalsozialismus beherrschten deutschen »Befehlsraum« im Osten. Der deutsche landwirtschaftliche Arbeiter würde bis auf einen gewissen Stamm selbst Bauer werden oder als qualifizierter Arbeiter in der Industrie Unterkommen finden. Man würde zu geringen Löhnen mit fremdstämmigen Wanderarbeitern die landwirtschaftlichen Arbeiten ausführen. Ohne die Herstellung einer gewissen, modernen Form der Hörigkeit oder, wenn man will, des Sklaventums, könne die menschliche Kultur nicht weiter entwickelt werden. Nur so könne man aber auch eine landwirtschaftliche Preispolitik machen, die es allmählich erlaube, die deutschen landwirtschaftlichen Preise den Weltmarktpreisen anzugleichen, was früher oder später einmal unabwendbar sein würde.

Dann ergriff Darré selbst das Wort. Die slavische Fruchtbarkeit müsse gebrochen werden, das sei die eine Aufgabe. Eine deutsche Herrenschicht zu bilden und fest zu verwurzeln, das sei die zweite. Das sei der innere Sinn der »Ostraumpolitik«. Anstelle einer horizontalen Gliederung der europäischen Volksstämme müsse eine vertikale kommen. Das heiße nichts anderes, als eine deutsche Elite sei berufen, die Herrenschicht in Europa und schließlich in der Welt zu werden. Er nenne diese Elite mit dem echten germanischen Wort Adel. Zu dieser Berufung einer deutschen Auslese müsse sie aber nicht bloß geistig, körperlich und politisch geschult werden, sondern sie müsse auch biologisch gepflegt und allmählich planmäßig hochgezüchtet werden. Sonst bestünde die Gefahr, daß diese Schicht im fremden Volkstum und unter den Versuchungen seiner besonderen sozialen Vorrechte schnell degeneriere.

Es gelte also einen neuen sozialen Aufbau des kommenden Deutschlands und Europas. Es gelte bewußt eine Klassenordnung wiederherzustellen oder vielmehr eine hierarchische Ordnung. Dies könne aber nicht mehr in einem so kleinen Bezirk wie Deutschland geschehen, sondern nur noch für den ganzen Kontinent, für das ganze Universum. Und man müsse das ganze gigantische Problem folgerichtig durchdenken. Indem man den Neuaufbau eines gesunden sozialen Körpers beginne, gelte es zugleich die Zersetzung des alten absterbenden Körpers mit allen Mitteln zu beschleunigen. Das Bürgertum sei ebenso zu entwurzeln wie die Arbeiterschaft. Aber man müsse auch die geistigen Konsequenzen berücksichtigen. Man müsse den Mut zum Analphabetismus ebenso haben wie zum Heidentum. Bildung und Wissen enthielten bestimmte Gefahren für die Herrenschicht. Aber sie bildeten auch in anderem Sinne große Gefahren für die Erhaltung einer Sklavenschicht. Das Ideal einer allgemeinen Bildung sei längst überholt. Nur wenn Wissen wieder den Charakter der Geheimwissenschaft zurückerlangt hätte und nicht allgemein zugänglich sei, würde es wieder die Funktion einnehmen können, die es normalerweise habe, nämlich Mittel der Beherrschung zu sein, der menschlichen Natur, wie der außermenschlichen. Damit aber käme man wieder zur Bedeutung der Neubildung eines europäischen Blutadels, den der Nationalsozialismus dem liberalistischen internationalen Geldadel gegenüberstelle.

Wie das deutsche Bauerntum der ewige Blutquell des deutschen Volkes sei und als solcher besonders gepflegt werden müsse, so gelte es, den neuen Adel dadurch für alle Zeit zu sichern und vor den Gefahren der Degeneration zu bewahren, daß er den strengsten Forderungen der biologischen Auslese unterworfen und auf besondere Weise mit dem landwirtschaftlichen Boden verwurzelt würde. Und zwar sei es die Aufgabe des Adels, jenseits der Grenze des deutschen Volksbodens als Zwingherr der deutschen Herrschaft sich als Herrenmensch zu bewähren. Die Bedeutung des ostdeutschen »Junkertums« habe gerade darin bestanden, Herr oder Kleinkönig in einer unterworfenen Bevölkerung zu sein. Das habe die Herreneigenschaften kultiviert. Und deshalb sei der preußische Junker immer noch einer der besten deutschen Typen gewesen, solange er sich vom Liberalismus und der jüdischen Versippung freigehalten habe. Eine ähnliche Aufgabe und zwar bewußt im Dienste des Volksganzen und nicht bloß im Standesinteresse müsse jetzt der »Neuadel aus Blut und Boden« auf sich nehmen. Auch was von der nationalsozialistischen Führerschicht nicht landwirtschaftlich verbunden sei, müsse dereinst einen Adelshof übernehmen, ein »Odal« seiner Sippe verliehen erhalten. Ebenso wie in späterer Zukunft nur aus diesen, mit den Herrschaftsaufgaben der deutschen Weltherrschaft verbundenen Adelsgeschlechtern der politische Nachwuchs der Bewegung zu entnehmen sei. Gigantische Aufgaben stünden vor uns. Es wäre schwer, sie zeittechnisch zu bewältigen, ehe der totale Zusammenbruch einträte.

»Meine Parteigenossen,« erklärte darauf Hitler, »was wir hier besprechen, muß vertraulich bleiben. Ich kann mir denken, daß ein Teil unserer Parteigenossen dies sehr mißverstehen würde. Aber Darré hat recht. Wir müssen die Eierschalen eines Liberalismus, die wir unbewußt auf unserem Buckel mit herumschleppen, vollends abstreifen. Das fällt vielen von uns schwer. Denn wir haben unsere Ideen von allen Sträuchern zu Seiten unseres Lebensweges aufgelesen, und wir wissen nicht mehr, wo sie herstammen.

Was über unsere Ostpolitik oder »Ostraumpolitik« gesagt wurde, billige ich im allgemeinen. Nur eines, meine Parteigenossen, müssen

Sie sich immer vor Augen halten. Wir werden niemals eine große Politik machen ohne einen festen, stahlharten Machtkern im Mittelpunkt. Ein Kern von achtzig oder hundert Millionen geschlossen siedelnder Deutscher! Meine erste Aufgabe wird es daher sein, diesen Kern zu schaffen, der uns nicht nur unbesiegbar macht, sondern uns ein für allemal das entscheidende Uebergewicht über alle europäischen Nationen sichern wird. Ist uns dies gelungen, so wird alles andere verhältnismäßig leicht sein. Zu diesem Kern gehört Oesterreich. Das ist eine Selbstverständlichkeit. Es gehört dazu aber auch Böhmen und Mähren, und es gehören dazu die Westgebiete Polens bis an gewisse strategische Grenzen. Es gehören aber auch dazu, und das dürfen Sie nicht übersehen, die baltischen Staaten, die Jahrhunderte hindurch eine dünne deutsche Oberschicht gehabt haben. In allen diesen Gebieten wohnen heute überwiegend fremde Volksstämme. Und es wird unsere Pflicht sein, wenn wir unser Großreich für alle Zeiten begründen wollen, diese Stämme zu beseitigen. Es besteht kein Grund dagegen, dies nicht zu tun. Unsere Zeit gibt uns die technischen Möglichkeiten, solche Umsiedlungspläne verhältnismäßig leicht durchzuführen. Uebrigens hat die Nachkriegszeit eine Binnenwanderung von mehreren Millionen veranlaßt, gegen die unser Unternehmen ein Pappenstiel sein wird. Das böhmisch-mährische Becken, die an Deutschland grenzenden Ostgebiete werden wir durch deutsche Bauern besiedeln. Wir werden die Tschechen und Böhmen nach Sibirien oder in die wolhynischen Gebiete verpflanzen, wir werden ihnen in den neuen Bundesstaaten Reservate anweisen. Die Tschechen müssen heraus aus Mitteleuropa. Solange sie dort sind, werden sie immer ein Herd hussitisch-bolschewistischer Zersetzung sein. Und erst wenn wir dies erreichen können und wollen, bin ich bereit, das abermalige Blutopfer einer ganzen deutschen Jugend zu verantworten. Ist aber dies unser Preis, dann werde ich nicht einen Augenblick zögern, zwei, auch drei Millionen toter Deutscher im vollen Bewußtsein der Schwere des Opfers auf mein Gewissen zu nehmen.

Anders ist es in den baltischen Ländern. Wir werden die Bevölkerung leicht germanisieren können. Es sind Stämme, die uns rassisch nahestehen und die schon längst deutsch geworden wären, wenn nicht die Vorurteile und der soziale Dünkel der deutschen baltischen Barone dies künstlich verhindert hätten. Im übrigen interessieren mich die Grenzprobleme als solche sehr wenig. Wenn ich meine Politik sich darin erschöpfen ließe, dann wären wir mit unserem Latein bald am Ende und dem deutschen Volk wäre in nichts geholfen. Ich werde auch mit der albernen südtiroler Sentimentalität ein Ende machen. Ich denke nicht daran, mich jemals durch diese Frage in der Grundlinie unserer Politik, in einem Bündnis mit Italien, beirren zu lassen. Das deutsche Volk ist in seiner unglücklichen Geschichte überallhin wie Wildfleisch gewuchert. Ich werde mich nicht durch noch so ehrwürdige Erinnerungsstücke unserer Vergangenheit verleiten lassen, eine politische Torheit zu begehen. Mit Elsaß und Lothringen ist es ein anderes Ding. Wir werden hier niemals verzichten. Nicht weil hier deutsche Stämme wohnen, sondern weil wir dieser und anderer Gebiete zur Abrundung unseres Kerngebietes im Westen ebenso bedürfen wie Böhmens im Süden und Posens, Westpreußens, Schlesiens und der baltischen Länder im Osten und Norden.«

Hitler fuhr fort: »Soweit bestehen keine Zweifel. Ich folge im Osten und Südosten nicht dem General Ludendorff noch sonst jemandem, sondern dem ehernen Gesetz unserer historischen Entwicklung. Wenn Deutschland wieder aufgerüstet sein wird, so werden sich alle diese kleinen Völker von selbst uns als Bundesgenossen anbieten. Nicht darauf kommt es an, nun hier so ein friedliches Pan-Europa im kleinen zu fabrizieren, mit dem guten Onkel Deutschland in der Mitte, der seinen studierenden Neffen die Studienzeit angenehm verkürzt. Wir werden uns nicht unsere eigenen Erben großfüttern. Sondern ein für allemal gilt es für ein germanisches Europa die ewig gültigen politischen und biologischen Grundlagen zu schaffen. Meine Parteigenossen, wir denken nicht in erster Linie wirtschaftlich. Selbstverständlich brauchen wir den Weizen, das Oel und die Erze dieser Länder. Woran wir denken, ist unsere Herrschaft für alle Zeit aufzurichten und so zu verankern, daß sie für ein Jahrtausend gesichert steht. Dazu helfen uns keine politischen und wirtschaftlichen Verträge, wie der Papen und der Hugenberg es sich denken. Das sind liberalistische Spielereien, an deren Ende der Bankerott der Nation steht. Wir stehen heute vor der ehernen Notwendigkeit, eine *neue soziale Ordnung* zu schaffen. Denn nur wenn uns das gelingt, werden wir die große geschichtliche Aufgabe lösen, die uns als Volk gestellt ist.

Die klassenlose Gesellschaft der Marxisten ist ein Wahnsinn. Ordnung heißt immer Rangordnung. Aber ebenso wahnwitzig sind die demokratischen Ideen einer Rangordnung auf Grund des Geldsackes. Echtes Herrentum ersteht nicht aus den zufälligen Spekulationsgewinnen von smarten Geschäftsleuten. Es ist das Geheimnis unseres Erfolges, das Lebensgesetz echten Herrentums wieder in den Mittelpunkt des politischen Kampfes gestellt zu haben. Echtes Herrentum entsteht nur da, wo auch echte Unterwerfung besteht. Es kommt nicht darauf an, die Ungleichheit der Menschen zu beseitigen, sondern im Gegenteil sie zu vertiefen und, wie in alten großen Kulturen, sie durch unübersteigbare Schranken zum Gesetz zu machen. Es gibt kein gleiches Recht für alle. Wir werden den Mut haben, dies nicht bloß zur Maxime unseres Handelns zu machen, sondern uns auch dazu zu bekennen. Nie werde ich daher anderen Völkern das gleiche Recht wie dem deutschen zuerkennen. Unsere Aufgabe ist es, die anderen Völker uns zu unterwerfen. Das deutsche Volk ist berufen, die neue Herrenschicht der Welt zu geben.

Die Rolle des Bürgertums ist ausgespielt. Endgültig, meine Parteigenossen, und lassen Sie sich nicht täuschen, wenn irgendwelche galvanischen Ströme diesen toten Muskel noch einmal zum Zucken bringen. Aber auch diese »geschichtsbefugten Oberschichten«, dieser Kalender-Adel, diese degenerierten Abkömmlinge alter Adelsgeschlechter haben nur noch die eine Aufgabe, ‚in Schönheit zu sterben'. Mit den lächerlichen Mitteln ihrer Klubs und Cliquen werden diese Herrenklubleute und Konsorten den Ablauf der Geschichte nicht aufzuhalten vermögen. Ich werde gewiß kein Herrentum zerstören, wo es heute noch echt ist. Aber wo gibt es solches? Und wenn es solches gibt, dann bekennt es sich zu mir. Nein, meine Parteigenossen, man diskutiert nicht über die Entstehung einer neuen ‚Oberschicht'. Man schafft sie und es gibt nur *ein* Mittel, sie zu erzeugen: den Kampf. Die Auslese der neuen Führerschicht ist *mein* Kampf um die Macht. Wer sich zu *mir* bekennt, ist berufen eben durch dieses Bekenntnis und die Art, *wie* er sich bekennt. Das ist die große umwälzende Bedeutung unseres langen, zähen Kampfes um die Macht, daß in ihm eine neue Herrenschicht geboren wird, berufen, nicht bloß die Geschicke des deutschen Volkes, sondern der Welt zu lenken.

Nicht durch Spintisieren und Experimentieren, sondern in einem einmaligen geschichtlichen Vorgang entsteht mit einer neuen Herrenschicht die neue Sozialordnung. Wir stehen mitten in einem solchen Prozeß. Wir erleben die revolutionäre Umwälzung, die durch die Abdankung alter Gesellschaftsmächte und das Heraufkommen neuer entsteht. Aber die Herren Marxisten irren sich, wenn sie meinen, daß es der Arbeiter sein wird, der anstelle der Junker die neue, führende Gesellschaftsmacht sein wird. Es ist der lächerliche Ausdruck der Feigheit des kapitulierenden Bürgertums, in der Gestalt des Industriearbeiters so etwas wie den mystischen Heiland einer sozialen Heilslehre zu sehen. Der Arbeiter in seiner heutigen politischen Bedeutung ist so gut ein vorübergehendes Symptom der jetzigen absterbenden Gesellschaftsordnung wie der Adel und das Bürgertum.

Wie die künftige Sozialordnung ausschauen wird, meine Parteigenossen, das will ich Ihnen sagen: eine Herrenschicht wird es geben, eine historisch gewordene, aus den verschiedensten Elementen durch Kampf erlesene. Es wird die Menge der hierarchisch geordneten Parteimitglieder geben. Sie werden den neuen Mittelstand abgeben. Und es wird die große Masse der Anonymen geben, das Kollektiv der Dienenden, der ewig Unmündigen, gleichgültig, ob sie ehemals Vertreter des alten Bürgertums waren oder Großagrarier, Arbeiter oder Handwerker. Die wirtschaftliche Position und die bisherige gesellschaftliche Rolle wird da auch nicht die geringste Bedeutung haben. Diese lächerlichen Unterschiede werden in einem einzigen revolutionären Prozeß eingeschmolzen werden. Darunter wird es aber noch die Schicht der unterworfenen Fremdstämmigen geben, nennen wir sie ruhig die moderne Sklavenschicht. Und über allem wird es den neuen Hochadel geben, die besonders verdienten und besonders verantwortlichen Führerpersönlichkeiten. Auf solche Weise, im Ringen um die Macht und Herrschaft innerhalb eines Volkes und außerhalb desselben entstehen neue Stände; niemals aber, wie sich diese Professoren und Stubenhocker es vorstellen, wie dieser Professor Spann, durch eine zusammengeleimte Verfassung, durch ein regierungsseitiges Dekret.

Was unser Parteigenosse Darré gesagt hat, billige ich. Hier im Osten ist unser großes Experimentierfeld. Hier wird die neue europäische Sozialordnung entstehen. Und dies ist die große Bedeutung unserer Ostpolitik. Und da möchte ich abschließend noch ein Wort sagen. Gewiß werden wir in den neu entstehenden Herrenstand auch Vertreter anderer Nationen aufnehmen, die sich um unseren Kampf verdient gemacht haben. Und ich denke in diesem einen Punkt ganz wie Darré und Himmler. Das Rassisch-biologische ist immer nur die *eine* Seite des ganzen Prozesses. Wir werden überhaupt sehr bald über die Grenzen des heutigen engen Nationalismus hinausgelangen. Meine Parteigenossen, Weltimperien entstehen zwar auf einer nationalen Basis, aber sie lassen diese sehr bald weit unter sich.

Und damit komme ich zu dem, was wir Bildung oder Erziehung nennen. So sicher und gewiß das, was wir heute hier erörtert haben, niemals die Gedanken des einfachen Parteigenossen beschweren darf, so dringlich ist es, mit dem, was man Allgemeinbildung nennt, ein für allemal Schluß zu machen. Die Allgemeinbildung ist das zersetzendste und auflösendste Gift, das der Liberalismus zu seiner eigenen Zerstörung erfunden hat. Es gibt nur eine Bildung für jeden Stand und in ihm für jede einzelne Stufe. Die volle Freiheit der Bildung ist das Privileg der Elite und derjenigen, die sie besonders zuläßt. Der ganze Wissenschaftsbetrieb hat unter ständiger Kontrolle und Auslese zu stehen. Wissen ist Hilfsmittel des Lebens, aber nicht sein Sinn. Und so werden wir auch konsequent sein und der breiten Masse des untersten Standes die Wohltat des Analphabetismus zuteil werden lassen. Wir selbst aber werden uns freimachen von allen humanen und wissenschaftlichen Vorurteilen. Und darum werde ich in den Junkerschulen, die ich gründen werde und durch die alle künftigen Angehörigen unseres Herrenstandes gehen werden, das Evangelium vom freien Menschen verkünden lassen. Des Menschen, der Herr ist über Tod und Leben, Menschenfurcht und Aberglauben, der seinen Körper, seine Muskeln und Nerven so gut zu beherrschen gelernt hat, wie die Masse. Der aber auch souverän ist gegenüber den Versuchungen des Geistes und einer angeblich freien Wissenschaft.«

IV.

Der Antichrist

Ich entsinne mich des folgenden Gespräches bis in alle Einzelheiten. Es hat einen unauslöschlichen Eindruck auf mich gemacht. Damals begann meine innere Abkehr vom Nationalsozialismus. Ich fing an zu begreifen, was er war und was er vor allem selbst sein wollte. Ich empfinde noch heute die kleine, enge Atmosphäre: den Geruch neuer Möbel, die Leerheit eines überalterten Tages. Familiäre Enge und Bohemienwesen. Kleinbürgerliche Allüren und revolutionäre Gespräche. Ich höre noch diesen abstrusen, unvermeidlichen Puzzi Hanfstängel im Nebenraum den Flügel traktieren. Er hatte gerade einen Marsch komponiert, der angeblich Hitlers Wohlgefallen gefunden hatte. Er kreuzte seine Motive auf mit Motiven aus Wagner'schen Opern. Ein kleines Sofa, ein paar Sessel, ein Tisch: Frau Raubal, Frau Goebbels, Forster, Goebbels, ich sitzend. Hinter uns der »Führer«, der neue Reichskanzler. Er lehnte an seinem Schreibtisch und blätterte in Schriften. Vor ihm Julius Streicher, Wagner aus München. Es wurde Tee gereicht, kleine Kuchen. Frau Raubal, die etwas Mütterlich-Gütiges hatte, versuchte ein harmloses Gespräch in Gang zu bringen. Wir waren abgespannt. Frau Goebbels, sehr undeutsch geschminkt, lauschte zu Hitler herüber, und auch ich vermochte mich nicht von dem Gespräch loszureißen, das hinter meinem Rücken geführt wurde und mich immer mehr erregte.

Es war späte Nacht. Hitler war aus einer Kinovorstellung gekommen. Irgendein patriotischer Schinken, Friedrich den Großen verherrlichend. Wir waren schon vor Hitler in der Reichskanzlei oben gewesen. Wir warteten auf ihn. Als erster kam Goebbels. Ein fabelhafter Film, äußerte er sich. »Ein großer Film, das ist es, was wir brauchen.« Ein paar Augenblicke später kam Hitler im Fahrstuhl heraufgefahren. »Wie war der Film,« fragte Forster zur Begrüßung. »Ein Greuel, ein Schmarren. Das muß polizeilich verboten werden. Es ist genug mit diesem patriotischen Kitsch!« »Jawohl, mein Führer,« drängte sich Goebbels heran. »Es war ein schwaches Stück, ein sehr schwaches. Eine große Erziehungsarbeit bleibt uns zu leisten.« Prinz August Wilhelm von Preußen, der Hitler begleitet hatte und sich gleich wieder verabschiedete, warf salopp hinein: »Es ist Zeit, daß man so etwas wie ein Tierschutzgesetz erläßt gegen diesen Mißbrauch von historischen Erinnerungen.«

Das Datum dieses Abends ist durch den folgenden Tag bestimmt. Er ist von besonderer Bedeutung. Ich war zum Mittag bei Hitler, früh war ich zum Vortrag bei ihm. Es war ein wichtiger Tag; an ihm wurde die Institution der Reichsstatthalter geschaffen. Eine Maßnahme, die nur den Sinn hatte, die in den Ländern auftauchenden Sonderbestrebungen rechtzeitig zu unterdrücken. In Bayern hatte sich eine für den Nationalsozialismus höchst gefährliche Selbständigkeitsbewegung durchgesetzt. Hätte Bayern seine Stunde wahrgenommen und wäre vor allem der Kronprinz Rupprecht entschlossener gewesen, so hätte eine bayrische Monarchie allen nationalsozialistischen Bestrebungen ein frühes und kräftiges Ende gesetzt. Die deutsche Erneuerung wäre von ganz anderer Seite und in wesentlich anderen Formen erfolgt.

Von den Sorgen über eine solche Entwicklung ging unser nächtliches Gespräch aus. Diese Sorgen hatten die beiden bayrischen Gauleiter Streicher aus Franken und Wagner aus München hergeführt. Streicher war es, der Hitler dann das Stichwort zu seiner Rede gab. Ich hatte den Anfang des Gespräches nicht gehört. Ich wurde erst aufmerksam, als ich hinter meinem Rücken Hitlers Stimme lauter werden hörte.

»Mit den Konfessionen, ob nun diese oder jene: das ist alles gleich. Das hat keine Zukunft mehr. Für die Deutschen jedenfalls nicht. Der Faschismus mag in Gottes Namen seinen Frieden mit der Kirche machen. Ich werde das auch tun. Warum nicht? Das wird mich nicht abhalten, mit Stumpf und Stiel, mit allen seinen Wurzeln und Fasern das Christentum in Deutschland auszurotten. Die Italiener sind naiv, sie können Heiden sein und Christen zu gleicher Zeit. Italiener und Franzosen, wenn man sie auf dem Lande sieht, sind Heiden. Ihr Christentum geht nicht durch die Haut durch. Aber der Deutsche ist anders. Er will seine Sache mit Ernst treiben. Entweder ist er Christ oder Heide. Beides zusammen kann er nicht sein. Uebrigens, der Mussolini wird aus seinen Faschisten immer noch keine Helden machen. Für die ist es gleich, ob sie Heiden sind oder Christen. Für unser Volk aber ist es entscheidend, ob sie den jüdischen Christenglauben und seine weichliche Mitleidsmoral haben oder einen starken, heldenhaften Glauben an Gott in der Natur, an Gott im eigenen Volke, an Gott im eigenen Schicksal, im eigenen Blute.«

Nach einer Pause fuhr er fort: »Lassen Sie das Spintisieren. Ob nun Altes Testament oder Neues, ob bloß Jesuworte wie der Houston Stewart Chamberlain will: alles das ist doch nur derselbe jüdische Schwindel. Es ist alles eins und macht uns nicht frei. Eine deutsche Kirche, ein deutsches Christentum ist Krampf. Man ist entweder Christ oder Deutscher. Beides kann man nicht sein. Sie können den Epileptiker Paulus aus dem Christentum hinauswerfen. Das haben andere vor uns getan. Sie können Jesus zu einem edlen Menschen machen und seine Göttlichkeit und Mittlerrolle leugnen. Das haben früh und spät, immer wieder Leute getan. Ich denke, es gibt in Amerika und England auch heute noch solche Christen; Unitarier nennen sie sich oder so ähnlich. All das nützt nichts; sie werden den Geist nicht los, um den es uns geht. Wir wollen keine Menschen, die nach drüben schielen. Wir wollen freie Männer, die Gott in sich wissen und spüren.«

Streicher oder Goebbels warf eine Bemerkung dazwischen, die ich nicht hörte, eine Frage vielleicht. »Den Jesus können Sie nicht zum Arier machen, das ist Unsinn,« fuhr Hitler fort. »Was der Chamberlain da in seinen Grundlagen geschrieben hat, ist gelinde gesagt dumm. Was werden soll, fragen Sie? Das will ich Ihnen sagen: verhindern, daß die Kirchen etwas anderes tun, als was sie jetzt tun. Nämlich Schritt für Schritt Raum verlieren. Was glauben Sie, werden die Massen jemals wieder christlich werden? Dummes Zeug. Nie wieder. Der Film ist abgespielt. Da geht niemand mehr herein. Aber nachhelfen werden wir. Die Pfaffen sollen sich selbst ihr Grab schaufeln. Sie werden ihren lieben Gott an uns verraten. Um ihr erbärmliches Gelumpe von Stellung und Einkommen werden sie alles preisgeben. Was wir tun sollen? Was die katholische Kirche getan hat, als sie den Heiden ihren Glauben aufgepfropft hat: erhalten, was zu erhalten geht und umdeuten. Wir werden den Weg zurückgehen: Ostern ist nicht mehr Auferstehung, sondern die ewige Erneuerung unseres Volkes, Weihnachten ist die Geburt *unseres* Heilandes: des Geistes der Heldenhaftigkeit und Freiheit unseres Volkes. Meinen Sie, die werden nicht unseren Gott auch in ihren Kirchen lehren, diese liberalen Pfaffen, die keinen Glauben mehr haben, sondern nur ein Amt? Ich garantiere Ihnen, so wie sie Häckel und Darwin, Goethe und Stefan George zu Propheten ihres Christentums gemacht haben, so werden sie das Kreuz durch unser Hakenkreuz ersetzen. Sie werden anstatt des Blutes ihres bisherigen Erlösers das reine Blut unseres Volkes zelebrieren; sie werden die deutsche Ackerfrucht als heilige Gabe empfangen und zum Symbol der ewigen Volksgemeinschaft essen, wie sie bisher den Leib ihres Gottes genossen haben. Und dann, wenn es soweit ist, Streicher, werden die Kirchen wieder voll werden. Wenn *wir* es wollen, wird es so sein, wenn es *unser* Glaube ist, der dort gefeiert wird. Bis dahin hat es gute Weile.«

Hitler hielt inne. Frau Raubal richtete eine Frage an mich wegen meiner Familie. Ich verstand das Folgende nicht. »Man kann das beiläufig seinen Gang gehen lassen,« hörte ich Hitler sagen. »Aber Bestand wird es nicht haben. Wozu eine Einheitskonfession, eine deutsche romfreie Kirche? Seht Ihr denn in Gottes Namen nicht, daß alles überholt ist? Deutsche Christen, Deutschkirche, romfreie Christen, altes Zeug. Ich weiß schon, was kommen muß. Und zu seiner Zeit werden wir dafür Sorge tragen. Ohne eigenen Glauben hat das deutsche Volk keinen Bestand. Was das ist, niemand weiß es noch. Wir fühlen es. Doch das genügt nicht.«

»Nein,« antwortete er auf eine Frage, »diese Professoren und Dunkelmänner, die ihre nordischen Religionen stiften, verderben mir nur das Ganze. Warum ich es dann dulde? Sie helfen zersetzen, das ist es, was wir zur Zeit allein machen können. Sie stiften Unruhe. Und alle Unruhe ist schöpferisch. An sich hat das Getue keinen Wert. Aber immerhin, es mag seinen Gang gehen. Sie helfen an ihrem Teil, wie die Pfaffen an ihrem. Wir werden sie zwingen, ihre Konfessionen von innen zu zerstören, indem sie die Autorität beseitigen und aus allem ein blasses, unverbindliches Phrasenwesen machen. Ob uns das gelingen wird? Sicher und gewiß.«

Das Gespräch wurde ruhiger. Goebbels setzte sich an unseren Tisch. Hanfstängel kam herein. Die beiden bayrischen Gauleiter berichteten von einigen Fällen krassen Widerstandes der katholischen Kirche in Bayern.

»Die Schwarzen sollen sich nichts vormachen,« drohte Hitler. »Ihre Zeit ist um. Sie haben verspielt.« Er würde das nicht so machen wie Bismarck. »Ich bin Katholik. Das hat die Vorsehung schon so eingerichtet. Nur ein Katholik kennt die schwachen Punkte der Kirche. Ich weiß, wie man den Brüdern zu Leibe gehen muß. Der Bismarck ist blöd gewesen. Er ist halt Protestant gewesen. Die wissen eh' nicht, was Kirche ist. Da muß man schon mit dem Volk fühlen und wissen, woran die Leute hängen und was ihnen zuwider ist. Der Bismarck hat seine Paragraphen gehabt und den preußischen Wachtmeister. Damit hat es nicht gelangt. Ich laß mich auf einen Kulturkampf schon gar nicht ein. Das war eine Blödheit, als wenn's den Schwarzen nicht darum zu tun war, vor den armen Weiblein mit der heiligen Märtyrerkrone zu glänzen. Aber ich werde mit ihnen fertig, dafür garantiere ich.«

»Die katholische Kirche ist schon was Großes. Herr Gott ihr Leut', das ist eine Institution und es ist schon was, an die zweitausend Jahre auszudauern. Davon müssen wir lernen. Da steckt Witz und Menschenkenntnis darin. Die kennen ihre Leute! Die wissen, wo sie der Schuh drückt. Aber nun ist ihre Zeit um! Das wissen die Pfaffen selbst. Klug genug sind sie, das einzusehen und sich nicht auf einen Kampf einzulassen. Tun sie es doch, ich werde bestimmt keine Märtyrer aus ihnen machen. Zu simplen Verbrechern werden wir sie stempeln. Ich werde ihnen die ehrbare Maske vom Gesicht reißen. Und wenn das nicht genügt, werde ich sie lächerlich und verächtlich machen. Filme werde ich schreiben lassen. Wir werden die Geschichte der Schwarzen im Film zeigen. Da kann man dann den ganzen Wust von Unsinn, Eigennutz, Verdummung und Betrug bewundern. Wie sie das Geld aus dem Land gezogen haben. Wie sie mit den Juden um die Wette geschachert, wie sie Blutschande getrieben haben. So spannend werden wir das machen, daß jedermann wird hereinwollen. Schlange werden die Leute an den Kinos stehen. Und wenn sich den frommen Bürgern die Haare sträuben sollten, umso besser. Die Jugend wird es aufnehmen. Die Jugend und das Volk. Auf die anderen will ich gerne verzichten. Ich garantiere,« schloß er, »wenn ich will, könnte ich die Kirche in wenigen Jahren vernichten. So hohl ist das alles und so durch und durch brüchig und verlogen das ganze Glaubensgetue. Wenn richtig einer daran stößt, muß es zusammenfallen. Bei ihrem bewährten Profitgeist und Wohlleben werden wir sie schon zu fassen bekommen. Darum können wir alles in Frieden und Eintracht miteinander abhandeln. Ich gebe ihnen ein paar Jahre Galgenfrist. Zu was brauchen wir uns streiten. Sie werden alles schlucken, um ihre materiellen Positionen halten zu können. Es kommt nicht zum Kampf. Die wittern schon, wo ein fester Wille ist. Darum brauchen wir bloß ein paar Mal den Herrn zu zeigen. Dann wissen sie schon, woher der Wind weht. Dumm sind *die* nicht. Das war schon was, die Kirche. Jetzt sind wir die Erben. Wir sind auch eine Kirche. Der ihre Zeit ist abgetan. Sie werden nicht kämpfen. Mir kann es schon recht sein. Wenn ich schon die Jugend habe, die Alten sollen in die Beichtstühle hinken. Aber die Jugend, die wird anders. Dafür stehe ich.«

Ich habe damals, als ich dieses Gespräch hörte, das Ganze für eine blanke Renommisterei gehalten, für eine Konzession an den pornographischen Streicher. Dennoch hat es mich tief erschüttert. Soviel Zynismus hatte ich bei Hitler nicht vorausgesetzt. Ich habe später oft daran denken müssen, als die Devisenprozesse und dann die Sittlichkeitsverfahren gegen die katholischen Geistlichen begannen, um diese in den Augen der Masse zu Verbrechern zu stempeln und ihnen von vornherein die Glaubwürdigkeit des Märtyrertums im geistigen Kampf zu nehmen. Es war ein abgefeimtes und wie man sehen kann, von langer Hand vorbereitetes Unternehmen. Eine der bösartigsten Zerstörungen, die einzig und allein auf Hitler selbst zurückging. Von dem weiteren Gespräch hörte ich nicht mehr viel. Wichtig war mir nur die ostentative Geringschätzung für die evangelische Kirche. Hitler teilte nichts weniger als die Wünsche und Hoffnungen vieler romfeindlicher und kampflustiger Protestanten, mit Hilfe des Nationalsozialismus die katholische Kirche zu zerschlagen und eine, im Wesen evangelische, deutsche Einheitskirche zu schaffen, in der die katholischen Gläubigen als eine gewisse Abteilung mit hinein zu kommandieren sein würden. Ich habe später wiederholt den Reichsbischof Müller gesprochen, der fast mein Vorgänger im Amt als Präsident des Senats in Danzig geworden wäre. Seine ehrgeizigen Pläne gingen in diese Richtung.

»Die Protestanten wissen überhaupt nicht, was Kirche ist,« hörte ich noch Hitler sagen. »Man kann mit ihnen anstellen, was man will, sie werden sich drücken. Sie sind Kummer gewöhnt. Sie haben es von ihren Landesherren und Kirchenpatronen gelernt, bei denen sie Sonntags zum Gänsebraten geladen wurden. Ihren Platz aber hatten sie unten an der Tafel bei den Kindern und Schulmeistern. Es war schon viel, daß sie nicht an der Bediententafel mitessen mußten. Es sind kleine dürftige Subjekte, unterwürfig bis zum Handkuß, und sie schwitzen vor Verlegenheit, wenn man sie anredet. Sie haben schließlich gar keinen Glauben, den sie ernst nehmen, und sie haben auch keine große Herrschaftsmacht zu verteidigen wie Rom.«

Noch einmal flackerte das Gespräch, das sich in unwichtige Einzelheiten und Schimpfereien verlor, auf und wurde interessant. Hitler sprach über unser Bauerntum. Er behauptete, daß auch bei uns unter der christlichen Kruste das echte, alte, ewige Heidentum säße und immer wieder hervorbräche. »Sie sind doch Landwirt«, sprach er mich an. »Was wissen Sie davon, wie sieht es bei Ihnen aus?« Ich stand auf und trat hinzu. Bei uns, erwiderte ich, handle es sich um ein hochrationalisiertes Bauerntum, das wenig altes Brauchtum zeige. Aber es sei schon so, fange man an zu kratzen, so käme uralter Väterglaube heraus. »Sehen Sie«, triumphierte Hitler, »darauf baue ich. Unsere Bauern haben ihren eigentlichen Glauben nicht vergessen. Er lebt noch. Er ist nur überdeckt. Die christliche Mythologie hat sich nur wie eine Talgschicht darüber gelegt. Sie hat den eigentlichen Inhalt des Topfes konserviert. Ich habe dem Darré gesagt, daß man die große Reformation beginnen müsse. Er hat mir Vorschläge gemacht. Großartig! Ich habe sie gut geheißen. Er wird mit allen Mitteln die alten Bräuche wieder zu Ehren bringen. Er wird in der »Grünen Woche« und in der »Landwirtschaftlichen Wanderausstellung« auf unser Glaubenserbe hinweisen, bildhaft, eindrucksvoll, daß es der simpelste Bauer begreift. Nicht wie man das früher getan hat, um in schönen Kostümen zu schwelgen und sich in romantische Zeiten zurückzuträumen. Der Bauer soll wissen, was ihm die Kirche zerstört hat. Das ganze geheimnisvolle Wissen um die Natur, das

Göttliche, das Gestaltlose, Dämonische. Sie sollen die Kirche von da aus hassen lernen. Sie sollen allmählich erfahren, mit welchen Schlichen dem Deutschen die Seele gestohlen worden ist. Wir werden den christlichen Firnis abwischen und zu einem arteigenen Glauben kommen. Hier müssen wir ansetzen. Nicht in der Großstadt, Goebbels! Da geraten wir in die dumme Gottlosenpropaganda der Marxisten hinein: Bölsche, das Liebesleben in der Natur und solche Abgeschmacktheiten. In den großstädtischen Massen ist nichts mehr. Und wo alles erloschen ist, kann man nichts mehr wecken. Aber unsere Bauern leben ja noch in heidnischen Vorstellungen und Wertbegriffen. Wie bei uns tun sie es überall, in Schweden, in Frankreich, in England, in den slawischen Agrarländern. Woran die Renaissance des Heidentums immer gescheitert ist, das ist der literarische Unfug, die großstädtische Schicht total Entwurzelter und Gedankenspieler. Wenn wir den Massen nichts geben für das, was wir ihnen nehmen, so fallen sie uns später auf jeden Schwindel herein. Aber vom Bauerntum her werden wir das Christentum wirklich zerstören können, weil dahinter die Kraft eines echten Glaubens steckt, der in der Natur und im Blut wurzelt. Von ihm aus werden wir auch die großstädtischen Massen einmal missionieren können. Aber das hat noch gute Weile.«

Damit fand das Gespräch sein Ende. Wir saßen noch eine Weile um den Tisch. Hitler setzte sich zu uns. Frau Goebbels zeigte sich besorgt um das Wohl des »Führers«. Es sei Zeit aufzubrechen. »Sie haben einen schweren Tag hinter sich, mein Führer. Ein schwerer wartet Ihrer morgen«. Wir verabschiedeten uns. Ich ging in mein kleines Hotel am Friedrichstraßenbahnhof.

Später hat sich das alles erfüllt, auch das Letzte, was Hitler andeutete. Es wurde und wird der Versuch gemacht, von dem alten Volksbrauchtum her das Bauerntum zu entchristlichen. Ich sah die raffiniert aufgebauten entsprechenden Abteilungen in den landwirtschaftlichen Ausstellungen. Ich sah die mit pädagogischem Geschick zurechtgemachte Bilderserie vom Kampf der Stedinger Bauern gegen die Kirche in Bremen. Ich registrierte, wie alle Besucher, mitten in den sachlichen Darstellungen unseres landwirtschaftlichen Berufes die schweren Anklagen, die wegen der Ströme vergossenen Blutes erhoben wurden. Blut, das noch im späten Mittelalter gegen heidnische Glaubensreste und bäuerlichen Freiheitssinn von der Kirche vergossen worden ist. Wir Bauernführer bekamen dann regelmäßig Einladungen zu den neuartigen Gottlosenversammlungen der Nationalsozialisten, »religiöse« Abende, an denen die neuen Religionen aufmarschierten. Professor Hauser und Wirth und viele andere. Es war klar, daß diese Einladungen, die von Darré persönlich kamen, ein Prüfstein für uns sein sollten, wie weit man zur eigentlichen »Elite« zuzurechnen sei, wie weit man Ernst mache mit der totalen Revolution des Nationalsozialismus. Und wie weit also einem zu trauen sei. Das war der erste Schritt. Der zweite war der Zwang zum Austritt aus der Kirche. Wie schnell der ganze Prozeß ging, konnte ich an einem Bekannten, dem prächtigen westfälischen Bauern Meinberg sehen, einem Mann, von dem man annehmen konnte, daß er gediegen und in der Wolle gefärbt sei. Meinberg, Staatsrat und Landesbauernführer, Stellvertreter von Darré im Reichsnährstand, zeigte sich als gelehriger Schüler. Ein neuer Kamin erstand in seinem uralten Bauernhaus. Runen und heidnische Weisheitssprüche zierten seine Wände. Die Kreuze hatten anderen heiligen Zeichen Platz gemacht. Wodan, der uralte Jäger kam wieder zu Ehren. Und auf dem Herde brannte die neue, ewige Flamme. Hatte Hitler recht, daß die christliche Schicht unserer Bauern nur dünn war? Wie uns Bauern, so geschah es den Männern der SS., vor allem den führenden Rängen. Den höheren Graden der Hitlerjugend. Zielbewußt und planmäßig, mit eiserner Konsequenz wurde der Ausrottungskampf gegen alles Christliche geführt.

V.

Die Mittagtafel

In jenem Sommer bin ich öfters Hitlers Gast an seiner Mittagstafel gewesen. Er bewohnte damals den zweiten Stock der neuen Reichskanzlei. Es ging gut bürgerlich, man kann fast sagen kleinbürgerlich bei ihm zu. Die Räume waren beschränkt, die Einrichtung war einfach und künstlerisch wertlos. Hitler hatte kein Stück von erlesenem Geschmack oder künstlerischem Wert um sich.

Hitler lud, wenn er in Berlin war, immer Gäste an seine Tafel. Es galt als hohe Auszeichnung, zu ihr hinzugezogen zu werden. Zehn bis höchstens zwanzig Personen nahmen an ihr teil. Die Tafel war einfach. Auch hier gab sich der Parteiführer den Anstrich, das Muster der Schlichtheit und Volksverbundenheit zu sein. Er äußerte wiederholt, nichts von seiner bisherigen Gewohnheit aufgeben zu wollen, weder im Aeußeren seiner Person, noch im Stil seiner Lebenshaltung. Das Ganze stach in der Tat wohltuend von dem Gebaren der hochkommenden neuen Bonzen ab. Wie Hitler seinen Sitz im Auto neben dem Chauffeur geflissentlich beibehielt und sich nicht in den Fonds seines Wagens setzte, so trug er draußen seinen bekannten Regenmantel, hatte fast nie einen Hut auf dem Kopf und ging in der gleichen Mischung von Ziviljacke und Parteiuniformhose oder in demselben einfachen bürgerlichen Habit herum wie zuvor. Zur Mittagstafel gab es eine Suppe, ein Fleischgericht, es gab Gemüse und es gab Süßspeise. Hitler selbst aß kein Fleisch, er verschlang unwahrscheinliche Portionen von Süßspeisen, und sein persönlicher Koch, alter Pg., setzte ihm besondere Gemüseplatten vor. Aber für seine Gäste hatte Hitler keine vegetarischen Zwangsgenüsse. Und er ließ auch Alkohol in Gestalt von Bier herumreichen. Man konnte zwischen Bier und Limonade wählen, und es war amüsant zu sehen, daß Neulinge, besonders leidenschaftliche Parteigenossen, mit einem Blick auf den abstinenten Führer Limonade wählten, um einen guten Eindruck zu erzielen.

Es war schon eine bunte und wechselnde Gesellschaft an der Tafel. Es war immer eine besondere Persönlichkeit da, sei es eine Filmschönheit, ein Künstler, sei es eine Parteigröße. Auch Damen fehlten nicht. Sie waren aber immer in der Minderzahl. Ich sah einmal ein paar auffallend hübsche blonde Frauen. Auch Damen der Gesellschaft waren gelegentlich da. Die Schwester von Heß, eine tüchtige Kunstgewerblerin, lernte ich hier kennen. Sie band Hitlers Bücher ein. Ständiger Gast war damals Prinz August Wilhelm von Preußen. Ein begeisterter Nazi, aber weit besser im mündlichen Gespräch als er als Volksredner und Politiker war. Er gab sich zwanglos und wirkte trotzdem deplaziert. Ich hatte ihn und seinen jüngeren Bruder Oskar in meiner Jugend öfters in Potsdam im preußischen Kadettenkorps gesehen. Die Prinzen kamen gelegentlich zu uns, Tennis und Fußball spielen. Hitler behandelte den Prinzen damals zuvorkommend. Es war die Zeit, als man sich in den konservativen Milieus der Hoffnung hingab, Hitler würde »Auwi« zum Kaiser machen.

Dann war da als ständiges Inventarstück Puzzi Hanfstängel, dessen Welterfahrenheit und Sprachkenntnisse gebraucht wurden und dessen seltsam geformter Kopf mehr auffiel als das, was er zu sagen hatte. Häufiger konnte man auch Goebbels treffen. Er machte sich immer soviel als möglich um Hitler zu schaffen in Berücksichtigung der alten Maxime: der Abwesende hat immer Unrecht. Ständig war auch der lange Brückner, Hitlers Adjutant, häufiger auch Dietrich bei Tisch. Was sonst an Parteigrößen durch Berlin kam, wurde von Hitler herangezogen.

Die Unterhaltung war zwanglos. Häufig schwieg Hitler, oder er griff nur gelegentlich ein. Dann wieder dozierte er mit seiner dröhnenden Stimme, daß alles schwieg und zuhörte. Man konnte dabei beobachten, wie sich Hitler in Rage redete, wie er, um beredt zu werden, der lauten Tonstärke und des übersteigerten Tempos bedurfte. Eine einfache Konversation war mit ihm nicht möglich. Er schwieg entweder oder riß das Gespräch völlig an sich. Die Eloquenz Hitlers ist sichtlich keine natürliche Begabung, sondern inneren Hemmungen abgerungen, die ihn noch heute im engsten Gespräch unbeholfen machen. Das Krampfhafte und Erkünstelte seiner Natur zeigt sich gerade in solch engem Zirkel, es zeigt sich vor allem in der Abwesenheit jedes echten Humors. Hitlers Lachen ist kaum etwas anderes als eine andere Form des Hohns und der Verachtung. Es hat nichts Befreiendes. Und in seiner Unterhaltung gibt es nie ein Ausruhen. Ich hatte gerade an der Mittagstafel Gelegenheit, ihn seine Ansicht über Humor äußern zu hören. Ich saß damals Hitler schräg gegenüber, links von ihm saß, mir gegenüber, Goebbels. Beide sprachen über das nationalsozialistische Witzblatt und die Bedeutung des Witzes als Kampfmittel. Er sah auch in dem, was er Humor nannte, nur eine Waffe. Und damals fiel aus seinem Munde das später in der Partei viel herumgebrachte Wort vom »Stürmer« und seinen Judenkarikaturen als der »im Dritten Reich erlaubten Form der Pornographie«. Es war offensichtlich, daß Hitler sich an diesen Schmutzereien mit Behagen erfreute.

Nach der Mittagstafel wurde damals Kaffee in Hitlers kleinem Arbeitszimmer gereicht, Kaffee und Likör. Und übrigens wurde auch geraucht, wenn auch wenig. Einige Male wurde auch der Kaffee auf einer dachgartenähnlichen großen Terrasse gereicht, von der man auf die Baumwipfel des alten Reichskanzleigartens herabsah. Hitlers Umgebung und vor allem seine Stiefschwester, Frau Raubal, die damals seinem Haushalt die hausfrauliche Note gab, waren in ständiger Sorge um Hitlers Sicherheit. Man befürchtete schon damals

Attentate, vor allem in dem Reichskanzleigarten. Hitler war gewarnt worden, in ihm zu promenieren. Er hatte damals wenig Bewegung. Die Balkonterrasse ersetzte ihm den Garten.

Hitlers Fuß in Lateinamerika

Hier auf der Balkonterrasse wohnte ich nach der Mittagstafel im Frühsommer 1933 einem Gespräch bei, das für Hitlers politische Ideen über Amerika bezeichnend war und zeigte, wie weit seine Pläne schon damals zielten und wie irrig die Meinung war, daß der Nationalsozialismus nur nach dem Osten und Südosten Europas politische Absichten unterhielte. Damals war ein altes, führendes Mitglied der SA. aus Südamerika zurückgekehrt. Hitler hatte sich eingehend mit ihm bei Tisch unterhalten und Fragen gestellt. Beim Kaffee nahm er das Gespräch wieder auf. Seine Kenntnisse waren offenbar keine sehr detaillierten, und er wiederholte nur Urteile, die einer damals sehr populären Literatur über das Land der Zukunft entstammten. Besonders hatte es ihm Brasilien angetan. »Hier werden wir ein neues Deutschland schaffen. Hier haben wir alles, was wir nötig haben.« Er entwickelte dann in großen Zügen, was alles eine fleißige und tatkräftige Regierung, die Ordnung zu schaffen wisse, leisten könnte. Hier wären die Vorbedingungen für eine Umwälzung, die in wenigen Jahrzehnten wenn nicht Jahren aus einem korrupten Mestizenstaat ein deutsches Dominion machen würde. »Uebrigens haben wir ein Anrecht auf diesen Kontinent, die Fugger und Welser haben hier Besitzungen gehabt. Wir haben wiedergutzumachen, was unsere deutsche Zersplitterung verschuldet hat, daß wir hier wie überall nicht halten konnten, was wir besetzt haben. Aber die Zeit ist vorbei, daß wir in den Schatten treten vor Spanien und Portugal und überall die Zukurzgekommenen sind.«

v. Pf., sein Gast, bestätigte die Chancen, die gerade Deutschland in Brasilien habe. »Die Leute brauchen uns, wenn sie aus ihrem Lande etwas machen wollen,« äußerte er sich. Sie brauchten weniger Anlage suchendes Kapital als Unternehmungsgeist und Organisationstalent. Und sie hätten die Vereinigten Staaten satt. Sie wüßten, daß sie dort ausgebeutet würden, und zur Entwicklung ihres Landes hätten sie da nichts zu erwarten.

»Wir werden ihnen beides geben, Kapital und Unternehmungsgeist. Wir werden ihnen ein Drittes geben: unsere Weltanschauung,« sagte Hitler. »Wenn in *einem* Lande Demokratie sinnlos und Selbstmord sei, dann wäre es hier in Südamerika. »Man muß den Leuten das gute Gewissen stärken, daß sie ihren Liberalismus mitsamt der Demokratie über Bord werfen. Sie schämen sich noch ihrer guten Instinkte. Sie glauben noch Demokratie spielen zu müssen. Warten wir ein paar Jahre und helfen wir derweil etwas nach. Aber Leute von uns müssen zu ihnen heraus. Unsere Jugend soll lernen kolonisieren. Dazu braucht man keine korrekten Beamten und Gouverneure. Verwegene Burschen haben wir nötig. Sie sollen auch nicht in den Busch gehen und den Wald räumen. Leute brauchen wir, die Zutritt zur guten Gesellschaft haben. Was wissen Sie von der deutschen Kolonie, ist damit was anzufangen?« Er wandte sich an v. Pf. Es sei noch sehr die Frage, ob man es mit der guten Gesellschaft halten solle, antwortete dieser. Seiner Meinung nach käme man schneller zum Ziel, wenn man sich der anderen Schichten bediente, der Indios, der Mischlinge. »Beides, lieber Pf.,« unterbrach ihn Hitler ungeduldig. »Wir brauchen zwei Bewegungen im Ausland, eine loyale und eine revolutionäre. Halten Sie das für so schwer? Ich glaube, wir haben bewiesen, daß wir das können, sonst säßen wir nicht hier. Wir werden nicht wie Wilhelm der Eroberer Truppen landen und Brasilien mit der Waffe in der Hand erobern. Die Waffen, die wir haben, sieht man nicht. Unsere Conquistadoren, lieber Pf., haben eine schwierigere Aufgabe als die alten, dafür haben sie difficilere Waffen.«

Hitler stellte weitere Fragen über die deutschen Chancen in Südamerika. Argentinien und Bolivien standen in erster Reihe. Es zeigte sich, daß es viele Ansatzpunkte für eine nationalsozialistische Beeinflussung gab. Hitler äußerte damals schon Ideen, die später von Bohle auf der einen Seite und Ribbentrop auf der anderen verwirklicht wurden, ganz im Sinne einer zwiefach gegliederten, zu einander im Gegensatz stehenden Propaganda. Es drehte sich schließlich im wesentlichen um Personalfragen. Die Aufgabe, in Lateinamerika festen Fuß zu fassen und den nordamerikanischen und portugiesisch-spanischen Einfluß zu verdrängen, war nur durch neue, tatkräftige und skrupellose Elemente des Auslandsdeutschtums zu lösen.

Ich wandte mich an Hanfstängel, ob das nicht bedeute, die ganze Politik der Vorkriegszeit auf eine bedrohliche Weise zu wiederholen und zu übersteigern. Ob es nicht nützlicher sei, England und Amerika nicht auf den Plan zu rufen, wenigstens solange nicht als bis Deutschlands Stellung unerschütterlich sei! Es stünde doch auch im Widerspruch zu den grundlegenden Aeußerungen in »Mein Kampf«. Ich vernahm damals die erste abfällige Bemerkung über dieses Buch in Gegenwart Hitlers und schloß daraus, daß es im internen Kreise keineswegs die allgemein verbindliche Quelle war, für die es in der breiten Propaganda ausgegeben wurde. Hanfstängel meinte, die Feindschaft der Vereinigten Staaten und Englands müßten wir ohnedies eines Tages in Kauf nehmen. Deutschland könne das verschmerzen. Ob ich auch noch Illusionen über England hätte. Die Vereinigten Staaten würden jedenfalls nie mehr in Europa eingreifen, das wisse er am besten, er kenne die Brüder und ihre Schwächen. England aber sei tot. Woher solie Deutschland die Elemente seines künftigen Weltreiches nehmen, wenn nicht aus dem zerfallenden Britischen und Französischen Empire, setzte er hinzu. Der Endspurt mit England bleibe uns nicht erspart. »Uebrigens, wenn Sie genauer zusehen, werden Sie finden, daß alles, was in »Mein Kampf« über England gesagt ist, nur taktischen Wert hat. Hitler wußte schon, warum er das schrieb.«

Damals hörte ich auch zum erstenmal die Umrisse des künftigen großen deutschen Reiches in Uebersee erörtern. Ich war erstaunt zu hören, daß Hitler auf die Südsee reflektierte. Ihm lag es vor allem an dem ehemals deutschen Inselreich, zu dem die holländischen Kolonien und ganz Neuguinea kommen sollten. Japan dürfe nicht zu groß werden, äußerte sich Hitler. Es müsse auf China und Rußland abgelenkt werden. Hitler sah aber ebenso ein zentralafrikanisches Dominion Deutschlands entstehen, wie er vor allem mit einer völligen Revolutionierung der USA. rechnete. Mit dem Zerfall des Britischen Empires glaubte Hitler auch in Nordamerika den angelsächsischen Einfluß brechen und an seiner Stelle deutsche Kultur und Sprache durchsetzen zu können als Vorstufe einer Eingliederung der Vereinigten Staaten in das deutsche Weltimperium.

Mexiko, deutsches Neuland

Das bringt mich auf Mexiko, das gelegentlich eines viel späteren Gespräches 1934 von Hitler erwähnt wurde. Mexiko spielte in den amerikanischen Plänen Hitlers eine besondere Rolle. Keineswegs etwa in dem Sinne v. Papens und der berühmten Machenschaften während des Weltkrieges, Mexiko zum Kriege gegen die Vereinigten Staaten zu bestimmen. Das hielt Hitler für ausgesprochen dumm. Er war hier auch bereit, langfristige Entwicklungen einzuleiten und Unternehmungen zu beginnen, von denen er nicht erwarten durfte, das Ende zu sehen. Seine Pläne rechneten hier von vornherein mit viel größeren Zeiträumen als in Europa. Und seine Ungeduld den europäischen Problemen gegenüber wird nur verständlich, wenn man seine großen Weltreichpläne berücksichtigt, für die seine Europapolitik die Machtbasis schaffen sollte.

Auf seine Vorstellungen über Mexiko hat offenbar ein Mann erheblichen Einfluß gehabt, der eine merkwürdige Mischung von großem Geschäftsmann und Phantast war: Sir Deterding von der Royal Dutch. Ich habe ihn selbst kennen gelernt. Es war in Ostpreußen. Er war bei einem Bekannten zu Gast, ging auf die Jagd und zog an nicht ganz sichtbaren Drähten. Ein sympathischer Mann übrigens, im nicht geschäftlichen Umgang, anregend. Er hatte mit Hitler dasselbe Interesse am russischen Oel des Kaukasus. Er war einer der Förderer gewisser Pläne auf eine weitere Entgliederung Rußlands. Er hatte ein Interesse an einem selbständigen Georgien, einem Staat, der übrigens einmal Mitgliedstaat des Völkerbundes war, — ich weiß nicht, vielleicht sogar noch ist. Mit solchen Wünschen, die eine Abtrennung der russischen Ukraine und eine Wolgarepublik miteinschlossen, fand er großes Verständnis bei Hitler. Seine Ideen über eine Silberwährung, an der Deterding sehr interessiert war, werden das allerdings weniger getan haben.

Deterding hat, direkt und indirekt, Hitler den Floh ins Ohr gesetzt, daß Mexiko das reichste und beste Land der Welt sei mit der faulsten und verlumptesten Bevölkerung der Welt. Um aus dem Lande etwas zu machen, gehörte das fleißigste und tüchtigste Volk der Welt hinein: die Deutschen. Diese Vorstellung ist bei Hitler auf fruchtbaren Boden gefallen. Bei einem meiner letzten Besuche, als ich ihn sah, um ihm über Danziger Verhältnisse Vortrag zu halten, — es war schon nach dem 30. Juni 1934 —, äußerte er sich über Mexiko in demselben Sinne. Damals begannen die Wirtschaftsschwierigkeiten für das Reich wie für Danzig, das unmittelbar vor dem Zusammenbruch seiner Währung stand. Hitler schwankte damals in seiner Stimmung zwischen tiefster Depression und zügelloser Wut. Auf allen Seiten wuchsen seine Gegner über ihn hinaus. Die Reichsbankleitung machte aus pädagogischen Gründen in Pessimismus, hielt das ganze Aufrüstungswerk für gefährdet. Das Außenministerium hemmte Hitlers Temperament auf Schritt und Tritt. Es arbeitete im alten Stil und dachte nicht daran, Ideen oder Tempo zu wechseln. Es bildete noch eine Sphäre für sich, Hitler fühlte sich von allen Seiten umstellt. Er war nicht einmal seiner eigenen Partei nach dem fürchterlichen Blutbad sicher. Er mußte sich zusammennehmen und auf der Hut sein, um nicht völlig überspielt zu werden. Der Tod des alten Herrn in Neudeck stand vor der Tür.

Im engsten Kreise ließ Hitler sich gehen. Ich hörte ihn schreien und mit Füßen stampfen. Der geringste Widerspruch brachte ihn zu Wutausbrüchen. Offenbar begann damals die Periode, in der er durch wohlberechnete Wutausbrüche seine Umgebung in Verwirrung setzte und kapitulationswillig machte. Man begann Furcht vor seiner Unberechenbarkeit zu haben. Der Terror des 30. Juni und die Blutakte an Patrioten, an nationalen Bürgern wirkten nach. Ueberall säßen diese alten, infantilen und sterilen Männer, die sich mit ihrem Fachwissen brüsteten und dafür den gesunden Menschenverstand verloren hätten, klagte damals Hitler. »Sag' ich: das will ich tun, antwortet mir der Neurath, es geht nicht. Wir haben die Leute auf dem Halse. Sag' ich: ich pfeife auf eure Finanzwissenschaft, schafft Geld, so sagt der Schacht: es geht nicht, wir müssen erst einen neuen Plan beraten.« Und dann verlor sich Hitler in Phantasien, was er machen könnte, wenn diese alten, denkfaulen Routiniers nicht um ihn wären. Da wäre zum Beispiel dieses Land Mexiko. Wer hätte sich schon darum gekümmert im Auswärtigen Amt. Das wäre nun einmal eine Sache, die man groß anpacken könnte. »Wenn wir das Land hätten, dann wären wir aus allen Schwierigkeiten. Ich brauchte nicht den Schacht, und den Krosigk, die mir Tag für Tag ihre Leiden vorkauen. Dieses Mexiko ist ein Land, das nach einem tüchtigen Wirt schreit. Es verkommt unter seinen Herren. Deutschland könnte groß und reich sein, mit den Bodenschätzen. Warum gehen wir nicht an solche Aufgaben! Ich lasse mich nicht auf Kolonialpropaganda ein, wie der Epp will,« unterbrach er sich. »Das wird uns ohnedies nachgeworfen. Etwas Neues gilt es. Mit ein paar hundert Millionen könnte man dieses ganze Mexiko haben. Warum soll ich nicht mit Mexiko ein Bündnis machen, eine Währungsfreundschaft, eine Zollgemeinschaft.

Aber diese Amtsrösser ziehen nur, wenn sie den alten Mistwagen hinter sich wissen. Weil so etwas noch nicht war, kann man es nicht machen.«

Hitler über USA

Ueber die USA. hatte Hitler seine feste, vorgefaßte Meinung, die durch kein Argument zu ändern war. Diese Meinung besagte, Nordamerika würde niemals wieder in einen europäischen Krieg eingreifen, und sie besagte, daß die Vereinigten Staaten mit ihren vielen Millionen Arbeitsloser haarscharf am Rande einer Revolution stünden, vor deren Ausbruch nur Hitler sie bewahren könnte.

Ich war im Juni 1933 Zeuge eines Gespräches an der Mittagstafel Hitlers, in dem dieses Urteil zum Ausdruck kam. Ich habe aber später wiederholt bei Gelegenheit eines politischen tour d'horizon dieselbe Ansicht aussprechen hören. Damals warf ein Gast die Frage auf, ob es nicht für Deutschland von entscheidender Bedeutung sei, die Freundschaft Nordamerikas zu gewinnen. Gewisse Kreise, die auch an der damaligen Regierung partizipierten, hatten auch in der Oeffentlichkeit auf den unersetzbaren Wert eines guten Verhältnisses mit den Vereinigten Staaten aufmerksam gemacht und daran gewisse Bedenken über den antisemitischen Kurs der Reichspolitik geknüpft.

»Die Freundschaft von wem,« warf Hitler brüsk ein. »Von diesen jüdischen Jobbern und Geldmagnaten oder vom amerikanischen Volk?« Er äußerte seine Geringschätzung über das heutige Regime in Amerika. »Es sind die letzten ekelhaften Todeszuckungen eines überlebten korrupten Systems, das eine Schande für die historische Vergangenheit dieses Volkes ist. Seit dem Bürgerkriege, wo die Südstaaten wider alle geschichtliche Logik und jede geistige Gesundheit unterlagen, befinden sich die Amerikaner im Stadium des politischen und völkischen Verfalls. Damals wurden nicht die Südstaaten besiegt, sondern das amerikanische Volk selbst. Unter der Scheinblüte eines wirtschaftlichen und machtpolitischen Aufstiegs ist seitdem Amerika in die Wirbel einer progressiven Selbstzerstörung geraten. Eine Geldclique, die sich als gute Gesellschaft und die alten Familien ausgibt, beherrscht das Land mit der Fiktion einer Demokratie, die sich nirgends so schamlos als Korruption und legale Käuflichkeit decouvriert hat wie hier. Die Ansätze zu einer großen, auf der Idee der Sklaverei und der Ungleichheit beruhenden neuen Gesellschaftsordnung sind damals zerstört worden und damit auch die Zukunftskeime eines wirklich großen Amerika, das nicht von einer korrupten Händlerkaste regiert worden wäre, sondern von einer echten Herrenschicht, die die ganzen falschen Ideen von Freiheit und Gleichheit zum Tempel herausgekehrt hätte. Gleichheit zwischen wem, dem Abkömmling eines alten spanischen Herrengeschlechtes, eines schwedischen Siedlers mit diesen verkommenen Massen aus Polen, Böhmen, Ungarn, aus dem ganzen Abschaum des Ostjudentums und des Balkans? Aber ich glaube fest daran, daß in einer gewissen Schicht des amerikanischen Mittelstandes und der Farmer der gesunde Kampfgeist der Kolonisationszeit nicht erloschen ist. Ihn gilt es zu wecken. Er ist noch nicht zerstört. Die gesunde Reaktion gegen den Neger, gegen den Farbigen überhaupt, einschließlich der Juden, die Selbstjustiz, die Naivität des Durchschnittsamerikaners, aber auch die Skepsis gewisser intelligenter Kreise, die sich mit ihrer Weisheit am Ende wissen; Gelehrte, die die Einwanderung studiert und durch Intelligenzprüfungen einen Einblick in die Ungleichheit der Rassen gewonnen haben; alles dieses gibt mir die Gewißheit, daß die gesunden Elemente in den Vereinigten Staaten eines Tages erwachen werden, so wie sie in Deutschland erwacht sind. Erst der Nationalsozialismus ist berufen, das amerikanische Volk von seiner herrschenden Clique zu befreien, und ihm die Möglichkeit wiederzugeben, eine große Nation zu werden.«

Hitler war lebhafter geworden. Die anderen Gespräche verstummten. »Ich werde,« fuhr er fort, »diese Aufgabe zugleich in Angriff nehmen mit der Wiederherstellung der führenden Rolle des Deutschtums in Amerika.«

»Wie meinen Sie dies, mein Führer?« fragte Goebbels.

»Vergessen Sie, daß es an einer Stimme Mehrheit im Kongreß gehangen hat, daß nicht Deutsch zur Landessprache erklärt worden wäre? Der deutsche Bestandteil des amerikanischen Volkes ist der Quell seiner politischen und geistigen Erneuerung. Das amerikanische Volk ist heute noch keine Nation im völkischen Sinne, es ist ein Konglomerat der disparatesten Elemente. Es ist allenfalls die Rohmasse einer Nation. Und die Yankees haben vor der Aufgabe versagt, eine Nation aus ihr zu schaffen. Sie haben sich statt dessen um ihren Geldsack gekümmert. Und das rächt sich heute. Die Schwierigkeiten werden für sie unüberwindlich werden.«

»Sie meinen damit,« fragte ich, »daß der durch den Nationalsozialismus erneuerte Deutschamerikaner zur Führung in Amerika berufen sein wird?«

»Genau das meine ich,« erwiderte Hitler. »Wir werden in den Vereinigten Staaten sehr bald eine SA. haben. Wir werden unsere Jugend schulen. Und wir werden Männer haben, denen dieses verrottete Yankeetum nichts gegenüberzustellen haben wird. Auf unsere Jugend geht die große staatsmännische Aufgabe Washingtons über, die diese korrupte Demokratie unter die Füße getreten hat.«

»Werden wir aber damit nicht unseren eigenen Kampf in Europa nur sehr komplizieren?« warf Hitlers Gast ein. »Werden wir nicht die mächtigen Familien zu Todfeinden bekommen? Mein Führer, ich habe Sorge, daß man Ihre großen Ideen zerschlagen wird, ehe sie ausreifen können.«

Hitler wurde erregt. »Begreifen Sie doch endlich, Herr, daß unser Kampf gegen Versailles und unser Kampf um eine Neuordnung der Welt ein und dasselbe sind, und daß wir nicht hier oder da Grenzen setzen können, wie es uns behagt. Es wird uns gelingen, die neue politische und soziale Ordnung in der Welt zur allgemeinen Lebensbasis zu machen. Oder wir werden auch scheitern in dem an sich banalen Kampf gegen einen Friedensvertrag, der ja in Wirklichkeit nie existiert hat und schon am ersten Tage seiner Gültigkeit gezeigt hat, daß man Sieger und Besiegte zufälligerweise verwechselt hat.«

»Nichts wird leichter sein, als in Nordamerika eine blutige Revolution hervorzurufen,« warf Goebbels ein. »Es gibt kein Land mit solchen sozialen und rassischen Spannungen. Wir können viele Register ziehen.«

Der mir nicht näher bekannte Gast Hitlers schwieg sichtlich betreten. Hitler merkte es und schien gereizt.

»Es ist ein Völkerchaos, dieses Nordamerika,« warf Goebbels ein. »Unter der demokratischen Decke gärt es weiter, aber nicht zu einer neuen Form der Freiheit und Führung, sondern in einem Fäulnisprozeß, der alle Zersetzungskeime Europas enthält. Das jetzige Amerika wird uns nie mehr gefährlich werden.«

»Es ist ein Irrtum, anzunehmen, daß es uns im letzten Kriege gefährlich gewesen wäre,« bemerkte Hitler unwirsch. »Gegenüber den Engländern und Franzosen zeigten sich die Amerikaner wie die täppischen Jungen. Sie liefen wie die jungen Hasen in die Schützenkette. Der Amerikaner ist kein Soldat. Die ganze Unterlegenheit und Dekadenz dieser angeblich jungen Welt zeigt sich in ihrer militärischen Untüchtigkeit.«

»Dennoch möchte ich mir die gehorsamste Warnung auszusprechen erlauben, den Amerikaner als Gegner nicht zu unterschätzen,« ließ sich noch einmal Hitlers Gast vernehmen.

»Wer spricht denn von unterschätzen?« brauste Hitler auf, indem er die Tafel aufhob, »ich garantiere Ihnen, meine Herren, daß zur rechten Zeit ein neues Amerika dastehen wird, als die stärkste Stütze für uns, wenn wir erst den Sprung aus Europa in die überseeischen Räume machen werden.«

»Wir haben die Mittel, dieses Volk rechtzeitig aufwachen zu lassen,« fügte er nach einer Pause hinzu. »Jedenfalls wird kein neuer Wilson kommen und uns Amerika auf den Hals hetzen.«

Die neue Waffe

Woran Hitler schon damals dachte, war nur für den klar, der in seine Ziele und Methoden näher eingeweiht war. Es ist keineswegs so, daß auch nur alle führenden Parteimitglieder dies waren. Hitler hat seine politische Begabung auch darin bewiesen, daß er seine jeweiligen Pläne immer nur mit einem besonderen Personenkreis näher besprach, aber nur sehr wenige in den Zusammenhang aller seiner Ideen Einblick nehmen ließ. Vor der Machtergreifung lag der Grund zum großen Teil darin, daß nur wenige dieser im Grunde spießbürgerlichen kleinen Mittelständler, die Hitlers engste Handlanger waren, den Gedankenschwung aufbrachten, um nicht vor den neuen und alle Grenzen eines »vernünftigen« Nationalismus und Sozialismus übersteigenden Ideen zurückzuschrecken. Wurde Hitler doch ohnedies schon als Hellseher und Phantast von den »Realisten« der Partei mißachtet. Daß diese »phantastischen« Ideen Hitlers es ihm aber gerade erlauben würden, seinen ungewöhnlichen und alle Skeptiker bisher Lügen strafenden Weg zu gehen, lag damals nur den wenigsten offen.

Hitler dachte bei allen diesen, geradezu verrückten Plänen an die neue Waffe, die er damals im Begriff war, unauffällig, aber höchst zielbewußt und großartig gegenüber allen Widerständen der »Fachmänner« aufzubauen. Ich meine weder die Flug- noch die Tankwaffe, sondern eben jene »psychologische Waffe«, von der Hitler schon 1932 beiläufig gesprochen und die schon damals in ihm zu klaren Vorstellungen gereift war. Auch hier erinnere ich mich eines Gespräches an Hitlers Mittagstafel in diesem Sommer 1933, als Hitler noch mitteilsam war; zu einer Zeit, in der sich die bürgerlichen

Kabinettsmitglieder die Nase rümpfend darüber öffentlich aufhielten, daß unter dem neuen Kanzler die Kabinettssitzungen zu Volksreden oder prophetischen Exklamationen ausgeartet seien. Das Gespräch bewegte sich über die Bedeutung der inneren Beunruhigung als Kampfmittel.

In internen Parteikreisen war gerade das ukrainische Problem aktuell. Man glaubte damals mit Polen sehr viel schneller fertig werden zu können, als es dann tatsächlich geschah. Rosenberg stand als treibender Faktor im Hintergrund und suchte für seine russische revolutionäre Begabung nach geeigneten Objekten. In Danzig war damals an der dortigen Technischen Hochschule eine Hochburg ukrainischer Verschwörer. Ich habe selbst mit dem Sohn des früheren Kosakenhetman Skoropadski auf Wunsch gewisser Kreise in Verbindung treten müssen. Skoropadski führte in einem Vorort Berlins immer noch so etwas wie eine Art Hofhaltung. Er glaubte, daß seine Tage noch kommen würden. Uebrigens unterhielt dieser Kreis recht wertvolle gesellschaftliche Verbindungen nach England. Der Nationalsozialismus war nicht abgeneigt, sie für seine Zwecke mitzubenützen, wenn er auch Skoropadski für keinen seriösen politischen Faktor hielt.

Hanfstängel entwickelte mir damals die Ideen seines Meisters, wie er sie verstand. Er hielt es für besonders leicht, in dem ukrainischen Teil Polens, in Ostgalizien, einen offenen Aufruhr anzuzetteln, der Polens militärische Schlagkraft entscheidend beeinflussen würde. Mir schien dies aus eigner Kenntnis Polens nicht ganz so sicher. Aber Hanfstängel und der mir gegenübersitzende Baldur v. Schirach nahmen diese Einwände nicht sehr ernst.

Jeder Staat sei von innen heraus durch geeignete Mittel so zu zersetzen, daß er mit geringer Mühe niedergerungen werden könne. Immer und überall gebe es Gruppen, die ihre Selbständigkeit haben wollten, sei es eine nationale oder wirtschaftliche, sei es schließlich bloß eine politische Rolle. Der Drang an die Futterkrippe und der verletzte Ehrgeiz, das wären die unfehlbaren Mittel einer revolutionären

Waffe, mit der man den Feind von hinten treffen könne. Und schließlich gebe es noch die Geschäftsleute, bei denen allein Verdienen großgeschrieben würde. Solch einen Patriotismus gebe es gar nicht, daß er allen Anfechtungen standhielte. Und übrigens käme es ganz darauf an, die Sache zu frisieren. Es sei wirklich kein Kunststück, eine patriotische Schlagzeile für alle solchen Unternehmungen zu finden und ebenso Männer, die sich gerne mit solchen Phrasen vor ihrem eigenen empfindlichen Gewissen freisprechen würden. Es sei schließlich alles nur eine Frage des Geldes und geeigneter Organisation.

Ich äußerte Zweifel. Ich meinte, man würde sehr bald hinter die wahren Absichten kommen. Und im übrigen kosteten diese Unternehmen solche Summen, daß sich vielleicht England mit seinem secret service etwas Aehnliches leisten könnte, aber nicht wir. Zudem wären wir bekanntlich sehr wenig konspirativ begabt, schon unser Nachrichtendienst habe im Weltkrieg äußerst schlecht funktioniert.

Der Hofphotograph Hitlers, Hofmann, der Schwiegervater von Baldur v. Schirach, begann mich etwas geringschätzig auszulachen und meinte, diese Zeit wäre denn doch schließlich unter Hitler abgeschlossen. Und was das Geld anlange, *dafür* würde jedenfalls immer Geld vorhanden sein. Von Osten nach Westen würde das Verfahren zwar immer kostspieliger. Das sei aber auch der einzige Unterschied. Aber reussieren würde es überall. Dafür garantiere er. Uebrigens gebe es in jedem Lande sogar noch reiche Leute, die dafür selbst etwas bezahlen würden.

Nun, meinte ich, daß das beispielsweise in England möglich sei, davon würde mich niemand überzeugen. Herr Hanfstängel erwiderte darauf, ich hätte keinerlei Ahnung von den Wirkungsmöglichkeiten durch das, was man gute Gesellschaft nennt. Ich unterschätze den Ehrgeiz der Lady XYZ etwa, die als Erste von Hitler empfangen zu werden wünsche und in ihrem Zirkel von dann ab als Spezialistin und Sachverständige für die Beurteilung des Nationalsozialismus gelten wollte. Ich unterschätze auch die Phantasiearmut und psychologische Unbegabtheit der Engländer, die schwer dazu zu bringen sein würden, an die Tatsache einer inneren Verschwörungsarbeit zu glauben. Uebrigens würde sie davon schon ihr eigener Hochmut abhalten. Sie würden sich nicht vorstellen, daß man ihnen auf eine Weise mitspielen könnte, die höchstens ihnen, als dem Herrenvolk, zukäme. Und dann schiene ich doch auch etwas zu gering von den Fähigkeiten zu denken, die man in England alle unter der Spitzmarke business as usual betrachte.

»Es gibt keine Ueberzeugungen in Demokratien,« deklamierte Hanfstängel. »Ueberzeugungen nämlich im realen Sinne, dafür mit der Existenz einzustehen. Das ist die fundamentale Erkenntnis Hitlers, und sie gibt ihm den Ansatzpunkt für seine große und kühne Politik, mit der er immer recht behalten wird. Furcht und eigner Vorteil führen dann in jedem Fall, früher oder später, zur Kapitulation. In jedem Lande finden sich soviel Menschen, als man braucht, um eine gewünschte Bewegung anzukurbeln und zwar in jeder Gesellschaftsschicht und Bildungssphäre. Ist erst der Anfang gemacht, besorgt jedes Land die weitere Entwicklung selbst. Ueberzeugungslosigkeit wirkt immer im Sinne des Defaitismus: Widerstand hilft doch nichts. Aber man kann auch mit bestimmten Ueberzeugungen und dem Fanatismus von Sonderlingen viel erreichen. Sport und Religion und Liebhaberei können herhalten, um sich im gegnerischen Lande Stützpunkte zu schaffen. Von dort macht man dann die öffentliche Meinung. Von ihr hängen die Demokratien ab, und sie ist unsere stärkste Hilfsmacht. Immer werden wir den Demokratien darin überlegen sein, ihre öffentliche Meinung nach unserem Wunsch zu lenken. Das Geld, das hierfür verwandt wird, ist sicher nicht vergeblich ausgegeben. Daraufhin können ruhig einige Divisionen weniger aufgestellt werden. Demokratien können sich gegen solche Angriffe nicht wehren, das liegt in der Natur der Sache. Andernfalls müssen sie selbst autoritär regieren. Diktaturen aber sind gegen diese Waffen geschützt, sodaß sie nicht ähnliche Angriffe zu befürchten haben. Das schafft eine solche Ungleichheit, daß damit im Ernstfall erhebliche Unterschiede in der militärischen Rüstung wettgemacht werden können.«

In der Ueberzeugung, daß die natürlichen Widerstandskräfte und der gesunde Instinkt in den demokratischen Nationen sehr unterschätzt würde, erwiderte ich, daß ich mir wohl vorstellen könnte, wenn auf solche Weise junge, ungefestigte Völker etwa des europäischen Ostens revolutionär zersetzt werden würden, nicht aber große, gereifte Kulturnationen. Schirach sah etwas mißtrauisch nach mir herüber. Und übrigens scheine die Wirksamkeit dieser neuen Waffe doch von Haus aus sehr beschränkt, wenn sie nur auf Demokratien anwendbar sei. Es ließen sich doch sehr wohl schwere Konflikte mit nicht demokratischen Staaten denken, die gegen diese innere Zersetzung immun wären. »Unsere Feinde sind die Demokratien und niemand sonst,« lachte Hanfstängel. »Und wissen Sie auch warum? Eben weil sie die Unterlegenen sind. Man muß sich immer unterlegene Gegner aussuchen. Das ist das Geheimnis des Erfolges,« mit diesem banalen Witz brach das Gespräch ab. Erst später kam es mir zum Bewußtsein, daß das gar kein Witz, sondern die höchst einfache aber wirksame Taktik Hitlers war.

VI.

»Ja! Wir sind Barbaren!«

Kurz nach dem Reichstagsbrand wünschte Hitler von mir über die Lage in Danzig Bericht zu haben. Es sollten wie im Reich auch in Danzig Neuwahlen stattfinden. Der Gauleiter Forster begleitete mich. Ehe wir in der Reichskanzlei vorgelassen wurden, hatten wir Gelegenheit, in der Wandelhalle vor den damaligen Amtsräumen Hitlers einige antichambrierende Nazigrößen zu sprechen. Göring, Himmler, Frick, einige Gauleiter aus dem Westen unterhielten sich. Göring erzählte Details des Reichstagsbrandes. In der Partei wurde damals das Geheimnis dieses Brandes noch streng gehütet. Ich hatte selbst nichts anderes angenommen, als daß in der Tat kommunistische oder doch mindestens von der Komintern angestiftete Personen den Brand angelegt hätten. Erst aus dem Gespräch erfuhr ich, daß der Reichstag ausschließlich von der nationalsozialistischen Führung angezündet worden war.

Die Selbstverständlichkeit, mit der man sich in diesem Kreise engster Eingeweihter über diesen Akt unterhielt, war erschütternd. Gelächter der Befriedigung, zynische Witze, Renommiererei: das war die Reaktion dieser »Verschworenen«. Göring schilderte, wie »seine Jungens« durch einen unterirdischen Gang aus dem Präsidentenpalais in den Reichstag gelangten, wie sie wenige Minuten Zeit gehabt und fast entdeckt worden wären. Er bedauerte, daß nicht »die ganze Bude« niedergebrannt sei. In der Eile hätten sie keine »ganze Arbeit« leisten können. Göring, der das große Wort führte, schloß den Bericht mit dem wahrhaft bedeutungsvollen Wort: »*Ich habe kein Gewissen! Mein Gewissen heißt Adolf Hitler.*«

Nichts ist merkwürdiger, als daß dieses große Verbrechen, dessen Urheberschaft allmählich auch in weiteren Kreisen bekannt wurde, selbst in bürgerlichen Kreisen keine scharfe Verurteilung erfuhr. Vielfach billigte man sogar diesen »Coup«. Und merkwürdiger ist noch, daß der Brandstifter selbst trotz diesem Brand sich gewisse Sympathien im Auslande sogar bis in die jüngste Zeit erfreuen konnte. Gewiß hat Göring immer in einem Gegensatz zu Hitler gestanden. Aber in den entscheidenden Krisen hat er neben und hinter Hitler gestanden. *Er* war es, der den Reichstag anzünden ließ. Er nahm die Verantwortung auf sich, ebenso wie er am 30. Juni 1934 den Mord an den bürgerlich Nationalen auf seine Kappe nahm, weil er Hitler selbst für zu weichlich und unentschlossen dazu hielt. Und das ist denn auch der Unterschied zwischen Hitler und Göring: jener muß sich selbst immer wieder aus Lethargie und Zweifeln hochschrauben, und zur Ekstase steigern, ehe er »handeln« kann. Bei Göring ist die Amoralität schon wieder zur Natur geworden.

Wir wurden zu Hitler hereingerufen. Das Gespräch war kurz. Es begann mit der Lage in Danzig und der schwierigen Stellung Hitlers im Kabinett. Aber Hitler erkannte keine wirklichen Schwierigkeiten an, und es war bemerkenswert, wie zuversichtlich er war, mit allen ihm auferlegten Bindungen und Beschränkungen fertig werden zu können. Er machte Forster Vorwürfe, daß Danzig nicht mit dem Reich Schritt gehalten habe. Es gelte zunächst festen Fuß zu fassen, alles andere käme mit der nötigen Rücksichtslosigkeit dann von selbst.

»Man hat mir abgeraten, den Reichskanzlerposten unter den Bedingungen, wie sie der alte Herr (v. Hindenburg) gesetzt hat, anzunehmen. Als ob ich Zeit hätte zu warten, bis mir der heilige Christ beschert und jeder Wunsch erfüllt wird.« Es war damals noch ein kleiner Raum, in dem Hitler Audienz gab. Er sprang von seinem Schreibtischplatz auf und ging unruhig herum. »Ich weiß, was ich getan habe! Ich habe euch die Tür aufgeschlossen. Es ist jetzt Sache der Partei, aus diesem Anfang einen vollen Sieg zu machen.«

Es galt damals, aus der zunächst nur äußerlich gewonnenen Machtposition des Nationalsozialismus, die eng beschränkt war, eine reale Macht zu schaffen. »Die Reaktion glaubt mich an die Kette gelegt zu haben. Sie werden mir Fallen stellen, soviel sie nur können. Aber wir werden nicht warten, bis *sie* handeln. Unsere große Chance ist, daß wir schneller handeln als sie. Und wir kennen keine Rücksicht. Ich habe keine bürgerlichen Bedenken! Ich verlange von jedem von uns, daß wir zu einer einzigen Sippe von Verschworenen werden. Ich habe Verpflichtungen auf mich nehmen müssen, die hart sind. Ich werde sie solange halten, als ich sie halten muß.«

Hitler kam dann auf den Reichstagsbrand zu sprechen. Ob wir den Reichstag schon gesehen hätten. Wir verneinten. »Sehen Sie sich das an,« sagte er. »Von diesem Fanal geht eine neue Epoche der Weltgeschichte an.« Es verschaffe ihm die Möglichkeit, gegen die Opposition einzuschreiten. »Ich habe die alten Tanten Hugenberg und Genossen (bürgerlich nationale Minister im ersten Kabinett Hitlers) in Unruhe und Angst versetzt. Sie trauen mir zu, daß ich die Sache selbst angestiftet habe. Sie halten mich für den Gottseibeiuns selbst. Das ist gut so.«

Hitler machte sich über die schwierigen fachmännischen Reden und Einwände seiner Ministerkollegen lustig. Er erschrecke sie mit Absicht durch seine Reden. Es mache ihm unbändigen Spaß zu sehen, wie sie sich über ihn entrüsteten und sich ihm überlegen dünkten. »Sie halten mich für ungebildet, für einen Barbaren.«

»Ja! Wir sind Barbaren. Wir *wollen* es sein. Es ist ein Ehrentitel. *Wir* sind es, die die Welt verjüngen werden. Diese Welt ist am Ende! Es ist unsere Aufgabe, Unruhe zu stiften.« Hitler erging sich in einer weitschweifigen Rede über die geschichtliche Notwendigkeit, daß in absterbenden Zivilisationen barbarische Kräfte einbrechen müßten, um das Leben aus der allgemeinen Versumpfung und Fäulnis herauszureißen. Er kam dann auf die Behandlung der Kommunisten und Sozialdemokraten zu sprechen. »Die Leute haben erwartet, daß ich sie mit Glacéhandschuhen anfassen werde, oder daß ich mich mit Reden begnügen werde. Wir sind nicht in der Lage, auf humane Gefühle Rücksicht zu nehmen. Ich kann auch nicht erst langatmige Untersuchungen anstellen, wer guten Willens ist und ob einer unschuldig ist. Wir müssen uns von allen sentimentalen Gefühlen frei machen und hart werden. Wenn ich eines Tages den Krieg befehlen werde, kann ich mir nicht Gedanken machen über die zehn Millionen junger Männer, die ich in den Tod schicke. Es ist lächerlich,« entrüstete sich Hitler, »von mir zu verlangen, daß ich nur die wirklichen Verbrecher unter den Kommunisten festsetze. Es ist diese feige bürgerliche Inkonsequenz, sich mit einem Rechtsverfahren die Gewissen zu beruhigen. Es gibt nur *ein* Recht, das Lebensrecht der Nation.«

Wir kamen nicht mehr zu Wort. Hitler verlor sich in Ausführungen über die unfähige bürgerliche und sozialistische Politik. »Es bleibt mir nichts anderes übrig,« unterbrach er sich. »Ich muß Dinge tun, die nicht mit dem Maßstab bürgerlicher Zimperlichkeit zu beurteilen sind. Dieser Reichstagsbrand gibt mir den Anlaß einzugreifen. Und ich werde eingreifen.« Hitler führte dann weiter aus, wie er den Schock der Bürger brauche, um Furcht vor den Anschlägen der Kommunisten und Schrecken vor seiner eigenen Härte zu erwecken. »Die Welt wird nur mit Furcht regiert.«

Der Schrecken

Hitler entließ uns damals. Sein Adjutant Brückner war hereingekommen. Die Zeit drängte. Es sollte am Nachmittag die Eröffnung einer nationalsozialistischen Führerschule in einer früher sozialdemokratischen Schule stattfinden. Das abgebrochene Gespräch fand aber später, im Herbst, eine Art von Fortsetzung. Es waren erste Beschwerden über Konzentrationslagergreuel an Hitler herangetragen worden. Ich entsinne mich eines Falles, in Stettin, wo in leeren Maschinenhallen der früheren Vulkanwerft die grausamsten Mißhandlungen an angesehenen Bürgern, zum Teil jüdischer Abstammung vorgenommen worden waren. Es waren viehische Handlungen von einer ausgesuchten Lust an Grausamkeit. Die Sache war an Göring herangetragen worden. Er hatte sich genötigt gesehen, sie zu untersuchen. Und es wurde hier in einem Falle einmal Abhilfe geschaffen.

Man pflegte sich damals immer damit zu entschuldigen, man solle doch nicht vergessen, daß sich in Deutschland eine Revolution abspiele und daß sie außergewöhnlich unblutig und schonend vor sich gehe. Man habe kein Recht, gelegentliche Ausschreitungen zu verallgemeinern. In Wirklichkeit handelte es sich um etwas ganz anderes. Was in der SA. und SS. damals und später mit immer ausgesuchterem Raffinement an grausamer Behandlung gegenüber politischen Gegnern geschah, ging auf einen festen politischen Plan zurück. Die Auswahl asozialer, erblich belasteter Persönlichkeiten zu Bewachungszwecken in den Konzentrationslagern erfolgte mit besonderem Vorbedacht. Ich hatte Gelegenheit, einiges in dieser Richtung zu erfahren. Notorische Säufer und Kriminelle wurden ausdrücklich in den militärischen Verbänden der Partei ausgewählt und zu besonderen Formationen zusammengestellt. Man hat hier den höchst charakteristischen Fall einer wirklichen Auslese des »Untermenschentums« zu bestimmten politischen Aufgaben.

Ich war zufälligerweise anwesend, als Hitler durch eine Mitteilung auf die Stettiner und andere ähnliche Vorkommnisse aufmerksam gemacht wurde. Es war überaus charakteristisch, daß Hitler dabei keineswegs, wie man vermuten sollte, über die grauenhaften Exzesse seiner Leute entrüstet war, sondern sich vielmehr gegen diejenigen in Beschimpfungen erging, die von diesen »lächerlichen« Vorkommnissen überhaupt Wesens machten.

Ich habe Hitler damals zum erstenmal toben und schimpfen hören.

Er gebärdete sich wie ein ungezogener Knabe. Er zeterte in schrillen, hohen Tönen, stampfte mit dem Fuß auf, schlug mit den Fäusten auf Tisch und Wände. Schaum vor dem Munde, im maßlosen Jähzorn keuchte und stammelte er so etwas wie: »Ich will nicht! Alle weg! Verräter!« Es war beängstigend, ihn anzusehen. Die Haare zerzaust um das Gesicht, stiere Augen, das Gesicht verzerrt, puterrot. Ich fürchtete, daß er umfallen müsse, daß der Schlag ihn treffen würde.

Aber plötzlich war alles vorbei. Er ging im Zimmer umher. Er räusperte sich, er strich sich ein paarmal die Haare, sah sich etwas scheu, mißtrauisch um, warf ein paar prüfende Blicke auf uns. Ich hatte den Eindruck, daß er sehen wollte, ob irgendjemand lachte. Und ich muß gestehen, mir stieg, mehr als eine nervöse Reaktion auf die Spannung, so etwas wie ein Lachreiz hoch.

»Lächerlich,« begann Hitler, mit verrosteter Stimme. »Haben Sie gesehen, wie die Masse zusammenströmt, wenn sich zwei auf offener Straße prügeln? *Grausamkeit imponiert.* Grausamkeit und rohe Kraft. Der einfache Mann auf der Straße läßt sich nur von brutaler Kraft und Rücksichtslosigkeit imponieren. Die Frauen übrigens auch, Frauen und Kinder. Die Leute brauchen den heilsamen Schrecken. Sie wollen sich vor etwas fürchten. Sie wollen, daß man ihnen bange macht und daß sie sich jemandem schaudernd unterwerfen. Haben Sie nicht überall die Erfahrung gemacht nach Saalschlachten, daß sich die Verprügelten am ersten als neue Mitglieder bei der Partei meldeten? Was schwatzen sie da von Grausamkeit und entrüsten sich über Qualen. Die Masse will das. Sie braucht etwas zum Grauen.«

Nach einer Pause fuhr er im alten Tone fort. »Ich verbiete, daß etwas geschieht. Meinetwegen soll man ein paar Leute bestrafen, damit diese deutschnationalen Esel beruhigt sind. Aber ich will nicht, daß man aus den Konzentrationslagern Pensionsanstalten macht. Der Terror ist das wirksamste politische Mittel. Ich werde mich nicht eines solchen berauben, nur weil es diesen einfältigen bürgerlichen Waschlappen einfällt, daran Anstoß zu nehmen. Es ist meine Pflicht, *jedes* Mittel anzuwenden, um das deutsche Volk zur Härte zu erziehen und auf den Krieg vorzubereiten.«

Hitler ging erregt auf und ab. »Ich verfahre im Krieg nicht anders. Die grausamste Kriegsführung ist die mildeste. Ich werde durch den überraschenden Einsatz aller meiner Mittel Schrecken verbreiten. Auf den plötzlichen Schock eines furchtbaren Todesschreckens kommt es an. Warum soll ich gegen meine innerpolitischen Gegner anders verfahren? Diese sogenannten Greuel ersparen mir hunderttausende von Einzelaktionen gegen Aufsässige und Unzufriedene. Es wird sich schon jeder überlegen, etwas gegen uns zu tun, wenn er erfährt, was ihm im Lager bevorsteht.«

Keiner wagte, eine Frage zu stellen. »Ich will von diesen Dingen nichts mehr hören. Es ist eure Sache, dafür zu sorgen, daß nicht Material über ‚Fälle' gesammelt wird. Ich will mir nicht mit diesen lächerlichen Bagatellen die Arbeitskraft belasten. Wer eine solche Memme ist, daß er es nicht aushält, wenn neben ihm einer Schmerzen auszuhalten hat, der soll zu den Betschwestern gehen, aber nicht zu meinen Parteigenossen.«

VII.

Kaffee und Kuchen

Ist Hitler gefühllos gegenüber Schmerzen anderer? Ist er grausam und rachsüchtig? Heute besteht wohl kaum ein Zweifel darüber, wie die Antwort lautet. Vor ein paar Jahren legte sich jeder diese Fragen vor, der die Gelegenheit hatte, die merkwürdigen Aeußerungen Hitlers im engeren Kreise zu hören. Jedes noch so einfache Gespräch schien zu beweisen, daß dieser Mann von einem grenzenlosen Haß besessen war. Haß gegen wen? Man wurde nicht so recht klug daraus. Alles konnte plötzlich seine Wut und seinen Haß erregen. Immer schien er etwas zum Hassen zu brauchen. Und der Uebergang von der Entrüstung zur Sentimentalität oder Begeisterung war mitunter völlig unvermittelt.

Im Mai 1933 hatten in Danzig Neuwahlen stattgefunden. Sie waren für den Nationalsozialismus besser ausgefallen als die Wahlen im Reich, die nur vierundvierzig Prozent Stimmen für Hitler eingebracht hatten. »Großartig, Forster!« telegraphierte Hitler an den Danziger Gauleiter, als dieser etwas über fünfzig Prozent melden konnte. Zur Belohnung lud Hitler eine Reihe von Danzigern zu sich in die Reichskanzlei zu Kaffee und Kuchen.

Es war wirklich Kaffee und Kuchen wie »bei Muttern«, Streuselkuchen und Napfkuchen. Und Hitler war die Hausfrau. Er war aufgeräumt, geradezu liebenswürdig. Forster und mir hatte er ein paar Stunden zuvor die Grundlinien seiner Ostpolitik umrissen. Es gelte jede Sentimentalität zurückzustellen und auf jedes Theater zu verzichten. Der Nationalsozialismus habe es nicht nötig, wie die Weimarer Parteien seine patriotische Gesinnung »unter Beweis zu stellen«. Es sei nicht unsere Aufgabe, eine lärmende patriotische Politik im Sinne deutschnationaler Selbstbetätigung zu führen. Wir könnten es uns leisten, ohne großes Theater an unsere Aufgabe heranzugehen. Es gelte verschlagen zu sein. Die deutschen Ziele würden nicht in ein paar Tagen oder Wochen erreicht. Wir müßten alles vermeiden, um der Welt Anlaß zum Mißtrauen zu geben. Man könne nur zweierlei, entweder man werfe sich auf das Theaterspielen oder man wolle wirklich die Sache. Dann müsse man auf das Theater verzichten. Er selbst sei entschlossen, jeden Vertrag zu schließen, der die Lage Deutschlands erleichtern würde. Er sei auch entschlossen, sich mit Polen zu vertragen. Und unsere Aufgabe sei es, ihn darin zu unterstützen. Die Danziger Frage wäre nicht von uns zu lösen, sondern nur von ihm, und zwar nur, wenn Deutschland stark und gefürchtet sei. Je lautloser und stiller wir unseren Existenzkampf weiterführten, desto besser entspräche das dem deutschen Interesse. Es sei nicht unsere Aufgabe, die Danziger Frage oder das Korridorproblem zu lösen. Das müsse man schon dem Reich überlassen. Aber unsere Sorge sei es, dem Reich während der kommenden Jahre jede Schwierigkeit aus dem Wege zu räumen, soweit wir dazu irgend imstande wären.

In dieser Art hatte Hitler erst zu uns beiden, dann in einer kurzen Ansprache zu den Danzigern gesprochen. Danach gab es den besagten Kaffee und Kuchen. Die dabei von Hitler geführten Gespräche waren weniger staatsmännisch. Hitler hatte gerade mit dem Erlaß der Tausendmarksperre seinen Kampf gegen das selbständige Oesterreich begonnen. Er habe diese Sperre gegen den Wunsch des Auswärtigen Amtes erzwungen. Man konnte merken, mit welcher Genugtuung er den Kampf aufnahm, den er übrigens für bald beendet ansah. Ein geradezu funkelnder Haß schlug einem aus jedem seiner Worte entgegen. Haß und Hohn.

»Dieses Oesterreich ist verjudet. Dieses Wien ist keine deutsche Stadt mehr. Slawische Mestizen machen sich breit. Ein anständiger

Deutscher gilt nichts mehr. Pfaffen und Juden regieren. Diese Wenzels müssen raus!«

Zwischenhinein forderte er uns auf, zuzulangen. Die Danziger, die in seiner Nähe saßen, hörten verständnislos zu. Er würde schon den echten Kern aus der Gipsmasse herausklopfen, nahm Hitler seine Rede auf. »Oesterreich braucht Auffrischung aus dem Reich. Dieser Dollfuß, diese bezahlten Schreiber und Gernegroße, diese albernen Knirpse, die sich für Staatsmänner halten und nicht sehen, wie sie von französischen und englischen Drahtziehern gegängelt werden, — ich werde sie zur Verantwortung ziehen. Ich weiß,« fuhr er nach einer Pause fort, »daß wir nicht sofort mit dem Anschluß herausplatzen können. Aber warum machen diese Männer keine deutsche Politik?« Er würde dafür sorgen, daß dieses ganze weichliche Gesindel zum Teufel fahre.

»Man soll sich nichts vormachen. Es gibt kein Oesterreich mehr. Was sich so nennt, ist nur ein Leichnam. Oesterreich muß vom Reich aus neu kolonisiert werden. Es ist höchste Zeit, daß es geschieht. Noch eine Generation und dieses Land ist für alle Zeit dem Deutschtum verloren. Diese Leute wissen gar nicht mehr, was Deutsch heißt.«

Er betrachte es als seine ihm besonders am Herzen liegende Aufgabe, Oesterreich zur Deutschheit zu erziehen. Er würde ihnen ein wahrer Zwingherr zum deutschen Wesen werden. Sie sollten ihr bißchen Grinzing mit Schlamperei schon noch ausschwitzen. Es sei genug mit diesen Schlieferls. Und es sollte sich keiner etwa einbilden, daß es noch jemals etwa mit Habsburg oder ähnlichen Flausen ginge. Vor allem aber müßten die Juden weg. Es sei eine harte Arbeit. Aber er würde sie schaffen. Es würde nicht lange dauern, so sei Oesterreich nationalsozialistisch.

Hitler deutete an, was er zu machen beabsichtige, und wie alles für einen Putsch in Oesterreich vorbereitet sei. Es wurde klar, daß er einen solchen Putsch wünschte, und daß er geradezu froh über den Widerstand der Dollfußregierung war. Aus der Leidenschaftlichkeit seiner Aeußerungen mußte man schließen, daß er nach blutiger Aktion, nach Verschwörung, nach irgendeiner Vergeltung fieberte. Vielleicht war es der solange ersehnte und schließlich doch entgangene »Marsch auf Berlin«, der sich in diesem leidenschaftlichen Wunsch nach einem Umsturz in Oesterreich aussprach. Ein heißer, krankhafter, versengender Hauch ging von diesem Gespräch aus. Es war kein Gespräch, es war vielmehr eine leidenschaftliche Selbstinterpretation, in die jedes Gespräch mit Hitler schließlich immer ausmündete. Dabei schien die Sonne in dem langen Korridor, in dem oben im zweiten Stock der Reichskanzlei unsere Kaffeetafel stattfand. Der Reichskanzler des Deutschen Reiches war es, der hier bewirtete und sprach. Unten im Hof hörte man das Kommando der Ablösung der SS.-Wache.

»Ich werde diesem Dollfuß den Prozeß machen lassen,« schrie Hitler. »Dieser Mann wagt mir zu widersprechen. Stellen Sie sich vor, meine Herren! Sie werden noch auf den Knien vor mir liegen. Aber ich werde sie eiskalt als Verräter hinrichten lassen.«

Haß, persönliche Rache klang aus diesen Worten, Vergeltung für entsagungsreiche Jugendjahre, für enttäuschte Hoffnungen, für ein Leben der Armut und Erniedrigung. Es herrschte eine Zeitlang betretenes Schweigen.

Hitler nötigte seine Gäste wie die Bauersfrau auf dem Lande. Junge SS.-Männer brachten volle Kuchenschüsseln und schenkten Kaffee ein. Hitler hatte die Wiener Juden erwähnt. Er kam auf die Judenfrage zu sprechen. Die Juden wären der beste Schutz für Deutschland, sagte er lachend. Sie wären das Pfand, das ihm garantiere, daß das Ausland Deutschland in Ruhe seinen Weg gehen ließe. Wenn die Demokratien nicht mit ihrem Boykott aufhörten, würde er den deutschen Juden soviel von ihrem Besitz wegnehmen, wie der Schaden betrage, den der Boykott Deutschland koste. »Sie sollen sehen, wie schnell die draußen mit ihrer antideutschen Propaganda aufhören. Die Juden sind noch Deutschlands Glück.« Die Tafelrunde lachte. Einmal würde das freilich sein Ende haben. Dann nämlich, wenn es nichts mehr wegzunehmen gäbe. Aber dann habe er immer noch ihr Leben in der Hand; das kostbare jüdische Leben. Wieder brach alles in Lachen aus. »Der Streicher«, lachte Hitler selbst, »hat mir vorgeschlagen, sie beim nächsten Krieg vor unsere angreifenden Schützenlinien vorzutreiben. Das wäre der beste Schutz für unsere Soldaten. Ich werde mir das überlegen.« Die Kaffeetafel wieherte über diesen »Witz«. Und Hitler, angeregt von seinem Einfall, erging sich über die Maßnahmen, die er treffen würde, um die Juden langsam, aber unerbittlich zu enteignen und aus Deutschland zu jagen. »Alles, was wir uns vornehmen, wird durchgeführt. Ich lasse mir nichts abhandeln.« Es war im wesentlichen das, was dann im Jahre 1938 durchgeführt wurde. Wahrhaftig, es war alles lange vorher abgekartet und erwogen worden. Es war nichts weniger als der tollwütige Reflex auf eine unglückliche Mordtat.

Hitler war damals 1933 nach dem ersten Pogrom genötigt worden, den Kampf gegen die Juden etwas abzustoppen. Er hielt es aber gerade deswegen offenbar für richtig, den Antisemitismus nicht einschlafen zu lassen. Ich habe später wiederholt von Hitler seine Meinung über die Juden äußern hören. Ich komme darauf noch zu sprechen. Hier liegt es mir daran, den merkwürdigen Eindruck zu vermitteln: eine friedliche, echt kleinbürgerliche Kaffeetafel; Parteigenossen aus der Provinz sozusagen; und der Kanzler des großen deutschen Volkes: solcher Art aber sind die Reden! Totschlagen, Aufruhr, Gefängnis, Mord, Beraubung! Der groteske Widerspruch zwischen dem linkischen, ungehobelten Kleinbürger, der sich am wohlsten unter seinesgleichen fühlte, mit seiner sich in lauter Verbrechen ergehenden Phantasie. Diese Kleinbürger sind ja nicht friedlich und bramarbasieren bloß, wie das so zu sein pflegt. Sie bersten vor innerem Haß und Neid, vor Mißgunst und Scheelsucht. Sie schicken sich wirklich an, die Welt auf den Kopf zu stellen, sich mit der barbarischen Größe der heidnischen Vorzeit auszustatten oder die Verruchtheit der Renaissance nachzuspielen. Wahrhaft ein groteskes Bild! Kein Wort der Begeisterung, geistiger Aufmunterung, kein Wort der Verbundenheit mit den persönlichen Sorgen des Einzelnen seiner Gäste. »Was kümmert mich persönliches Glück und persönliches Ergehen?« rief einmal Hitler unmutig. »Macht, was ihr wollt, kümmert euch!« Rachsucht, primitiver Haß und die Gier nach Macht: das waren die Worte, die Hitler seinen Leuten mit auf ihren politischen Lebensweg gab.

VIII.

Bereichert Euch!

Aber Hitler wußte sehr wohl, daß der gewöhnliche Mensch von Haß und Rache allein nicht leben kann. Dieser Mann, der mit vollem Bewußtsein die schlechtesten Instinkte des Menschen ausnützte, kannte die Schwächen und Begierden seiner Leute genau genug.

»Wartet mit dem Heiraten, bis ich an der Macht bin«, pflegte Hitler früher seinen Mitarbeitern zu raten, die ihre Gauleiter-, Reichsleiter- oder sonstigen Leiterpositionen als sichere bürgerliche Stellen auffaßten und die Neigung äußerten, sich auf ein breites, behagliches Leben einzurichten. »Positionen besetzen«, war Hitlers Parole alsbald nach der Machtergreifung. Alles an sich reißen, was nur an Posten erreichbar war, das war die Grundregel, die überall hin weitergegeben wurde. »Freut euch des Lebens, weil noch das Lämpchen glüht«, klang es von unten herauf mit dem krächzenden Organ des alkoholischen Dr. Ley, des Leiters der Arbeitsfront. »Genießt und bereichert euch«, klang es jovial von oben herab.

»Wir sind keine Spielverderber! Von etwas muß doch der Schornstein rauchen«, so raunte es in den Couloirs vor Herrn Hitlers Arbeitsräumen. »Die eigene Stellung ausbauen«, das war die Devise der ersten Wochen und Monate nach der Machtergreifung. »Ich sehe meinen Leuten nicht auf die Finger«, äußerte sich Hitler an der Mittagstafel. »Macht, was ihr wollt, aber laßt euch nicht erwischen.« Es war Hitler selbst, der mit voller Absicht seine Leute an die Futterkrippen kommandierte. Sie ließen sich das nicht zweimal sagen. Damals hörte ich die merkwürdige Wendung von der »beabsichtigten Korruption«. Beabsichtigt war sie freilich, diese Korruption, nicht bloß geduldet. Es gab Leute, die sich davon den baldigen Sturz des Nationalsozialismus erhofften. Hitler aber wußte, daß er seinen Leuten »etwas bieten« müsse. Anstatt der »Nacht der langen Messer« bürgerliche Positionen, anstatt einer echten Revolution doch wenigstens die Vorteile einer solchen: freie Bahn für alle tüchtig Zupackenden.

Es ist wirklich nicht originell, daß die Revolution zu ihren Kindern sagt: bereichert euch! Aber hier geschah das in einer solchen schamlosen Schnelligkeit, daß man schon atemlos im Zusehen über das Tempo werden konnte. Eine, zwei, drei, vier Villen, Landsitze, Paläste, Perlenhalsbänder, antike Kostbarkeiten, echte Teppiche, Gemälde, Dutzende von Autos, Sekt, Güter, Bauernhöfe, Fabriken. Wo kam bloß das Geld her? Waren diese Leute nicht alle arm wie die Kirchenmaus, hatten Schulden wie ein Leutnant? Aemter hatten sie, drei, sechs, zwölf Aemter auf einmal, immer noch eines. Posten aller Art, Aufsichtsräte, Dividenden flossen, Darlehen, Gratifikationen. Alle Welt bemühte sich, behilflich zu sein. Jedes Bank-, jedes Geschäftsunternehmen brauchte seinen Sicherheitsparteigenossen. Aber der »Führer« verzichtete auf sein Reichskanzlergehalt. Mit gutem Beispiel ging er voran. Er brauchte es übrigens nicht anders. Ueber Nacht war er zum reichsten Verlagsunternehmer der Welt geworden, millionenschwer, der gelesenste Autor, der zwangsgelesenste. Er konnte es sich leisten, über Göring und sein ausschweifendes extravagantes Leben zu klagen. Demonstrativ, zur Beruhigung gewisser Kreise. Hitler sei »sehr, sehr traurig« über Görings Entwicklung, sagte mir damals Forster. »Wir müssen uns unverbrüchlich an unser Versprechen halten: kein Gehalt über tausend Mark im Monat.« Forster hatte gut reden. Er hatte fünferlei Aemter. Sein Einkommen belief sich auf das Zwölffache besagter Summe. Bald war er mehrfacher Hausbesitzer in Danzig. Mit einer leeren Zigarrenkiste war er vor zwei Jahren in die Stadt gekommen.

In Berlin war es nicht anders. Für neunzigtausend Mark ließ sich ein neuer Staatssekretär seine Wohnung auf Staatskosten möblieren, wie mir das zuständige Departement im Reichsfinanzministerium klagte. Göring ließ sich goldene Kacheln in dem Baderaum der einen von seinen vielen Amtswohnungen legen. Und Hitler wies jenen klagenden Dezernenten an, den neu geschaffenen Reichsstatthaltern Einkommen zu zahlen, wie sie bisher in der deutschen Beamtenhierarchie ungebräuchlich waren. Er zahlte. Und der einfache Mann von der Straße, als er den Aufmarsch der pompösen Autos vor den öffentlichen Gebäuden sah, flüsterte: »Die neuen Bonzen stoßen hoch«.

Hitler hat sich, auf seine Weise freimütig, zu dieser ganzen Entwicklung geäußert. Es ist keineswegs so, daß er sie nur duldete und daß ihm hier etwas über den Kopf wuchs. Ich hatte gerade an einer sogenannten »Führerbesprechung« im ehemaligen preußischen Herrenhause teilgenommen. Hitler entwickelte das Programm seiner nächsten politischen Aktionen. Es war nicht sehr aufschlußreich. Aber hinterher hatte ich die Gelegenheit, ihn persönlich im engeren Kreise zu hören. Man mache ihm Vorwürfe, polterte er unwirsch mit seiner gutturalen Stimme, daß er ungerechtfertigte Korruptionsprozesse gegen die früheren Machthaber und ihre Komplizen anstrenge, während seine eigenen Leute sich die Taschen füllten. »Ich habe diesen Einfaltspinseln, die sich solche Sprache zu führen erdreisten, geantwortet, ob sie mir sagen könnten, auf welche Weise ich die berechtigten Wünsche meiner Parteigenossen nach einer Entschädigung für die unmenschlichen Jahre ihres Kampfes erfüllen solle. Ich habe sie gefragt, ob es ihnen lieber wäre, wenn ich meiner SA. die Straße frei gäbe. Ich könne das noch tun. Mir sei es recht. Und es sei für das ganze Volk gesünder, wenn es ein paar Wochen hindurch eine wirkliche blutige Revolution gäbe. Mit Rücksicht auf sie und ihre bürgerliche Behaglichkeit hätte ich davon Abstand genommen. Aber ich könne das nachholen! Sie sind sehr bald still gewesen mit ihren albernen Vorwürfen«, lachte Hitler. »Es ist notwendig, sie von Zeit zu Zeit etwas in Furcht zu setzen. Ich bin das meinen Parteigenossen schuldig,« setzte er nach einer Pause hinzu. »Sie haben einen Anspruch darauf. Schließlich haben meine Parteigenossen auch darum gekämpft, daß sie aus dem persönlichen Dreck herauskommen. Lächerlich, das nicht offen zu sagen. Es ist meine Pflicht der Kameradschaft, dafür zu sorgen, daß jeder sein Auskommen hat. Meine alten Kämpfer haben sich das verdient. Wenn wir Deutschland groß machen, haben wir ein Recht, auch an uns zu denken. Wir haben es nicht nötig, uns an die bürgerlichen Vorstellungen von Ehre und Reputation zu halten. Mögen diese Herren von der »guten Kinderstube« es sich gesagt sein lassen, daß wir das mit gutem Gewissen tun, was sie heimlich und mit bösem tun.«

Hitler begann sich zu entrüsten und zu schreien. »Sollen wir ihnen die Karre aus dem Dreck ziehen, daß sie uns mit leeren Händen wieder nach Hause schicken! Das könnte ihnen gefallen. Wie soll ich die Macht behaupten, wenn ich nicht jeden Posten besetzen lasse. Die Männer sollen zufrieden sein, daß wir sie nicht wie in Rußland erschießen!«

Das war so etwas wie absichtliche, gelenkte Korruption. Hitler hatte auch noch etwas anderes im Sinn. Er wußte, nichts kittet unverbrüchlicher als gemeinsam begangene Delikte. Ich erfuhr später, wie man sich unsicherer Genossen dadurch zu vergewissern suchte, daß man von ihnen strafbare Handlungen im Interesse der Partei verlangte, um sie dann in der Hand zu haben. Dasselbe Ergebnis, aber auf gefälligere Weise, erzielte man durch Partizipieren an den langersehnten Glücksgütern. Die »verschworene Gemeinschaft« der engeren Parteielite als eine Schar von Mitwissern. Jeder war in der Hand von jedem. Und keiner war mehr Herr seiner selbst. Das war das erwünschte Ergebnis der Parole: »Bereichert euch!«

Uebrigens gingen schon damals sehr begründete Gerüchte darüber um, daß jeder von den führenden Parteimitgliedern und wer es sonst konnte, Geld nach dem Ausland verschob, um sich für alle Fälle zu sichern. Neben dem Gelde lag dann meistens in einem Safe oder bei einem Rechtsanwalt ein Dossier von belastendem Material, dessen Bekanntgabe für einige wichtige Persönlichkeiten des Nationalsozialismus sehr verhängnisvoll hätte werden können. Diese Dossiers wurden ausdrücklich als Schutz für den Besitzer vor dem Einschreiten der Parteistellen oder Behörden angelegt. Es waren demnach ausgesprochene Gangstermethoden, mit denen sich die führenden Parteigenossen *ohne Ausnahme* nicht nur die Zukunft nach dem Sturz des Regimes, sondern auch das gegenwärtige Leben und die eigene Position sicherten. Man kann sich keine Vorstellung von dem Umfang der allgemeinen Korruption in Deutschland machen, die mit einer Hemmungslosigkeit ohnegleichen plötzlich einriß.

Mir hat ein Gauleiter, dessen Namen ich nicht nennen möchte, da er unter die an sich gutwilligen Parteigenossen gehört und der daher bei dem kommenden Sturz des Regimes noch eine bedeutende Rolle wird spielen können, mit aller Offenheit gesagt, ihm bleibe gar nichts anderes übrig, als dieselben Methoden anzuwenden. Wenn er es nicht täte, so würde er nicht nur sehr bald gestürzt, sondern vor allem sofort ermordet werden. Er riet mir geradezu freundschaftlich, mir belastendes Material über meine Gegner, also etwa über den Gauleiter Forster zu verschaffen. Sobald ich so etwas in den Händen habe, könnte ich meine Position als gesichert ansehen. Ohne das wäre ich immer zu einer subalternen Funktion verurteilt. Belastendes Material und ein Guthaben im Auslande, das mache einen unangreifbar. Er jedenfalls habe beides, und er gehe mit dem Gedanken um, seine Frau ins Ausland zu schicken, die von dort aus am besten seine Interessen wahren könnte.

Dieser mein Bekannter hat denn auch wider alles Erwarten seine jahrelang stark umkämpfte Position halten können.

Was an dieser frühzeitigen Selbstenthüllung so seltsam ist, das ist der geradezu offenherzige Zynismus, mit dem man sich in Parteikreisen über die ganzen Zusammenhänge unterhielt. Ich muß noch auf ein Gespräch an Hitlers Mittagstafel in diesem Frühsommer 1933 zurückkommen. Das Gespräch begann mit einer Bemerkung von Goebbels über das nationalsozialistische Witzblatt »Die Brennessel«. Goebbels erinnerte an ein paar Karikaturen über den sogenannten »Zwickelerlaß«, jenen lächerlichen, unter dem Kanzler v. Papen an den Tag gebrachten Erlaß, der sich der Erhaltung der Tugend durch Vorschriften über die Art der Badeanzüge angenommen hatte. Daran schloß Goebbels ein paar giftige Bemerkungen über die vorsintflutlichen sittlichen Vorstellungen der Reaktion, über falsche Deutschtümelei; über die albernen Bestrebungen, Bubiköpfe als undeutsch zu verachten, das Schminken anzuprangern. Es sei hohe Zeit, den Leuten ihr kümmerliches Handwerk zu legen, die den Nationalsozialismus mit Spießerei verwechselten und den Kampfgeist mit dem Traktätchengeist von Betschwestern verfälschten. »Ich möchte das Gelächter unserer SA. hören, wenn ihnen heute einer klarmachen wollte, ihr Kampf habe just dem gegolten, daß die deutschen Mädel von nun an lange Zöpfe tragen und nicht rauchen dürfen.«

Hitler, der bisher unwirsch dagesessen hatte, griff ein und redete sich bald in Rage. »Ich hasse diese Prüderei und Sittenschnüffelei. Was hat das mit unserem Kampf zu tun? Das sind solche abgestandene Vorstellungen von reaktionären Kaffeetanten wie der Hugenberg, die sich eine nationale Erneuerung nur mit tugendhaften Sitten und strengem Geist vorstellen können. »Tugendbund« und »christlich-teutsche Tischgesellschaft«, »die materiellen Verluste der Nation durch Geist ersetzen«: und wie diese blechernen patriotischen Phrasen lauten. Unser Aufbruch hat nichts mit bürgerlicher Tugend zu tun. Wir sind der Aufbruch der Kraft unserer Nation. Meinetwegen auch der Kraft ihrer Lenden. Ich werde keinem meiner Leute ihren Spaß verderben. Wenn ich von ihnen das Aeußerste verlange, so muß ich ihnen auch freigeben, sich auszutoben wie *sie* wollen, nicht wie es alten Betschwestern paßt. Meine Leute sind, weiß Gott keine Engel, und sollen es nicht sein. Sie sind Landsknechte und sollen es bleiben. Ich kann Duckmäuser und Tugendbündler nicht brauchen. Ich kümmere mich nicht um ihr Privatleben, so wie ich es mir verbitte, daß man hinter meinem Privatleben herschnüffelt. Die Partei hat nichts mit Konventikeln zu tun und diesen albernen Reden von moralischer Erneuerung aus dem Geist und der Geschichte unseres Volkstums. Es geht um ganz etwas anderes. Und der alte Bock, der Hugenberg, soll sich einmal vor die SA. hinstellen und ihnen mit so etwas kommen. Ich brauche Leute, die fest zupacken und sich nicht erst besinnen, wenn sie jemanden niederschlagen sollen. Es kümmert mich einen Dreck, ob sie ein paar Wertsachen für eigene Rechnung mitgehen lassen.«

Ich habe diese Ansicht später öfter und bis herunter zu den kleinsten Amtswaltern vertreten gehört. Die Lehren Hitlers haben prompt gewirkt. Damals hatten wir in Danzig ein paar üble Gewaltakte der SA. hinnehmen müssen. Es war ein Kinderspiel gegenüber dem, was im Reich Tag für Tag geschah. Der Weg ins Verderben war schon damals nicht mit guten, sondern mit recht bösen Vorsätzen gepflastert. Es machte sich in Parteikreisen ein Zynismus breit, der noch vor kurzem unvorstellbar gewesen wäre. Dabei gab es zweierlei, was Groß wie Klein in der Partei ohne die geringste Scheu aussprachen: zusammenzuraffen, zu genießen und sich schadlos zu halten für die Vergangenheit, und sich vor allem für die Zukunft zu sichern. Alles mitmachen, kein Risiko laufen, sich oben halten und nur ja nicht wieder absacken, nach unten zu den Anonymen, zur Masse der Machtlosen. Die Vorzimmer standen voll Postenjägern. Sie stellten ihre Forderungen ganz offen. »Der Führer hat es gesagt«, antworteten sie einem ganz naiv. »Die alten Kämpfer sollen alle in Amt und Brot. Haben wir dafür gekämpft, daß wir wieder leer ausgehen sollen?«

Jemand bot sich mir als Staatsrat an. Aber nicht das Gehalt und die Stellung war ihm wichtig, sondern die Pensionsberechtigung. Er wollte für alle Zeit gesichert sein. Du lieber Himmel, es waren keine wirklichen Kämpfer. Es waren kümmerliche Kleinbürger, denen die Angst vor der Zukunft aus den Augen flackerte. »Ich will nicht wieder herunter«, schrie mich einer empört an. »Sie können vielleicht warten. Sie sitzen in keinem Feuer! Mensch, hören Sie, stellungslos! Eh' ich das nochmal mitmach', werd' ich zum Verbrecher. Ich halt' mich oben, und wenn ich sonst noch was tun müßte. Wir stoßen nicht noch einmal hoch!«

Kleinbürger und Verbrecher, das war die »alte Garde« Hitlers. Jeder suchte sich zu sichern, und konnte sich auf den »Führer« berufen. Niemand, bis in die höchsten Posten hinein traute dem Frieden recht. Keiner hatte sonderliches Zutrauen zu den Tausend Jahren nationalsozialistischer Geschichtsepoche. Ein angesehener Bankpräsident gestand mir offen, einmal habe er seine Haut hingehalten, im Weltkrieg. Noch einmal dächte er nicht daran, etwas zu riskieren. Er mache alles mit. Er würde sich nicht kompromittieren. Er habe keine Lust persönliche Opfer zu bringen.

Ein heilloser Wettlauf im Zynismus begann. Die alten Schichten wollten oben bleiben. Bar jeder Scham und Würde klammerten sie sich an ihre Positionen und machten alles mit, was man von ihnen verlangte, um nur ja nicht ihre Position zu verlieren. Den Hauptanteil daran, daß die Männer sobald ihr Rückgrat verloren, trugen die Frauen. Sie waren es, die nicht die feinen Autos abgeben, aus den schönen Dienstwohnungen heraus wollten. Sie waren es, die lamentierten und den Männern in den Ohren lagen, doch an die Kinder zu denken, an ihre Zukunft. Die neuen Schichten aber drängten hoch, rücksichtslos, mit jedem Mittel. Nie ist in Deutschland solche Korruption gewesen, solche Charakterlosigkeit! Und warum hat man diese Leute nicht gekauft? Sie wären alle zu haben gewesen, einer wie der andere. Alte wie neue! Sie sind es noch. Es wäre billiger gewesen als der Krieg.

Geld spielt keine Rolle

Im übrigen spielte Geld keine Rolle. »Geld ist da, soviel wir wollen. *Sie* wollen bloß nicht«, brüllte mich der Gauleiter Forster schon im Herbst des Jahres 1933 an, als ich Bedenken über die Durchführung gewisser »Arbeitsbeschaffungspläne« äußerte, Pläne von Theaterbau, Hallenschwimmbad, moderner Müllabfuhr und Luxusstraßenbau. Von dem Wert des Geldes hatte keiner von diesen Desperados auch nur die blasseste Vorstellung, von Hitler angefangen. Geld! Zunächst war ihnen schon nicht der Unterschied zwischen dem Zahlungsmittel und dem Kapital klar. Sie hatten sich auf Grund der primitiven Ideen ihres Meisters eine Geldtheorie zurechtgelegt, die darauf hinauslief, man könne soviel Geld »schöpfen«, wie man wolle, es gelte nur die Preise festzuhalten.

Ich geriet in einen zähen Zwist mit der Partei. Hitler mußte entscheiden. Er entschied, wie nicht anders zu erwarten. Aber waren Hitlers Vorstellungen wirklich so primitiv? Mir kam damals ein ganz anderer Verdacht, nämlich der, daß Hitler mit Absicht und vollem Bedacht die wirtschaftlichen Machtpositionen gewisser Gesellschaftsschichten zerstören wollte. Die Härte, mit der er jeden Versuch einer offenen Devalvation ablehnte, stand im schroffen Widerspruch zu der Leichtherzigkeit, mit der er eine versteckte Inflation nicht bloß duldete, sondern geradezu förderte. Hitler betrachtete die neue Ausgabenwirtschaft und die versteckte Inflation als radikal wirksames Mittel der Vermögensumschichtung und des Wechsels der regierenden Personenkreise. Möglich, daß ihm die Zusammenhänge nicht rational klar waren. Aber mit dem ihm eigenen Instinkte und so etwas wie einer Art Bauernschlauheit witterte er offenbar etwas Richtiges.

Hitler mißtraute jedem, der ihm mit volkswirtschaftlichen Lehren kommen wollte. Er glaubt, daß man ihn düpieren will, und er macht aus seiner Verachtung über diese Art Wissenschaft keinen Hehl. Er durchschaut nicht, aber er fühlt, daß aus einer im Grunde einfachen Angelegenheit ein kompliziertes Wesen gemacht wird. Er kommt zu der Ueberzeugung, daß Arbeit, Geld und Kapital nur in einem allein durch die Praxis feststellbaren Verhältnis zu einander zu stehen hätten, um, wenn man Spekulanten und Juden ausschlösse, so etwas wie ein wirtschaftliches Perpetuum mobile in den Händen zu haben. Schließlich laufe es am Ende darauf hinaus, sei es durch Suggestion oder Zwang, sei es durch beides, die Leute glauben zu machen.

»Um Gottes willen, schlagen Sie ihm bloß keine Devalvation oder eine komplizierte Prüfung der Arbeitsbeschaffung vor,« riet mir ein Ministerialdirektor, bevor ich Hitler aufsuchte. Ich fand Hitler ungeduldig und unfreundlich. Er war über mein Anliegen unterrichtet worden. Schon damals liebte er nur Dinge zu hören, die ihn in seiner Meinung bestärkten.

»Ich habe Ihnen doch den Köhler nach Danzig geschickt. Haben Sie mit dem nicht gesprochen?« empfing er mich. Köhler war angeblicher Wirtschaftsfachmann.

»Ich habe mit ihm gesprochen,« antwortete ich, »aber wir haben uns nicht verstanden.«

»Wieso?« fragte Hitler.

Ich vermochte Hitler klar zu machen, daß dieser sogenannte Wirtschaftsfachmann die ganze Zeit unserer Unterhaltung über nicht verstanden hätte, daß er sich in Danzig nicht in einer Stadt des Deutschen Reiches befände, sondern in einem anderen Lande mit einer selbständigen Währung. Er habe nicht begriffen, daß für uns die deutsche Reichsmark eine fremde Devise sei und daß unsere eigene Währung an gewisse Regeln der Deckung gebunden sei. Ich erwähnte, daß wir bereits eine eigene Staatsbank zur Verflüssigung des

Kredits geschaffen hätten, streng genommen eine inflatorische Maßnahme.

Hitler bekam ein finsteres Gesicht. »Inflation, was heißt Inflation! Reden Sie mir nicht von Inflation. Es kommt darauf an, das Vertrauen der Bevölkerung zu erhalten. Alles andere ist Unsinn.«

Ich erwiderte, indem ich versuchte, die Zahlungsbilanz des Danziger Staates zu erklären. Hitler brach das unwirsch ab. »Einzelheiten interessieren mich nicht. Machen Sie dem Forster keine lächerlichen Schwierigkeiten. Wenn er bauen will, in Gottes Namen, soviel Geld wird da sein. Es *muß* da sein. Verstehen Sie!«

»Der Forster weiß, warum er das tut,« setzte er etwas ruhiger hinzu. »Wir müssen die Arbeitslosen von der Straße wegbringen. Je schneller, desto wirksamer. Wir können uns nicht den Luxus leisten, lange zu warten. Auf Forster lastet der ganze Druck. Die Partei muß dafür gerade stehen, daß etwas gemacht wird. Machen Sie dem Mann keine Schwierigkeiten, helfen Sie ihm.«

Ich erwiderte, daß ich alles täte, was möglich sei. Aber wir müßten die Deckung unserer Währung regelmäßig ausweisen. Im Aufsichtsrat unserer Währungsbank säße auch ein Pole. »Wann müssen Sie die Deckung ausweisen?« fragte Hitler. Ich gab Auskunft. »Und dann wissen Sie sich nicht zu helfen,« fuhr er mich an. »Ich werde Anweisung geben, daß man Ihnen für die Stichtage die Devisen, die Sie benötigen, ausleiht. Sie können sie nachher wieder zurückgeben. Sie brauchen keine vierzig Prozent Deckung. Sie können auf zwanzig, auf zehn Prozent zurückgehen.« Das sei, versuchte ich zu erwidern, offenkundiger — »Was heißt Betrug,« fiel mir Hitler ins Wort. »Was bedeutet Deckung? Vertrauen. Zu uns haben die Leute Vertrauen auch ohne Deckung. *Wir* garantieren ihnen, nicht Geld oder Devisen. Unser Wort gilt, nicht Paragraphen! Devisen oder Geld können morgen verschoben sein. Verstehen Sie? *Wir* garantieren. Kommen Sie mir nicht mit einfältigen Einwänden. Wollen Sie Realpolitiker sein, oder sind Sie ein Theorienmensch? Sie stoßen sich an Unkorrektheiten? Ich übernehme die Verantwortung. Gilt Ihnen mein Wort weniger als Ihre absurden Paragraphen?«

Hitler hielt inne. »Also machen Sie keine Schwierigkeiten. Geld ist da! Geld wird immer da sein. Solange das deutsche Volk arbeitet, ist mir nicht bange. Sprechen Sie mit Funk,« riet er mir noch. »Der hat einen freien Kopf. Lassen Sie sich nichts vormachen.« Hitler wurde freundlicher. »Warum machen Sie sich das Leben schwer? Sie stolpern über Zwirnfäden. Wenn wir formale Bedenken hätten, wo kämen wir hin? Ich setze mich über alles hinweg. Ich bin bereit, jeden Tag sechs falsche Eide zu schwören. Was kommt es darauf an.« Er wurde wieder erregter. Ich wußte nichts zu erwidern. Was sollte ich auch.

»Halten Sie sich nicht bei Kleinigkeiten auf. Nehmen Sie sich an mir ein Beispiel.« Hitler sah meine innere Ablehnung. Er wurde kameradschaftlich. Stehen bleibend fuhr er fort: »Was bleibt uns übrig? Ist Ihnen Ihre Gewissensruhe mehr wert als der Wiederaufbau Deutschlands? Wir haben kein Recht an uns und unsere bürgerliche Unbescholtenheit zu denken. Wir haben nur eine Aufgabe. Glauben Sie, ich weiß es nicht, daß, wenn dies alles nicht so geht, wie wir hoffen, man uns ins Grab hinein fluchen wird? Ich gehe einen schwindelnden Weg. Soll ich mich da um papierene Bestimmungen kümmern? Es sind eitle Menschen, die sich wichtig nehmen: die werfen sich in Positur und sagen, ich kann es nicht mit meinem Gewissen verantworten! Wenn schon! Glauben Sie, Sie können das nicht verantworten, was *ich* verantworte? Wollen Sie sich für was Besseres halten als ich?«

Lammers kam herein. Hitler hatte wieder weit über die festgesetzte Zeit gesprochen. Ich war entlassen. Draußen in dem großen Vorraum warteten Bekannte, Graf Schwerin-Krosigk, der Finanzminister. Er kannte meine Sorgen. Das Thema war mit dieser Hitleraudienz noch nicht beendet. Ein Jahr später sollte es mit ein Grund zu meinem Rücktritt werden.

IX.

Nach dem Austritt aus dem Völkerbund

(Oktober 1933, Reichskanzlei Berlin)

Deutschland war aus dem Völkerbund ausgetreten. Ich hatte diese denkwürdige Wendung in Genf erlebt. Es war der erste politische Akt ganz im Hitler'schen Stil der brüsken Ueberraschung. Auf der Rückreise suchte ich in Berlin Hitler auf. Es schien notwendig, ihm die Gefährlichkeit der Situation vor Augen zu führen. Bei der allgemeinen Spannung konnte ein geringfügiger Fehler den Präventivkrieg gegen Deutschland zur Folge haben. So schien es mir wenigstens. Hitler war anderer Meinung. Ich fand ihn glänzender Laune. Alles an ihm federte vor Spannung und Tätigkeitsdrang.

»Krieg wollen die Leute,« ging er mir entgegen. »Sie sollen ihn haben. Aber wenn ich will.« Ich erwiderte, man hätte allerdings in den Wandelgängen empörte Rufe wie c'est la guerre hören können. Hitler machte eine verächtliche Handbewegung. »Sie denken nicht daran. Der Goebbels hat mir schon berichtet. Eine traurige Sippschaft ist da versammelt. Die handeln nicht. Sie protestieren nur. Und sie werden immer zu spät kommen.« Hitler fragte, was ich zu berichten hätte, was mein Eindruck sei.

Ich erwiderte, daß mir die Lage Deutschlands sehr gefährdet erscheine. Danzigs Situation würde jedenfalls äußerst schwierig werden. Ich könne nicht recht einsehen, warum der Austritt aus dem Völkerbund unbedingt notwendig gewesen wäre. Er böte doch viele Möglichkeiten der Unterrichtung und Beeinflussung. Mit einem aktiven politischen Programm, in dem einige der Gedanken des Völkerbundes wie etwa das Minoritätenrecht von Deutschland wirksam vertreten würden, hätte die taktisch sehr starke Position des Reiches bald zu Erfolgen führen müssen. So habe der neugewählte südafrikanische Präsident des Völkerbundes recht verständnisvolle Worte von der neuen nationalen Disziplin, die sich einige Nationen gegeben hätten, gesprochen. Ich hätte den Eindruck, daß gewisse Sympathien, die das neue Deutschland in angelsächsischen Kreisen erwarten dürfe, durch den abrupten Austritt nicht gerade gefördert würden.

»Was ist der Simon für ein Mann?« unterbrach mich Hitler. »Ist es wahr, daß er ein Jude ist?« Ich erwiderte, daß mir bei dem englischen Außenminister nichts dergleichen bekannt sei. »Man hat mir gesagt, er sei ein Jude und wolle Deutschland vernichten.« Das scheine mir wenig glaubhaft, antwortete ich. Vielmehr hätte ich den Eindruck, daß gerade Sir Simon mit Deutschland in ein klares Verhältnis kommen wolle. »Und Boncour?« fragte Hitler. Goebbels hätte von ihm erzählt. »Was ist das für ein Mann? Er hat wallende Haare und spielt den Jakobiner.« Er ließ mich nicht zu Worte kommen. »Diese Leute werden Deutschlands Aufstieg nicht aufhalten. Ich habe mit diesem Gefeilsche ein Ende machen müssen. Ein für allemal.«

Immerhin gelte es jetzt, die Zone des größten Risikos zu passieren, warf ich ein. Aus den Erfahrungen des Sommers heraus erlaubte ich mir die dringende Vorstellung zu erheben, daß allen Formationen der Partei die schärfste Disziplin zur Pflicht gemacht würde. Nur wenn alle Zwischenfälle vermieden würden, könne man hoffen, an den Gefahren vorbei zu kommen. Fraglos vergrößere der Austritt aus dem Völkerbund das Risiko der deutschen Aufrüstung und erwecke vorzeitig Mißtrauen gegen die neue nationale Politik.

Hitler stand auf. Er ging eine Zeitlang schweigend auf und ab. Dann redete er, ohne mich anzusehen, im Selbstgespräch, sich rechtfertigend. »Ich habe das tun müssen. Eine große, allgemein verständliche befreiende Handlung war notwendig. Ich mußte das deutsche Volk aus diesem ganzen zähen Netz von Abhängigkeiten, Phrasen und falschen Ideen herausreißen und uns die Handlungsfreiheit wiedergeben. Mir geht es hier nicht um Tagespolitik. Mögen die Schwierigkeiten für den Augenblick größer geworden sein. Das wird aufgewogen durch das Vertrauen, das ich im deutschen Volke damit gewinne. Niemand hätte es verstanden, wenn wir weiter debattierend damit fortgefahren hätten, was die Weimarer Parteien zehn Jahre lang betrieben haben. Wir haben noch keine Möglichkeit, die Grenzen zu revidieren. Aber das Volk glaubt es. Es will sehen, daß etwas geschieht, daß nicht derselbe Schwindel weiter getrieben wird. Nicht das, was der grübelnde Intellekt für zweckmäßig hält, war notwendig, sondern eine mitreißende Tat, die ein klares und ehrliches Nein gegenüber dem verlogenen Treiben bedeutet und den entschlossenen Willen zu einem neuen Beginn dokumentiert. Ob das klug gehandelt ist oder nicht, jedenfalls versteht das Volk nur solche Akte, aber nicht das unfruchtbare Feilschen und Verhandeln, aus dem nie etwas herauskommen wird. Das Volk hat es satt, an der Nase herumgeführt zu werden.«

Ich wußte nichts darauf zu erwidern. Mochte es eine neue, waghalsige Art Politik sein, so sprach doch für sie die Eindrücklichkeit der einfachen, elementaren Entscheidung. Auf solchen einfachen, nicht bloß der Masse einleuchtenden Entscheidungen, für die Hitler den richtigen psychologischen Moment zu erspüren wußte, beruht die lange Reihe seiner innerpolitischen und außenpolitischen Erfolge. Aber in demselben Augenblick, in dem man bereit ist, dem Parteiführer eine unfragliche Ueberlegenheit in der Beurteilung zuzugestehen, reißt sein Redestrom einen wieder in den Zweifel an der Zurechnungsfähigkeit dieses Mannes. Ich weiß, daß es wie mir vielen seiner Besucher so gegangen ist, die gutwillig das Positive in ihm anzuerkennen bereit waren, um dann früher oder später auf einen Punkt zu stoßen, wo nur noch Kopfschütteln oder Entrüstung am Platz waren.

Hitler steigerte sich in eine Beredsamkeit hinein, die Zeit und Ort vergessend, immer neue Probleme berührte und ohne Punkt und Komma wie eine körperliche Ausschweifung wirkte. »Die Zeit der Demokratien ist vorbei. Nichts wird das ändern können. Wir sind in eine Bewegung hineingeraten, die uns, unabhängig von unserem Wollen oder Nichtwollen mit fortreißt. Wer sich nicht wehrt, wird zerrieben. Wer sich abschließt, stirbt ab. Hier heißt es, selbst handeln oder vernichtet werden. Die Demokratie ist nicht mehr die geeignete politische Form für die großen Auseinandersetzungen der kommenden Jahrzehnte. Es ist das Glück Deutschlands, daß es diese veraltete Form beizeiten abgestoßen hat. Schon dadurch werden wir den westeuropäischen Völkern überlegen sein. Wir haben Gegner vor uns, die ihre Zukunft mit den Giften eines absterbenden Leibes zerstören.

Es ist mein geschichtliches Verdienst, dies erkannt zu haben. Das Risiko meiner Politik ist nur ein scheinbares. Weil ich hinter die Schwäche aller dieser Scheingrößen der Demokratie und des Liberalismus, einschließlich des Marxismus gekommen bin, ist mir der Erfolg gewiß. Mit derselben unerbittlichen Logik der Tatsachen werden wir außenpolitisch siegen, wie wir es innerpolitisch getan haben. Und ich werde ohne Kampf und auf dieselbe Weise legal mein Ziel erreichen, wie ich an die Macht gekommen bin, einfach, weil es der inneren Logik der Geschehnisse entsprach und keine andere Kraft mehr in Deutschland vorhanden war, um uns vor dem Chaos zu retten. Was sich uns entgegenstellt, ist von einer erbärmlichen Hilflosigkeit, die nie zu handeln weiß, weil sie jedes innere Gesetz des Handelns verloren hat. Das Geheimnis des nationalsozialistischen Erfolges ist die Erkenntnis vom unwiderruflichen Ende des Bürgertums und seiner bürgerlichen politischen Begriffswelt.

Die Demokratie ist ein Gift, das jeden Volkskörper zersetzt. Es wirkt umso tödlicher, je kräftiger und gesünder an sich ein Volk ist. Die alten Demokratien haben sich im Laufe der Zeit an dieses Gift bis zu einem gewissen Grade gewöhnt und hätten damit noch einige Jahrzehnte vegetieren können. Auf Deutschland aber, eine junge, noch unverdorbene Nation, wirkte das Gift absolut tödlich. Es ist gerade wie mit der Syphilis. Als diese Krankheit zum erstenmal, aus Amerika eingeführt, in Europa auftrat, verlief sie fast immer so. Wie das Gift dann generationenlang immer wieder aufgenommen wurde, verlor die Krankheit viel von ihrer Gefährlichkeit. Der Körper wird immun, die Krankheit wird harmlos.«

Hitler verlor sich in weitschweifigen Ausführungen über die vermeintliche Geschichte der Syphilis. Er schien den Gegenstand unseres Gespräches vergessen zu haben. Wir standen am Fenster seines Arbeitsraumes. Er dozierte, und ich hatte den Eindruck, daß er an ein ihm besonders geläufiges und ihn viel beschäftigendes Thema geraten war.

Aus allen vergiftenden, gefährlichen Verbindungen mit diesem politischen Seuchenherd der Demokratie habe das deutsche Volk herausgerissen werden müssen, begann er von neuem. Sonst wäre es schließlich doch noch verkommen. »Wir wissen heute noch nicht, wohin uns dies führt. Es ist eine Umwälzung von gigantischem Ausmaß. Wir stehen erst am Anfang. Aber wir wollen die Revolution. Wir gehen nicht mehr zurück. Ich habe außenpolitisch mit vollem Bedacht alle Brücken abgebrochen. Ich will das vor seinem Schicksal zögernde deutsche Volk zwingen, seinen Weg zur Größe zu gehen. Nur durch eine Weltrevolution kann ich meine Ziele erreichen. Das deutsche Volk darf keinen anderen Ausweg haben. Man muß es unerbittlich zu seiner Größe treiben, sonst fällt es wieder in kleinmütigen Verzicht zurück.«

Unter der schwachen Führung der letzten Jahre sei Deutschland drauf und dran gewesen, zu einer völlig toten Zone isoliert zu werden, um die herum die Nationen in immer stärkere Bewegung geraten waren. Hätte dieser Zustand angedauert, so wäre Deutschland immer mehr in den Hintergrund gedrängt worden und zu einem geschichtslosen Dasein der Versklavung herabgesunken, aus dem es sich nie wieder hätte herausreißen können.

»Wie in dem Aufbruch eines neuen geologischen Zeitalters im gigantischen Schollensturz das ganze Erdgefüge zusammenbricht und sich neue Gebirge auftürmen, Brüche klaffen und Ebenen und Meere sich neu bilden, so wird in gewaltigen Eruptionen und Zusammenbrüchen die gesamte europäische Ordnung umgestürzt werden. Es ist das Gebot elementarer Selbsterhaltung, in solchen Zeiten der Weltwende sich als das harte Urgestein hochzufalten, um nicht überlagert und überschüttet zu werden. Die einzige Chance für Deutschland, dem pressenden Druck zu begegnen, ist, selbsttätig einzugreifen in der einen, unabänderlichen Entwicklung des neuen, geschichtlichen Zeitalters.«

Nur indem sich das deutsche Volk dem inneren Gesetz der neuen Weltordnung einordne, könne es zu dem künftigen Weltvolk werden, das dem kommenden Zeitalter den Namen geben werde. Hitler wurde ruhiger. In diesen Vorgängen habe der Nationalsozialismus einer elementaren deutschen Bewegung vielleicht mehr oder minder zufällig den Namen gegeben, fuhr Hitler fast bescheiden fort. Die führende Rolle, die der Nationalsozialismus inne hätte, sodaß seine Leistung nunmehr aus dem geschichtlichen Leben der Nation nicht fortzudenken sei, beruhe auf der rechtzeitigen und umfassenden Erkenntnis der großen Weltwandlung, in deren kosmische Wirbel wir alle hineingerissen seien.

Hitler lenkte nach diesem gigantischen Ausblick wieder auf die Tagesprobleme zurück. Er machte sich meine Vorstellungen zu eigen, daß dem Ausland alle Vorwände genommen werden müßten, gegen Deutschland einzuschreiten. Er hielte es für notwendig, daß jede Eigenmächtigkeit unterbliebe und eine absolute nationale Disziplin jeden Zwischenfall unmöglich mache. Im übrigen, meinte er, sei er bereit, jederzeit einen Vertrag abzuschließen, der ihm eine gewisse Aufrüstung öffentlich sichere. »Ich bin bereit, alles zu unterschreiben und zu unterzeichnen. Ich werde alles tun, was mir meine Politik erleichtern kann. Ich bin bereit, alle Grenzen zu garantieren und Nichtangriffspakte und Freundschaftsverträge mit wem auch immer abzuschließen. Es ist eine einfältige Meinung, man dürfe sich solcher Mittel nicht bedienen, weil man vielleicht in die Lage kommen könnte, feierliche Abmachungen zu brechen. Noch jeder beschworene Pakt ist früher oders päter gebrochen oder hinfällig geworden. Es gibt keine ewigen Verträge. Wer so heikel ist, daß er sich erst gewissensmäßig prüfen muß, ob er jeden Pakt auch in jeder Situation halten kann, ist ein Narr. Warum soll man nicht anderen Leuten den Gefallen tun und sich selbst die Erleichterung verschaffen, Pakte zu unterzeichnen, wenn jene damit etwas getan oder geregelt glauben? Warum soll ich nicht heute in gutem Glauben Verträge abschließen, um sie morgen eiskalt zu brechen, wenn es die Zukunft des deutschen Volkes gilt?

Ich werde jeden Vertrag schließen,« wiederholte Hitler. »Das wird mich nicht hindern, seinerzeit das zu tun, was ich im Interesse Deutschlands für notwendig halte.« Hitler kam dann auf die polnische Politik zu sprechen und beauftragte mich, den polnischen Marschall Pilsudski zu einer Aussprache mit ihm zu bewegen. Die Verbesserung des Verhältnisses zu Polen lag ihm damals besonders am Herzen. Er äußerte auch hier seine Bereitwilligkeit zu jedem, noch so weitgehenden Pakt mit Polen. Dabei waren seine Kenntnisse über Polen geradezu naiv zu nennen. Das war kein Wunder, da er sich schon damals in Ostfragen von dem Danziger Gauleiter Forster als Sachverständigen beraten ließ. Forster, der aus Bayern gekommen war, sprach von den Polen nur in den verächtlichsten Ausdrücken, von denen der zahmste noch »Wanzen« war. Er hatte eine so stupende Kenntnis, daß er mir schon im September 1933, nachdem er bis an den Rand voll Ueberheblichkeit von dem ersten großen Parteitag in Nürnberg 1933 zurückgekommen war, vorschlug, die eben erst begonnene »Versöhnungspolitik« mit Polen umzuwerfen und Polen den Kampf anzusagen, denn, so urteilte er, Deutschland sei nun schon so stark, daß es Polen in wenigen Tagen vernichten könne.

Hitler war es unangenehm, als ich auf diese einfältige Beurteilung der Lage durch seinen »Benjamin« hinwies. Er lenkte sofort ab und geriet wieder in das Ausmalen riesiger Porspektiven. Er gab zu verstehen, daß ein solcher Irrtum, wie ihn Forster aus leidenschaftlichem Uebereifer beginge, reparierbar sei. Nie aber könne man sich die Ueberzeugung von der Größe unserer Aufgabe durch vernünftige Ueberlegungen verschaffen, wenn man sie nicht erlebt habe und von ihr innerlich lebe. Ihm sei solch Uebereifer schon recht, denn er verrate, wer ein wirklicher Revolutionär sei.

»Die Deutschen sind schwerfällig und bequem. Ihnen fehlt das revolutionäre Temperament. Der Nationalsozialismus ist die erste echte revolutionäre deutsche Bewegung. Nicht der Marxismus, nicht die Männer von 1848, nicht die kümmerlichen Weimarianer. Ich liebe es, wenn meine Parteigenossen das Unmögliche wollen.«

Dann kam er noch einmal auf den Völkerbund zu sprechen. Es sei alles korrupt und faul, wie überall in den Demokratien. Da würde kein Widerstand hochkommen. Bestenfalls wären es Beamte, mit der ganzen Angst um Versorgungsberechtigung. Uebrigens würde er jetzt gerade die Völkerbundssprache sprechen. Es würde ihm nicht schwer fallen. »Und meine Parteigenossen werden genau wissen, was sie davon zu halten haben, wenn ich vom Weltfrieden, von Abrüstung und Sicherheitspakt spreche.«

X.

Hitler enthüllt seine Außenpolitik

Erst später gab mir Hitler intimeren Einblick in seine außenpolitischen Ideen. Es war Anfang 1934, Hitler war von seinem Winteraufenthalt in Berchtesgaden nach Berlin zurückgekehrt. Ich hatte noch keine Gelegenheit gehabt, ihm von dem Ergebnis meines Besuches bei Marschall Pilsudski zu berichten. Hitler empfing mich sehr freundlich und drückte mir seinen Dank aus für das, was ich »im Interesse des Deutschen Reiches getan« hätte. Er ließ mich erzählen und machte zunächst keine Einwände. Hie und da warf er Fragen ein.

Der Abschluß des deutsch-polnischen Paktes war für Deutschland, trotz aller ablehnenden Kritik, die er in bürgerlich-nationalen Kreisen und in der Armee zunächst gefunden hatte, eine erhebliche Erleichterung der Lage. Er konnte den Beginn einer großzügigen Föderationspolitik Deutschlands bedeuten. Hörte man die Urteile in den sogenannten eingeweihten Kreisen, so sollte es sich nur um eine kurzfristige Aushilfe handeln, bis Deutschland ohne Gefahr des Eingriffs des Westens die ehemals preußischen Gebietsteile Polens zurückholen würde. Das konnte aber ebenso gut zur Beruhigung der Parteikreise gesagt sein, wie es die wirkliche Absicht Hitlers sein konnte. Die Camouflage, die Hitler dem Ausland gegenüber anwandte, benutzte er auch gegenüber seinen eigenen Parteikreisen. Ich selbst glaubte, daß es möglich sein würde, Hitler zu einer maßvollen Politik der wirtschaftlichen und politischen Durchdringung Mitteleuropas zu bestimmen und sah Ansätze dazu in seiner Polenpolitik. Hitler interessierte vor allem das Detail meines Gespräches, weil er daraus Schlüsse über die mögliche Tragfähigkeit des Paktes ziehen wollte. Schließlich stellte er mir die abrupte Frage: »Wird Polen neutral bleiben, wenn ich gegen den Westen aktiv werde?«

Ich war auf diese Frage nicht vorbereitet, da sie mir zur Zeit außerhalb aller praktischen Bedeutung zu liegen schien. Ich antwortete daher zögernd, daß das ganz davon abhängen würde, wie weit die Entspannung mit Polen zu einer realen Interessengemeinschaft und zu einer politischen Kooperation entwickelt werden könnte. Ich bäte nicht zu übersehen, daß wir soeben aus einer Zone des drohenden Präventivkrieges herausgekommen wären. Das neue Verhältnis brauche Zeit zur Entwicklung. Die Frage sei daher jetzt nicht zu beantworten. Im übrigen glaubte ich hinzufügen zu können, daß wenigstens die Gruppe um den polnischen Marschall eine gewisse Bereitschaft zeige, die Aufgaben der polnischen Politik mehr im Osten und Nordosten zu suchen als im Westen.

Hitler stimmte zu. »Aber Oesterreich, welche Haltung wird Polen einnehmen, wenn ich den Anschluß erzwinge?« Ich erwiderte, ich hätte den Eindruck, daß Polen jedenfalls ein Interesse daran habe, eine deutsche Expansion solange als möglich vom polnischen Gebiet abzulenken. Wie weit das vorläufig nur taktische Züge wären oder weiterreichende Ueberlegungen, könnte ich nicht beurteilen. Man habe mir jedenfalls schon im Juli vorigen Jahres in Warschau die verfängliche Frage gestellt: warum nicht »Drang nach dem Westen« anstatt »Drang nach dem Osten«. Im Westen wären biologisch absterbende Völker, im Osten aber wachsende. Die Bevölkerungsdichte sei in den polnischen Westgebieten stärker als in den deutschen Ostgebieten. »Das ist zutreffend,« sagte Hitler. »Wenn ich slavische Gebiete neu erobere, setze ich das deutsche Volk der Gefahr aus, mit der Zeit im Slaventum unterzugehen.« Er ging einige Augenblicke überlegend auf und ab. Ich benutzte die Gelegenheit, Hitler meine eigenen Ansichten über eine mögliche Konzeption einer großen deutschen Politik im

Osten zu skizzieren. Nämlich die Grenzfragen auf sich beruhen zu lassen und über diese Linien hinweg durch eine Intensivierung der wirtschaftlichen und politischen Beziehungen eine Interessengemeinschaft der mittel- und südosteuropäischen Staaten zu weben, die sich allmählich auf friedlichem Wege zu einer Art Föderation würde entwickeln können. Ich glaubte darauf hinweisen zu können, daß gerade in der Führung einer solchen friedlichen Expansion für Deutschland eine große Chance bestünde, sich die Unterstützung Englands zu sichern. Ich bemerkte, daß nicht bloß in Polen die Vorbedingungen für eine solche Politik günstig wären. Gerade ein als besonders national geltendes Deutschland könnte, wenn es anstelle einer rigorosen Revisionspolitik eine Politik friedlicher Verbindung führe, große Zukunftsmöglichkeiten haben. Mir scheine jedenfalls aus dem Gespräch mit Marschall Pilsudski ein durchaus realter Wunsch nach einer dauernden Verständigung mit dem Reich hervorzutreten. Hitler hatte mich reden lassen. Ich weiß nicht, ob er wirklich zuhörte. Dann unterbrach er mich: »Es ist mir natürlich lieb, daß ich meine Ostpolitik *mit* Polen anstatt schon gegen Polen machen kann.« Er besann sich einige Zeit.

»Ich werde Polen jedenfalls eine Chance geben,« fuhr er fort. »Da sind Leute, die mir Realisten zu sein scheinen und von den Demokratien ebensowenig halten wie wir. Allerdings werden die Herren großzügig sein müssen. Dann werde ich es auch sein können.« Hitler fragte mich, ob Polen bereit sein würde, Gebiete im Austausch gegen andere Deutschland zu überlassen. Ich erwiderte, daß man mit solchen Forderungen jedenfalls nicht die deutsche Polenpolitik beginnen, sondern sie schließlich dahin münden lassen könnte. Hitler antwortete nicht. »Der Kampf gegen Versailles ist das Mittel, aber nicht das Ziel meiner Politik,« fuhr er fort. »Mich interessieren selbstverständlich die alten Grenzen des Reiches nicht. Die Wiederherstellung des Vorkriegsdeutschlands ist keine Aufgabe, die unsere Revolution rechtfertigt.«

»Wollen Sie mit Polen gemeinsam Rußland angreifen?« fragte ich.

»Vielleicht,« erwiderte er.

»Ich glaubte dies aus Ihrer vorigen Bemerkung folgern zu sollen.«

»Sowjetrußland ist eine schwierige Aufgabe. Ich werde damit kaum beginnen können.«

Ich erwiderte, wenn man Polen dazu bewegen könnte, Gebietsteile im Westen durch Kompensationen im Osten abzutreten, diese Gebiete für Polen immerhin einen bedeutenden Wert haben müßten. Mit weißrussischen Gebieten würde es sich jedenfalls nicht begnügen. Es müßten schon Gebiete an der Ostsee und solche, die Polen einen Zugang zum Schwarzen Meer verschafften, sein.

»Ukrainische Gebiete werden sich die Herren aus dem Kopf schlagen müssen«, unterbrach mich Hitler.

Uebrigens, meinte ich, wären diese Ueberlegungen wohl alle etwas verfrüht, da sich erst zeigen müsse, ob eine Zusammenarbeit überhaupt möglich sei und bis zu welchem Grade man sie gestalten könnte. Ich bezweifelte nicht, daß ein starkes gemeinsames Interesse an der weiteren Zurückdrängung Sowjetrußlands aus Europa in Polen wie in Deutschland bestehe. Ich fürchte aber, daß in Polen kein Verständnis für die deutsch-ukrainische Politik vorhanden sei. Man habe mir schon bei meinem ersten Besuch in Warschau nahe gelegt, dafür zu sorgen, daß die Rosenberg'schen Ideen über eine Ukraine unter deutscher Führung fallen gelassen würden. Wenn Polen gewisse Interessen im Westen aufgeben würde, so könne ich es mir nur vorstellen, daß es selbst Ansprüche auf die Ukraine realisieren wolle, auf die Ukraine und mindestens Litauen, vielleicht sogar Lettland. Es sei nicht bloß historische Romantik, sondern es wären wohl reale, geographisch bedingte Tendenzen, wenn die Konturen eines großpolnischen Imperiums von der Ostsee bis zum Schwarzen Meer, von Riga bis Kiew den polnischen Politikern als unerläßliches nationales Zukunftsbild vorschwebten.

»Ich kann keine Militärmacht und eine neue polnische Großmacht an unseren Grenzen brauchen«, unterbrach mich Hitler brüsk. »Welch Interesse hätte ich dann an einem Krieg mit Rußland?«

Dann würde man schwerlich Polen zur Preisgabe westpolnischer Gebiete bewegen können, erwiderte ich.

»Dann werde ich die Polen zwingen. Ich habe es jederzeit in der Hand, sie zur Neutralität zu zwingen. Und es würde mir ein leichtes sein, Polen aufzuteilen.«

Ich fragte, wie Hitler dies meinte.

»Alle Abmachungen mit Polen haben nur vorübergehenden Wert. Ich denke gar nicht daran, mich ernstlich mit Polen zu verständigen. Ich habe es nicht nötig, mit irgendeiner Macht zu teilen.« Hitler ging schweigend herum. »Ich kann jederzeit mit Sowjetrußland zu einem Einvernehmen kommen. Ich kann Polen aufteilen, wann und wie es mir beliebt. Aber ich will das nicht. Es kostet mir zu viel. Wenn ich es vermeiden kann, werde ich es nicht tun. Ich brauche Polen nur solange, als ich noch vom Westen bedroht werden kann.«

»Wollen Sie im Ernst gegen den Westen gehen«, fragte ich.

Hitler blieb stehen. »Wofür rüsten wir denn?« Ich machte eine Bemerkung, dies müsse doch mit Sicherheit eine feindliche Koalition gegen Deutschland heraufbeschwören, der es nicht gewachsen sei.

»Es wird meine Aufgabe sein, gerade dies zu verhindern, und Schritt für Schritt so vorzugehen, daß uns niemand an unserem Aufstieg hindern wird. Wie dies geschehen kann, weiß ich heute noch nicht. Aber daß es geschehen wird, dafür garantieren mir die Unentschlossenheit Englands und die innere Zerrissenheit Frankreichs.« Hitler geriet an das ihm besonders geläufige Kapitel über den Pazifismus Englands und Frankreichs. Nichts konnte ihn, wie ich später wiederholt bemerkt habe, von der Ansicht abbringen, daß England absolut unfähig sei, noch einmal einen Krieg zu führen, und daß Frankreich, wenn es auch eine ausgezeichnete Armee habe, mit Leichtigkeit durch innere Unruhen oder Spaltungen der öffentlichen Meinung dahin zu bringen sei, sich seiner Armee nicht oder mindestens nicht rechtzeitig zu bedienen. Ich wandte ein, daß die angebliche Unfähigkeit Englands und Frankreichs, Widerstand zu leisten, sich als ein sehr grober Irrtum von uns herausstellen könnte.

Hitler lachte höhnisch. Er würde es nicht erleben, daß England noch einmal mit Deutschland zum Krieg käme. »England braucht ein starkes Deutschland. England und Frankreich werden nie wieder gemeinsam einen Krieg gegen Deutschland führen.«

»Wollen Sie die Maginotlinie durchbrechen?«, fragte ich. »Oder wollen Sie durch Holland und Belgien gehen? Wenn Sie das letztere tun, haben Sie England mit Sicherheit wieder auf französischer Seite.«

»Wenn es dazu noch Zeit hat«, erwiderte Hitler. »Uebrigens werde ich weder durch die Maginotlinie noch durch Belgien marschieren. Ich werde Frankreich aus seiner Maginotlinie herausmanövrieren, ohne auch nur einen Soldaten zu verlieren.« Ich machte wohl eine etwas skeptische Bewegung. »Mein Geheimnis«, triumphierte Hitler. »Ich werde selbstverständlich alles tun«, fuhr er nach einer Pause fort, »um ein Zusammengehen Englands mit Frankreich zu verhindern. Wenn es mir gelingt, England und Italien auf unsere Seite zu bekommen, so wird der erste Teil unseres Kampfes um die Macht sehr viel leichter sein. Im übrigen, machen wir uns nichts vor, diese jüdisch verdorbene Demokratie ist genau so lebensunfähig wie Frankreich oder die USA. Es wird meine Aufgabe sein, wenigstens zu versuchen, dieses auseinanderfallende Empire auf friedliche Weise zu beerben, ohne es zu einem Konflikt kommen zu lassen. Aber ich werde auch nicht vor dem Kampf gegen England zurückschrecken. Was Napoleon nicht fertig brachte, *mir* wird es gelingen. Es gibt keine Inseln mehr. Ich werde in England landen. Ich werde ihre Städte vom Festlande aus vernichten. England weiß noch nicht, wie anfällig es heute ist.«

»Wenn es aber zu einer Allianz England, Frankreich, Rußland kommt?«

»Dann werde ich nicht mehr leben. Aber wenn wir dann auch nicht siegen können, so werden wir selbst untergehend noch die halbe Welt mit uns in den Untergang reißen, und niemand wird eines Sieges über Deutschland froh sein. Ein 1918 gibt es nicht wieder. Wir kapitulieren nicht.«

»Aber es wird dazu nicht kommen«, mäßigte Hitler seine Erregung. »Oder es müßte mir schon alles mißglücken. Und dann hätte ich mir diesen Platz hier zu Unrecht angemaßt. Ich werde mich jedenfalls nie auf mangelndes Glück zur Entschuldigung für meine Fehler berufen. Das Glück stellt sich da ein, wo man einen entschlossenen Willen hat.« Ich warf ein, daß mir die Lehre des Weltkrieges für Deutschland darin zu liegen scheine, nicht mit zu vielen politischen Zielen auf einmal alle Nationen gegen sich aufzubringen, um am Ende ohne Bundesgenossen dazustehen. Beschränkte Ziele nacheinander und mit politischen Mitteln ohne Gewaltanwendung zu erreichen, scheine mir, wenn ich recht verstünde, der einzige für Deutschland gangbare Weg zu sein.

Hitler wurde ungeduldig. »Wenn das deutsche Volk ein Weltvolk sein will, nicht nur ein europäischer Kontinentalstaat, und es muß es werden um bestehen zu bleiben, dann muß es als Staat die völlige Souveränität und Unabhängigkeit erlangen. Verstehen Sie, was das bedeutet? Ist Ihnen nicht klar, welche tragische Verstümmelung wir als das zweitgrößte Volk Europas durch die Ungunst und Enge unseres Lebensraumes erleiden müssen? Weltvolk ist nur die Nation, die völlig unabhängig in dem eigenen Raum leben und sich militärisch verteidigen kann. Nur solche Nationen sind im wahren Sinne souverän. Rußland ist es, die Vereinigten Staaten sind es, England ist es, und zwar auf eine künstliche, keineswegs von der Natur seines Siedlungsgebietes vorbestimmte Art. Frankreich ist es bis zu einem gewissen Grade noch. Warum sind wir schlechter daran? Ist das eine gottgewollte Abhängigkeit, daß wir trotz Fleiß, Tüchtigkeit, trotz unserer Industrie, unserer militärischen Fähigkeiten immer zweitrangig bleiben, immer zurückstehen hinter England, hinter Frankreich, obwohl wir größer sind als beide zusammengenommen? Deshalb muß ich Deutschland Raum schaffen, der so groß ist, daß wir uns jeder militärischen Koalition gegenüber verteidigen können. Im Frieden können wir uns behelfen. Aber nicht darauf kommt es an, sondern auf die Handlungsfreiheit im Kriege. Im Kriege sind wir auf eine tödliche Weise von außen abhängig. Unsere Abhängigkeit vom internationalen Güteraustausch, noch dazu ohne am offenen Weltmeer zu liegen, dies verweist uns ewig in die Rolle eines politisch unselbständigen Volkes. Wir brauchen Raum, der uns unabhängig macht von jeder politischen Konstellation, von jedem Bündnis. Wir brauchen im Osten die Herrschaft bis zum Kaukasus oder bis Iran. Wir brauchen im Westen die französische Küste. Wir brauchen Flandern und Holland. Wir brauchen vor allem Schweden. Wir müssen eine Kolonialmacht werden. Wir müssen eine England mindestens ebenbürtige Seemacht werden. Denn die notwendige materielle Grundlage für die Unabhängigkeit wächst mit den Anforderungen der Technik und den Rüstungen. Wir können unsere Ziele nicht wie Bismarck national begrenzen. Wir werden über Europa herrschen, oder wir werden als Nation auseinanderfallen, zurück in die Kleinstaaterei. Verstehen Sie, warum ich mich weder im Westen noch im Osten beschränken kann?«

Ich erwiderte, ob das nicht darauf hinausliefe, etwas wider die Natur der Dinge erzwingen zu wollen. Ob es nicht heiße, mit Gewalt zu schaffen, was eben nur durch eine Bündnispolitik gelingen könne. »Und England«, schrie mir Hitler entgegen, »das sich sein Imperium zusammengeraubt und gestohlen hat? Hat es das mit ‚Bündnispolitik' zuwege gebracht oder mit Gewalt?« Ich erwiderte, daß jedes Zeitalter seinen eigenen Stempel aufweise, und daß es mir fraglich sei, ob mit den Methoden etwas zu erreichen sei, mit denen man vor hundertfünfzig Jahren noch ein Kolonialreich zusammenschweißen konnte.

»Sie irren sich, mein Herr, Sie irren sich gewaltig! Eins bleibt immer und ewig bestehen: Reiche werden mit dem Schwert und der überlegenen Gewalt gegründet, aber nicht mit Bündnispolitik.« Er habe es schon vorher vermerkt, fuhr er unwirsch fort, daß ich offenbar etwas falsche Vorstellungen von den politischen Kräften hätte. Das wären pazifistische Träume, mit denen ich mich herumtrüge. Ich sollte mir ein für allemal merken, daß das, was man zusammenredet und zusammenpaktiert, keinen Bestand hat. »Deutschlands Zukunft liegt nicht in Bündnissen, sondern in seiner eigenen Stärke.«

Ich warf ein, daß schließlich ohne die preußische Zollvereinspolitik nicht die bismarck'sche Reichsgründung gewesen wäre. »Und ohne die Siege von 1866 und 1870 hätte diese Vereinspolitik so wenig zu etwas geführt wie das Geschwätz der 48iger Männer in der Frankfurter Paulskirche«, trumpfte Hitler auf. Ich erwiderte, dann könne doch wenigstens die heutige Gestalt des Britischen Empires ein Beispiel abgeben. So etwas wie eine Westminster-Akte für die Staaten Mittel- und Osteuropas brauchten wir, einen freiwilligen Zusammenschluß unter deutscher Führung, das scheine mir unserer Lage und der kommenden Entwicklung zu entsprechen.

»So«, meinte Hitler, »das Britische Empire in seiner heutigen Verfassung stellen Sie als Muster hin für das, was der Nationalsozialismus für Deutschlands Zukunft erringen soll. O nein, dieses heutige Empire zeigt die Merkmale des Verfalls und des unwiderruflichen Zusammenbruches, weil in ihm nirgends der Mut entschlossener Herrschaft ist. Wenn man nicht mehr die Kraft hat, mit den Mitteln der Gewalt zu herrschen, wenn man zu human geworden ist, um zu befehlen, dann ist es Zeit abzutreten. England wird diese seine Weichmütigkeit bereuen. Es wird ihm sein Empire kosten. Und wenn schon eine alte Herrschaft noch ein paar Jahrzehnte ohne eine rechte Führung hinvegetieren kann, ein neues Reich wird nie anders entstehen als mit Blut und Eisen, als mit hartem Willen und brutaler Gewalt.«

Hitler hielt inne und ging eine Zeit erregt auf und ab.

»Ich werde in den Mittelpunkt den stählernen Kern eines zu unverbrüchlicher Einheit geschmiedeten, großen Deutschland stellen. Oesterreich, Böhmen und Mähren, der polnische Westen. Der Block, von hundert Millionen, unzerstörbar, ohne Riß und ohne fremde Nationen. Das feste Fundament unserer Herrschaft. Dann ein Ostbund. Polen, die baltischen Staaten, Ungarn, die Balkanstaaten, die Ukraine, das Wolgaland, Georgien. Ein Bund wohl, aber nicht gleichberechtigter Partner, wohlverstanden, ein Bund von Hilfsvölkern, ohne Heer, ohne eigene Politik, ohne eigene Wirtschaft. Und ich denke nicht daran, Konzessionen auf einer Gefühlsbasis zu machen. Etwa Ungarn wiederherzustellen. Ich mache keinen Unterschied zwischen Freunden oder Gegnern. Die Zeit der kleinen Staaten ist vorbei. Auch im Westen. Ein Westbund. Holland, Flandern, Nordfranken. Ein Nordbund. Dänemark, Schweden, Norwegen.« Hitler verlor sich im Ausmalen seiner Vision.

»Die Kräfteverhältnisse werden sich nun unaufhörlich verschieben«, fuhr er fort. »Aber über einen gewissen Punkt hinaus wird alles für Deutschland arbeiten. Es wird keine Neutralität mehr geben. Die Neutralen werden in die Kraftfelder der Großen geraten. Sie werden aufgesaugt werden. Alles dies wird nicht auf einmal geschehen. Ich werde Schritt für Schritt vorgehen, aber mit eiserner Konsequenz.«

Mit einer ungeheuerlichen Selbstgefälligkeit erging sich Hitler in Plänen, die umso erstaunlicher waren, als ihnen jede Voraussetzung der Realisierung zu fehlen schien. Diese Pläne waren Wahnsinn 1934, und sie stehen vielleicht vor der Verwirklichung 1940. Es ist kein Wunder, daß ein Mann, der so vieles von seinen Phantasien verwirklichen konnte, trunken ist vor Größenwahn und dem Gefühl der Gottähnlichkeit.

Es interessiert nicht mehr, über diese Pläne im einzelnen zu berichten. Zum Teil sind sie realisiert worden, wie der Anschluß Oesterreichs und die Zerstörung der Tschechoslowakei. Zum Teil ist an ihre Stelle eine genau entgegengesetzte Lösung getreten. Der überraschende Angriff, der Blitzkrieg, blitzschnelle Wendungen von Westen nach Osten, unvermittelte Schläge nach Norden, sollte eines der unfehlbar wirkenden Kampfmittel sein. Die revolutionäre Zersetzung des Gegners durch raffinierte Methoden eines psychologischen Krieges das andere. Hitlers Phantasie schweifte dabei über das ganze Universum. Er wollte England an allen seinen schwachen Punkten treffen, in Indien so gut wie in Kanada. Er dachte an die Besetzung von Schweden wie von Holland. Besonders letzteres erschien ihm aussichtsreich als Plattform eines Luft- und U-Bootkrieges gegen England. »In noch nicht acht Stunden stoßen wir bis zur Küste durch,« sagte er mit einem bösen Triumph in der Stimme. Es könne eine Lage eintreten, führte er weiter aus, daß er keinen großen Krieg riskieren könne. Dann würde er defensiv bleiben und es dem Gegner überlassen, ihn anzugreifen. In diesem Falle würde er Faustpfänder besetzen: Holland, Dänemark, die Schweiz, die Nordischen Staaten. Er würde seine strategischen Positionen verbessern und den Frieden unter gewissen Bedingungen vorschlagen. »Wenn sie nicht wollen, mögen sie mich heraustreiben. Jedenfalls werden sie die Kosten des Angriffs tragen.«

Auf meinen Einwurf, daß eine neue Blockade Deutschland zum Erliegen bringen könnte, lachte er höhnisch. »Die Zeit der englischen Seeherrschaft ist vorbei. Die Luftflotte und die U-Bootwaffe machen die Kriegsflotten zum kostspieligen Spielzeug der reichen Demokratien. Sie sind kein ernstes Kampfmittel mehr in einem entscheidenden Kriege.«

Noch ein Urteil war mir in diesem Gespräch merkwürdig, Hitlers Meinung über Italien. Mit einer geradezu gehässigen Verachtung sprach er über den Faschismus als eine halbe Sache. »So wenig das italienische Volk jemals zu einer kriegerischen Nation erzogen werden kann, so wenig hat der Faschismus verstanden, um was es in der ungeheuren Umwälzung unserer Zeit geht. Wir können uns wohl zeitweise mit Italien verbünden; im Grunde aber stehen wir Nationalsozialisten allein, als die einzigen, die um das Geheimnis dieser gigantischen Zeitenwende wissen, und die darum allein berufen sind, dem kommenden Zeitalter den Stempel zu geben.« Es müsse auch traurig um Deutschlands Zukunft bestellt sein, fuhr er fort, wenn es sich auf ein Volk wie Italien in der Stunde der Not verlassen müßte.

Hitler begleitete mich zur Tür. »Machen wir uns nichts vor. Unsere Aufgabe ist es, den 1918 abgebrochenen Krieg unter günstigeren Bedingungen zum siegreichen Ende zu führen. Gelingt mir das, so wird sich alles andere mit elementarer Gewalt kraft der inneren Gesetzmäßigkeit durchsetzen. Was hinter uns lag, war ein Waffenstillstand; vor uns liegt der Sieg, den wir 1918 fortwarfen.«

Hitler entließ mich mit ein paar freundlichen Worten. Ich hatte den Eindruck, bei ihm wesentlich »Terrain verloren« zu haben. Immerhin dankte er mir nochmals für meine Bemühungen mit Polen.

Rußland, Freund oder Feind

Hitlers Pläne mit Sowjetrußland erfuhr ich bei einer späteren Gelegenheit. Ich hatte mich im Frühjahr 1934 bei Hitler ansagen lassen, um ihm über den Stand der Danziger Verhandlungen mit Polen zu berichten. Sie stockten oder waren vielmehr an einem kritischen Punkt angelangt. Seit dem deutsch-polnischen Abkommen bestand die Möglichkeit einer freundschaftlichen Einwirkung Deutschlands auf Polen zugunsten Danzigs. Dabei lag es nahe, über die Beziehungen zu Sowjetrußland zu sprechen. Rußland hatte an der Erhaltung der Selbständigkeit der Freien Stadt immer ein Interesse gezeigt. Es hat sogar in gewissen kritischen Lagen einen deutlichen Druck auf Polen ausgeübt. Ich hatte versucht, dieses Interesse bei dem damaligen Vertreter der Sowjetunion in Danzig, Kalina, zu verstärken, um eine politische Rückendeckung während der Polenverhandlungen zu haben. Unsere Gespräche hatten sich damals nicht bloß über wirtschaftliche Fragen bewegt, sondern um das Problem Danzig selbst und die Notwendigkeit, der Freien Stadt eine größere Selbständigkeit als »westlichster der baltischen Staaten« zu geben, ein Plan, der das besondere Interesse Kalinas fand.

Zu einem danzig-russischen Abkommen, dem der Bau einiger Dampfer für Rechnung der Sowjetunion zu Grunde liegen sollte, war es indessen nicht gekommen, da sich Rußland von Deutschland und auch von Danzig zurückzog. Die Gründe hatte mir Kalina gesagt, der klug genug war, eine offene Sprache zu sprechen und auch zu verstehen. »Revolutionär ist Ihr Nationalsozialismus«, sagte er bei einem Frühstück, »aber wozu verwenden Sie diese revolutionäre Kraft? Ihr Sozialismus ist ein Lockmittel für die Massen. Was Sie treiben, ist eine planlose, wilde Revolution ohne ein Ziel. Es ist keine Revolution im Sinne des sozialen Fortschritts der menschlichen Gesellschaft. Sie wollen Macht. Sie mißbrauchen die revolutionäre Kraft Deutschlands. Sie erschöpfen sie. Sie sind für uns gefährlicher als die alten kapitalistischen Mächte. Das deutsche Volk war auf dem Wege frei zu werden. Aber Sie werden es enttäuschen. Sie hinterlassen ein mutloses, mißtrauisches, ein zu jeder produktiven Arbeit unfähiges Volk. Eines Tages werden die Massen von Ihnen abfallen. Vielleicht werden wir dann wieder zusammenkommen. Vielleicht wird es überhaupt zu spät sein. Wir werden mit Deutschland einen Vertrag schließen, wenn es so weit ist, daß das deutsche Volk seinen jetzigen Irrtum einsieht. Die Zeit kommt sicher; wir können warten.«

Aber es dauerte durchaus nicht so lange, bis die Verbindung zwischen Sowjetrußland und dem nationalsozialistischen Deutschland wieder aufgenommen wurde. Sie war vielmehr nie abgerissen, auch nicht mit der Partei. Nicht nur Männer wie Goebbels hatten in Jahren des Kampfes die enge Verwandtschaft des Nationalsozialismus mit dem Bolschewismus in öffentlichen Erklärungen geradezu gefeiert, und diese Anschauung, wenn auch nicht öffentlich, weiterentwickelt. Es gab eine ganze Reihe von Gauleitern, die eine Verbindung Deutschlands mit Rußland als die einzig mögliche politische Lösung wünschten, die viele risikoreiche Umwege ersparen müßte. Hitler selbst blieb skeptisch, aus verschiedenen Gründen. Aber auch bei ihm waren es nicht Gründe ideologischer, sondern mehr praktischer Art. Eine grundsätzliche Ablehnung eines Bündnisses ist von ihm, wenigstens im internen Kreise seiner Parteigenossen, nie versucht worden.

»Fahren Sie nach Moskau. Mein Einverständnis haben Sie«, sagte mir Hitler, als ich ihm gewisse Pläne entwickelte, wie ich in den schwierig gewordenen danzig-polnischen Verhandlungen weiterkommen könnte. »Fahren Sie nach Moskau, aber Sie werden nicht viel Freude erleben. Es sind rabulistische Juden. Man kommt nicht weiter mit ihnen.« Ich erwiderte, ich hätte die Pläne auch mit Koch, dem Königsberger Gauleiter, besprochen. »Ja der Koch ist ein gescheiter Kopf«, sagte Hitler. »Aber er macht mir Sorge.« Koch war ein Freund des in Ungnade gefallenen und von Hitler als Rivale tödlich gehaßten Gregor Straßer. Ich hütete mich, auf die Rivalitätskämpfe der ostpreußischen Parteikader einzugehen. Ich berichtete Hitler, was ich von der »Planungsstelle« Kochs gesehen hatte. Ein junger Professor v. Grünberg hatte da phantastische »Planlandschaften« der Zukunft entwickelt. Er hatte in seinem Institut Karten entwerfen lassen mit Verkehrslinien, Kraftfeldern, Kraftlinien, Autostraßen, Bahnlinien, Kanalprojekten. Genau geplante Wirtschaftslandschaften erstreckten sich über den ganzen Osten bis zum Schwarzen Meer, bis zum Kaukasus. Auf diesen Plänen war bereits Deutschland und Westrußland eine riesige wirtschaftliche und verkehrspolitische Einheit. Selbstverständlich nach Deutschland orientiert, von Deutschland geplant und geführt. Es gab in dieser »Planlandschaft« kein Polen mehr, geschweige denn ein Litauen. Hier war das Verbindungsstück eines riesigen kontinentalen Raumes, der sich von Vlissingen bis Wladiwostok im Fernen Osten erstrecken sollte. »Wenn wir das nicht erreichen, ist unsere ganze Revolution einen Dreck wert«, hatte mir Koch geantwortet, als ich ihm meine Verwunderung über den weiten Flug seiner Pläne aussprach.

»Der Koch geht der Wirklichkeit etwas zu schnell voraus«, erwiderte Hitler, als ich ihm meine Eindrücke schilderte. »Der Koch will mir weismachen, daß ein Bündnis zwischen Deutschland und Rußland uns aus allen Schwierigkeiten herausreißt. Er will, daß ich mich mit Rußland gegen Polen verbünde. Warum soll ich nicht einen Pakt mit Rußland schließen, wenn ich damit meine Lage verbessern kann? Das ist richtig. Eines Tages kann das durchaus geschehen. Und es wird zum großen Teil an Polen liegen, wenn es geschieht. Aber der Koch irrt sich doch. Auf solche Weise werden wir nie zu dem gelangen, was einmal nötig wird. Wir werden so niemals ein großes, die Welt beherrschendes Ganzes. Wir werden vielmehr einander dann erst recht mißtrauen. Und am Ende wird aus solchem Pakt der entscheidende Kampf, der nicht zu umgehen ist. Nur *einer* kann herrschen. Damit *wir* das sind, müssen wir Rußland besiegen. Hernach mag der Koch seine Planlandschaften realisieren, soviel er will, aber nicht vorher.«

Ich erwiderte, daß ich nicht von einem Bündnis zwischen Deutschland und Rußland gesprochen haben wollte, sondern nur von einer vorübergehenden taktischen Rückendeckung. Ich könne ebenfalls nicht die Ansicht teilen, daß ein solches Bündnis für Deutschland ungefährlich sei.

»Warum?« fragte Hitler brüsk. »Das habe ich jedenfalls nicht gesagt.«

Die Gefahr der Bolschewisierung Deutschlands läge doch nahe, meinte ich.

»Diese Gefahr besteht nicht und hat nicht bestanden«, entgegnete Hitler. »Aber Sie vergessen, daß Rußland nicht nur das Land des Bolschewismus ist, sondern zugleich das größte kontinentale Imperium der Welt, das eine ungeheure Schwerkraft hat und ganz Europa an sich ziehen kann. Die Russen beanspruchen ihren Partner mit Haut und Haaren. Darin liegt die Gefahr, man kann sich ihnen nur ganz verschreiben oder muß überhaupt die Finger davon lassen.« Wenn ich ihn recht verstünde, warf ich ein, so wolle er unterschieden wissen zwischen Rußland als Imperium und als Pflanzstätte des Bolschewismus. Aber, fragte ich, mir sei nicht klar, ob es nicht gerade eine Verständigung zwischen dem Reich und Rußland als Staaten geben könne, und daß das Trennende eben der Bolschewismus sei, der für uns immer eine Gefahr bleibe. »Nicht Deutschland wird bolschewistisch werden, sondern der Bolschewismus wird eine Art Nationalsozialismus werden«, antwortete Hitler. »Uebrigens gibt es mehr Verbindendes als Trennendes zwischen uns und dem Bolschewismus. Vor allem die echte, revolutionäre Gesinnung, die auch in Rußland überall dort lebt, wo keine jüdischen Marxisten ihr Wesen treiben. Ich habe diesem Umstand immer Rechnung getragen und Anweisung gegeben, daß man ehemalige Kommunisten sofort in die Partei aufnimmt. Aus den kleinbürgerlichen Sozialdemokraten und Gewerkschaftsbonzen wird nie ein Nationalsozialist, aus Kommunisten immer.«

Ich erhob vorsichtig Einspruch. Die Gefahr planmäßiger Durchsetzung der Parteiformationen durch kommunistische Agenten sei doch zu offensichtlich. Die meisten, die ihre Parteizugehörigkeit gewechselt hätten, wären von der Komintern als Spitzel kommandiert worden. Hitler wies das etwas unwirsch ab. Er nähme die Gefahr in Kauf. »Unser Geist ist so stark und die Kraft der Umwandlung unserer herrlichen Bewegung so elementar, daß er die Menschen auch gegen ihren Willen ummodelt.«

Innerpolitische Wirkungen fürchte er so wenig von den deutschen Kommunisten wie von den russischen Agenten der Komintern. Und wenn er einen Pakt mit Rußland schließen müsse, so habe er immer noch seine eigene zweite Revolution im Hintergrund, die ihn vor jeder Infizierung mit kommunistisch-marxistischen Hirngespinsten schütze. »Eine soziale Revolution wird mir ganz ungeahnte neue Kräfte leihen. Ich fürchte nicht eine revolutionäre Zersetzung durch kommunistische Propaganda. Aber wir haben hier einen ebenbürtigen Gegner oder Partner, vor dem man auf der Hut sein muß. Deutschland und Rußland ergänzen sich auf eine unerhörte Weise. Sie sind geradezu für einander geschaffen. Aber gerade da liegt die Gefahr für uns, daß wir aufgesaugt werden und uns als Volk auflösen. Haben Sie gemerkt, wie Deutsche, die lange in Rußland gewesen sind, nie mehr wieder Deutsche sein können? Der gewaltige Raum hat sie fasziniert. Der Rosenberg ist ja nur darum so gegen die Bolschewisten, weil sie es ihm unmöglich machen, ein Russe zu sein.«

Ich bemerkte, es sei auffallend, wie stark heute gewisse jüngere Menschen, Jungkonservative, Jungpreußische, junge Militärs und Ingenieure in einem Bündnis mit Rußland das Heil der Zukunft sähen. Hitler hörte das offensichtlich nicht gern. »Ich weiß, was Sie meinen, dieses Geschwätz von »Preußischem Sozialismus«, und dergleichen. Das ist denn freilich etwas für unsere Generäle, die in politischen Kriegsspielen dilettieren. Weil ihnen das militärische Bündnis bequem erscheint, entdecken sie, daß sie gar nicht kapitalistisch sind und gar wohl so etwas wie eine antikapitalistische Sehnsucht haben. Sie beruhigen sich bei ihren halben Ideen und verstehen unter ihrem preußischen Sozialismus eine Art Kasernenhofdisziplin über das Wirtschaftsleben und die private Freiheit. Aber so einfach liegen die Dinge nicht. Den Ingenieuren glaube ich ihre Freude am »Planen«. Aber auch das ist nicht einfach so, daß man nur Rohstoffe gegen ingenieurtechnisches Können austauscht. Uebrigens sind die Ingenieure, die heute drüben sind, ausgesucht schlecht. Sie gebärden sich plötzlich als Nationalsozialisten. Rußland als Kolonie eines bürgerlich-demokratischen Deutschland war allerdings eine ebenso lächerliche wie dummdreiste Idee.«

»Nein«, fuhr er fort, »diese Ideen von einem übernationalen Arbeitsstaat mit Werkpensum und Werklandschaft, alles dies konnte nur aus irregeleiteten übernationalistischen Köpfen einer instinktlos gewordenen Literatenclique herauskommen. Das ist alles Krampf, unecht und gemeingefährlich, weil es dem Nationalsozialismus im Wege steht. Vielleicht werde ich das Bündnis mit Rußland nicht vermeiden können. Ich behalte es als letzten Trumpf in der Hand. Vielleicht wird dies das entscheidende Spiel meines Lebens werden. Aber es darf nur nicht in literarischen Winkeln beschwatzt, und es darf nicht zu früh ausgespielt werden. Und es wird mich nie davon abhalten, ebenso entschlossen die Wendung zurückzumachen und Rußland anzugreifen, nachdem ich meine Ziele im Westen erreicht habe. Es ist einfältig zu meinen, daß wir in unserem Aufstieg immer nur geradeaus, der Nase nach zu laufen brauchen. Wir werden die Fronten wechseln, und nicht bloß die militärischen. Aber bleiben wir fürs erste bei unserem Konzept, im Bolschewismus unseren Todfeind zu sehen. Wir werden da fortzufahren suchen, wo unsere Armeen des Weltkrieges aufgehört haben, als der Waffenstillstand geschlossen wurde. Es gilt nach wie vor die drohende Masse des allslavischen Imperiums für alle Zeit zu zerschlagen. Unter dem Druck dieser Uebermacht kann Deutschland nicht hochkommen. Vergessen wir nicht, daß der slavische Osten geburtenkräftiger ist als das ganze übrige Europa. Wir müssen der Gefahr begegnen, die mit der Versteppung ganz Europas droht. Den Austrag des Kampfes zwischen deutschem Rassendenken und panslavischem Massendenken kann uns nichts ersparen. Hier klafft der ewige Gegensatz, den kein gemeinsames politisches Interesse überwindet. Hier heißt es nur Herrschaft des deutschen Rassenbewußtseins über eine, ewig zum Dienen und zum Gehorsam bestimmte Masse. Nur wir können den kontinentalen Großraum schaffen, und nur durch unsere Herrschaft, durch unsere einzig und allein, aber nicht durch einen Pakt mit Moskau selbst. Wir werden diesen Kampf auf uns nehmen. Er wird uns die Pforte zur dauernden Herrschaft über die Welt aufstoßen.

Das besagt nicht, daß ich nicht ein Stück Weges mit den Russen zusammengehe, wenn es uns etwas helfen kann. Aber nur, um wieder zu unserem eigentlichen Ziel sobald als möglich zurückzukehren.«

Die Pflicht zu entvölkern

War dies wirklich Hitlers russisches Programm? Mir kam damals noch nicht in den Sinn, daß Hitler vielleicht überhaupt keine festen politischen Ziele haben könnte, sondern sich von günstigen Gelegenheiten hochschaukeln ließ, bereit alles preiszugeben, was er bisher verfochten hatte, nur um seine Macht zu vergrößern. Vielleicht war, was er über Rußland sagte, nur improvisiert, um etwas zu reden, um sich eine Bedeutung zu geben. Er ist immer Schauspieler. Er greift soeben Gehörtes auf und weiß es so zu verwenden, daß es dem Zuhörer als alter geistiger Besitz Hitlers erscheinen muß. Vielleicht hat Hitler einem Besucher nach mir genau das Gegenteil von dem gesagt, was er mir als das Ergebnis tiefer politischer Ueberlegungen hinstellte. Die Hitler'sche Politik ist eine rücksichtslose Gelegenheitspolitik, die mit ungeheuerlicher Leichtigkeit alles über Bord wirft, was ihr noch soeben als fester Grundsatz galt. Hier setzt sich Hitlers Vergangenheit immer wieder durch, seine Vergangenheit als bezahlter politischer Agent, der bereit war, jedem sich bietenden Vorteil zu folgen, der heute mit dem Marxismus liebäugelte und morgen sich von der bayrischen Restauration bezahlen läßt. Zweierlei zeichnet diesen ganzen politischen Betrieb aus: eine unvorstellbare Verlogenheit und eine geradezu entwaffnende Naivität, sich an nichts Versprochenes oder eben Gesagtes zu erinnern. Was im übrigen subjektiv gar nicht böswillig zu sein braucht. Die Mehrzahl dieser nationalsozialistischen Männer verlieren buchstäblich wie hysterische Frauen das Gedächtnis für das, an das sie sich nicht mehr zu erinnern wünschen. Es ist mir — und ich glaube allen, die mit Hitler zu tun hatten — häufig geschehen, daß, wenn man sich auf ein früheres Wort von ihm bezog, man erstaunt angesehen wurde oder wohl schroffe Ablehnung erfuhr, so etwas habe er nie gesagt.

Nur solche Menschen, die auf eine so leichte Weise über ihren eigenen Schatten hinwegzuspringen vermögen, sind imstande, eine solche Politik des radikalen Frontwechsels zu riskieren. So ist gerade der Mann, von dem es hieß, seine Politik sei von starren Weltanschauungen abhängig, der Politiker geworden, der mit einem Zynismus ohnegleichen seine ganze Vergangenheit verleugnet, wenn er nur an der Macht bleiben kann.

In jenem eben berichteten Gespräch Hitlers über seine außenpolitischen Ziele fiel noch ein Wort, das als besonders erinnerungswürdig hervorzuheben wäre. Hitler knüpfte noch einmal an die Gefahr an, die für das deutsche Volk darin bestünde, daß es prozentual zu stark mit slavischen Teilen durchsetzt sei. Der Volkscharakter müsse sich dann unfehlbar ändern. »Wir haben ohnedies schon viel zu viel slavisches Blut in den Adern. Fällt Ihnen nicht auf«, richtete er die Frage an mich, »wie viele Leute in gehobenen Stellungen heute in Deutschland einen slavischen Namen tragen? Mir hat jemand, der diese Frage geprüft hat, gesagt, das sei noch vor fünfzig Jahren ganz anders gewesen. Er hat, glaube ich, besonders die preußischen Richter und ähnliche Personenkreise untersucht. Derselbe Mann sagte mir, es sei auffallend, daß Strafdelikte in einem unverhältnismäßig hohen Prozentsatz von Menschen mit slavischem Namen begangen würden. Was ziehen Sie daraus für Schlußfolgerungen? Daß hier ein asozialer, minderwertiger Volksbestandteil allmählich zur führenden Gesellschaftsschicht heraufrückt. Hier droht dem deutschen Volk eine ganz große Gefahr. Es verliert seinen Charakter, ein fremdes Volk bemächtigt sich seiner Sprache. Das Volk als Ganzes ist immer noch das deutsche. Aber es lebt im Deutschtum wie in einem fremden Gehäuse. Und der eigentliche Deutsche ist nur noch ein geduldeter Fremdling im eigenen Volk, wie es auf andere Weise die Juden beinahe zu Wege gebracht hätten.«

Hitler hielt inne, ich unterbrach ihn nicht. »Das wenigste«, fuhr er fort, »was wir tun können, ist zu verhindern, daß dieses fremde Blut weiter in unserem Volkskörper heraufsteigt. Ich gebe zu, daß die Gefahr nicht geringer wird, wenn wir demnächst slavisch gemischte Gebiete besetzen, deren slavischer Bevölkerung wir uns nicht so schnell entledigen können. Denken Sie an Oesterreich, an Wien. Was ist da noch deutsch?

Wir *haben die Pflicht zu entvölkern,* wie wir die Pflicht der sachgemäßen Pflege der deutschen Bevölkerung haben. Es wird eine Technik der Entvölkerung entwickelt werden müssen. Was heißt entvölkern, werden Sie fragen. Ob ich ganze Volksstämme beseitigen wolle? Jawohl, so ungefähr, darauf wird es hinauslaufen. Die Natur ist grausam, darum dürfen wir es auch sein. Wenn ich die Blüte der Deutschen in die Stahlgewitter des kommenden Krieges schicke, ohne auch nur um das kostbare deutsche Blut, das vergossen wird, das leiseste Bedauern zu verspüren, sollte ich dann nicht das Recht haben, Millionen einer minderwertigen, sich wie das Ungeziefer vermehrenden Rasse zu beseitigen, nicht indem ich sie ausrotten lasse, sondern nur indem ich systematisch verhindere, daß sich ihre große natürliche Fruchtbarkeit auswirkt. Beispielsweise indem ich die Männer jahrelang von den Frauen getrennt halte. Erinnern Sie sich der abfallenden Geburtenkurven während des Weltkrieges? Warum sollen wir das nicht mit Absicht und für viele Jahre tun, was damals die unvermeidliche Folge des langen Krieges war. Es gibt viele Methoden, einen unerwünschten Volksstamm systematisch und verhältnismäßig schmerzlos, jedenfalls ohne viel Blutvergießen, zum Aussterben zu bringen.

Uebrigens«, begann er noch einmal, »würde ich mich gar nicht scheuen, mich öffentlich dazu zu bekennen. Von französischer Seite hat man dem deutschen Volk nach dem Weltkrieg vorgeworfen, daß es zwanzig Millionen Deutscher zuviel gäbe. Wir nehmen dieses Wort auf. Wir bekennen uns zu solcher planmäßigen Steuerung der Bevölkerungsbewegung. Aber die Herren werden es uns zugute halten, daß wir die zwanzig Millionen anderswo abstreichen. Nachdem so lange Jahrhunderte vom Schutz der Armen und Elenden gefaselt worden ist, mag es an der Zeit sein, sich zum Schutz der Starken vor den Minderwertigen zu bekennen. Es wird eine der wichtigsten Aufgaben einer deutschen Politik für alle Zeiten sein, das weitere Wachstum der slavischen Völker mit allen Mitteln zu verhindern. Der natürliche Instinkt gebietet jedem Lebewesen, seinen Feind nicht bloß zu besiegen, sondern ihn zu vernichten. In früheren Zeitaltern galt es als das gute Recht des Siegers, ganze Stämme, ganze Völker auszurotten. Wir beweisen unsere Humanität, indem wir dies auf langsame und unblutige Weise vollziehen, wobei wir uns immer vor Augen zu halten haben, daß wir nur an anderen das tun, was man uns selbst zugedacht hat.«

Nordischer Mythos

Weniges ist so befremdlich wie die Tatsache, daß in- und außerhalb Deutschlands so lange Jahre der Nationalsozialismus unterschätzt werden konnte. Die Ursachen sind mannigfacher Art. Auf eine sei hier hingewiesen. Man unterschied nicht scharf genug, was populäre Einkleidung oder Irreführung und was wirklich beabsichtigt war. Es hat geraumer Zeit bedurft, bis selbst diejenigen unter den sogenannten Eingeweihten, die nicht gerade zu den Halbgöttern gehörten, einiges davon zu ahnen begannen, was wirklich gespielt wurde. Da gab es eine »Nordische Gesellschaft« mit Sitz in der alten Hansestadt Lübeck. Sie hatte es sich zur Aufgabe gemacht, die kulturellen und persönlichen Verbindungen Deutschlands zu den Nordischen Staaten zu pflegen. Der Nationalsozialismus hatte diese Gesellschaft wie alle derartigen gleichgeschaltet und benutzte den soliden Ruf der Vereinigung, um sich selbst in den Besitz wertvoller Verbindungen und Sympathien in den nordischen Nationen zu setzen. Aus einem, vielleicht etwas romantischen Organ einer wertvollen Kulturpflege wurde allmählich ein Organ gerissener Propaganda und krasser Spionage, ohne daß die meisten Beteiligten im Reich wie im Norden von der Umwandlung etwas spürten.

Man hatte mich gebeten, in Nachahmung alter hanseatischer Ueberlieferungen einem Danziger »Kontor« zu präsidieren. Im Frühsommer 1934 fand eine feierliche Tagung in Lübeck statt. Rosenberg stand im Mittelpunkt dieses Festes, Rosenberg und der Unterrichtsminister Rust. Festreden, Sitzungen, Einweihung eines Schriftstellerheims für nordische Gäste, eine ausgetüftelte Rede des Präsidenten der Reichsschrifttumskammer Blunck, nächtliches Orgelkonzert in der alten Marienkirche: kurz, es ging alles bürgerlich friedlich, langweilig vor sich. Der mit mir an der Veranstaltung teilnehmende bekannte Großindustrielle Thyßen beklagte sich über die nutzlos vergeudete Zeit, über den Phrasenschwall und die banalen, nutzlosen Reden. Da redete der Gesandte Werner Daitz, indem er ständig das Wort von der »europäischen Großraumwirtschaft« gebrauchte. Da hielt der zuständige Gauleiter, der frühere Landarbeiter Hildebrandt ein total konfuses Geschwätz. Da gab es Offenbarungen in dem Stil, daß die eigentliche Menschheitskultur um das Baltische Meer von nordischen Völkern geschaffen sei, nicht um das Mittelmeer. Baltisches Meer und Mittelmeer, das wären hier das Reich des Völkerverfalls und der semitischen Vergiftung, dort das Reich des Heldentums und des arischen Rassengedankens.

Gallimathias solcher Art gab es vielen. Das Publikum war je nach Herkunft degoutiert oder naiv begeistert. Zu den ersteren gehörten einige Angehörige der alten guten Senatorenfamilien, die nun ihren Einfluß verloren hatten. Kaum aber einer von uns allen wußte, daß hier mit Raffinement ein Schaustück zur Vorführung kam, hinter dem, gerade weil es einfältig und romantisch schien, niemand ein ernsthaftes Unternehmen vermutete.

Die einfache, ernsthafte Wirklichkeit aber sah folgendermaßen aus.

Hitler hatte mir im vorerwähnten Gespräch gesagt: in einem künftigen Kriege würde es keine Neutralen mehr geben. Und er fügte hinzu, die Nordischen Staaten gehörten ebenso wie Holland und Belgien zu Deutschland. Käme es zu einem Kriege, so müsse einer seiner ersten Schritte die Besetzung Schwedens sein. Er könne Skandinavien weder dem russischen noch dem englischen Einfluß überlassen.

Ich warf ein, daß doch die militärische Bewältigung der unwegsamen großen Halbinsel unverhältnismäßig viel Kräfte beanspruchen würde. Worauf Hitler antwortete, daß es sich nicht um die Besetzung des ganzen Landes, sondern der wichtigen Häfen und Wirtschaftspunkte, vor allem der Erzgruben handeln würde. »Es wird ein gewagtes aber interessantes Unternehmen werden, wie es noch niemals in der Weltgeschichte versucht worden ist. Unter dem Schutz der Marine und dem Einsatz der Luftflotte werde ich eine Reihe von überraschenden Einzelunternehmen ausführen lassen. Die Schweden werden an keinem Ort zu einer ausreichenden Abwehr bereit sein. Mag auch das eine oder andere Unternehmen mißglücken, die überwiegende Mehrzahl der Plätze wird genommen und gehalten werden.« Auf einen Ausdruck der Ueberraschung von mir setzte er hinzu, für die politische Sicherung des Erfolges sei es absolut notwendig, ein engmaschiges Netz von Anhängern und Sympathisierenden in Schweden zu besitzen. Denn dieser Handstreich könne nur dann zu einer dauernden Angliederung der Nordischen Staaten an das großdeutsche Bündnissystem führen, wenn diese für den Nationalsozialismus gewonnenen Elemente durch einen Sturz der Regierung ein Bündnis erzwingen. Er sei sicher, meinte Hitler, daß die Schweden ebensowenig Krieg führen würden wie im Jahre 1905 bei der Separation Norwegens von Schweden. »Ich werde ihnen diesen Entschluß auf jede Weise erleichtern, insbesondere durch die Erklärung, daß ich keine feindliche Eroberung beabsichtige, sondern nur ein Bündnis, das der Natur der Dinge entspräche und auch von Schweden offen gewünscht würde, wenn es nicht aus Furcht vor Rußland und England sich in eine absolut selbstzerstörerische Neutralität hätte flüchten müssen. Ich käme zu ihrem Schutz, um den gutwilligen Elementen in Schweden

Gelegenheit zu geben, sich wirklich nach ihrem freien Willen zu entscheiden.«

Ich muß gestehen, daß ich damals, als ich dies hörte, die ganze Sache nicht für ernst nahm. Aber ich glaube, man sollte auch dies ernst nehmen. Jedenfalls interessiert Hitler in Skandinavien nicht das reine arische Blut, nicht der nordische Mythos vom Wikinger Heldentum. Ihn interessieren die Erzgruben. Und Herr Reichsschrifttumskammerpräsident Blunck und die schwedischen Freunde spielen ohne Gage in einem Spiel mit, dessen Hintergrund sie nie erfahren haben.

Die Weltpropaganda-Truppe

Nicht anders ist das Schicksal aller dieser Leute der deutschen Auslandsorganisation. Sie sind, zum allergrößten Teil ohne ihr Wissen, in einer furchtbaren Weise mißbraucht worden. Erst in einer späteren Zeit wird sich erweisen, welch Kapital von Vertrauen hier leichtfertig zerstört worden ist. Sie alle, diese auslanddeutschen Kolonien wurden zum Zuchtbeet dieser, im lauen Dunkel gedeihenden Champignonkultur einer Propaganda, die alle Skalen bis zur effektiven Spionage durchläuft. Jeder Deutsche wurde in diesen Riesenapparat gepreßt, ob er noch deutscher Staatsangehöriger war oder bereits Bürger des neuen Staates, in dem er wohnte. Alle Vereine, die sich nicht ausdrücklich als anti-nationalsozialistisch bezeichneten, waren mehr oder weniger Organe einer jedes legale und faire Maß überschreitenden politischen Beeinflussung und Beobachtung.

Was da heraufwuchs, ist zunächst kaum einem der Beteiligten klar geworden. Wir alle nahmen nur den Kampf der Cliquen um Vorstandsposten und einträgliche Positionen wahr. Jahrelang herrschte dieser geschmacklose Kampf in allen auslanddeutschen Vereinen. Es begann ein entwürdigender Wettlauf aller politischen Richtungen, alter wie neuer, unter dem glühenden Bekenntnis zum »Führer«, um die Gunst maßgeblicher Kreise im Reich. Das heißt um die Gunst der

Männer, die neuerdings die Geldmittel zu verwalten hatten, und die den Ehrgeizigen Ehre und autoritative Anerkennung verschaffen konnten. Solche Stellen gab es leider viele im neuen Reich. Es waren mindestens sieben Parteiformationen, die sich des Auslanddeutschtums zum Zwecke der Propaganda und der Nachrichtensammlung bemächtigten. Keine war selbstlos, keiner lag die Pflege und Erhaltung des Deutschtums am Herzen. Sie alle waren beauftragt, das Deutschtum im Ausland zum Apparat eines ungeheuerlichen, die Welt umspannenden secret service zu machen.

Es gab »Richtungen«, Eifersüchteleien, Kämpfe in allen deutschen Kolonien. Es war ein Durcheinander und Gegeneinander, das den Spott der Unbeteiligten weckte. Man nahm diesen »Kampf um die Macht« und um die Richtungen für eine typisch deutsche Angelegenheit und war geneigt, aus Geringschätzung das Wesentliche an dem ganzen Vorgang zu übersehen.

Auch wir, auch einige Freunde, die ich unter den diplomatischen Vertretern des Deutschen Reiches im Auslande hatte, übersahen die Gefährlichkeit des Spiels, das von gewissenlosen Parteileuten auf Befehl Hitlers mit dem für unser Ansehen und unsere Geltung in der Welt unersetzlichen Auslanddeutschtum getrieben wurde. Ich muß dies vorausschicken, weil gerade der Mißbrauch des Auslanddeutschtums eine große Empörung in allen Staaten hervorgerufen hat, und hier etwas zerstört zu werden droht, was nie wieder hergestellt werden könnte. Die Auslandkolonien aller Nationen sind ein Faktor der Verbindung der Staaten und Nationen. Gerät die Welt in ein Stadium, wo jeder Ausländer mit Mißtrauen als Agent einer feindlichen Macht betrachtet werden muß, so ist die allgemeine Barbarisierung und der Rückschritt in das Zeitalter der Unzivilisation abermals um ein Beträchtliches weitergekommen. Es ist deshalb notwendig, darauf hinzuweisen, daß wenigstens, was die Mehrzahl der Deutschen anlangt, sie ahnungslos und wider ihren Willen von dem nationalsozialistischen Apparat mißbraucht sind, und daß die Verantwortung ausschließlich und allein bei Hitler und ein paar seiner Leute, wie vor allem Heß, diesem trockenen Schleicher und unter der Maske des Biedermannes besonders gefährlichen Subjekt, liegt.

Heß, der Stellvertreter des Führers, war es, mit dem ich wiederholt über das Deutschtum in Polen sprach. Aus persönlichen Beziehungen hatte ich einige Kenntnisse über dieses deutsche Element. Ich wurde wiederholt um Aufklärung gebeten und vorübergehend mit der Schlichtung gewisser Richtungskämpfe beauftragt. Heß selbst war so etwas wie die oberste Stelle, die dem Auslanddeutschtum seine neue Funktion im nationalsozialistischen Kampf geben sollte. Ich selbst wußte von dieser Funktion nichts und entledigte mich meiner Aufgaben im guten Glauben, alte Personenkreise mit neuen hochstrebenden auszugleichen.

Da nahm ich an einer Tagung auslanddeutscher Vertreter teil. An den Reden selbst war kaum etwas Auffallendes. Aber im Gespräch mit den neuen Vertretern, die der Hitlerjugend, dem Apparat Rosenbergs, der SS. und anderen Parteikadern angehörten, wurde mir klar, was eigentlich gespielt wurde. Als ich später noch Aufklärungen über die eigentlichen Ziele der »Deutschen Akademie« in München, der ich vorübergehend als Senator angehörte, bekam, erkannte ich, was für ein geradezu verbrecherisches Spiel hier mit dem Auslanddeutschtum zur allgemeinen Revolutionierung der Welt getrieben wurde.

Ich hatte bald darauf Gelegenheit, Hitler selbst zu hören. Im Frühsommer 1934 fand in Berlin eine Besprechung im kleineren Kreise statt, zu dem noch einige Vertreter des Auslanddeutschtums einer gewissen vermittelnden Richtung hinzugezogen waren, der im übrigen aber im wesentlichen aus jüngeren, bisher nicht verantwortlichen Elementen bestand. Auch Vertreter der großen deutschen Vereine für das Ausland nahmen teil. Ich war von einem, längst in Ungnade gefallenen Vertreter jener vermittelnden Richtung gebeten worden, teilzunehmen, weil ich mich jahrelang mit dem Problem des Minoritätenschutzes und der Kulturautonomie beschäftigt hatte. Er erwartete von mir, daß ich in einem gewissen mäßigenden Sinne auf die neuen Elemente wirke. Aber davon war gar keine Rede. Alle diese Dinge: Befriedung Europas durch Weiterentwicklung der Minoritätenschutzverträge zu einem europäischen Minoritätenrecht, all das, woran wir mehr als ein Jahrzehnt unsere Hoffnung geknüpft hatten, zu einer dauerhaften europäischen Ordnung ohne einen neuen Revanchekrieg zu kommen, galt hier nichts. Die Aussprache drehte sich um einige Fragen wirtschaftlicher Art, um Unterstützung von Zeitungen, Beseitigung mißliebiger Aufsichtsratsmitglieder, Uebertragung von Vermögensobjekten, kurz um den Kampf der Cliquen. Dann aber kam als Clou eine kurze Ansprache Hitlers.

»Meine Herren,« sprach uns Hitler an, nachdem jeder einzelne vorgestellt war und ihm »in die Augen blicken« durfte. »Sie haben eine der wichtigsten Aufgaben übernommen. Sie sollen nicht bloß das Deutschtum wie bisher pflegen und erhalten, Sie sollen es zu einer Kampftruppe schulen. Sie haben nicht parlamentarische Rechte und begrenzte Freiheiten für das Deutschtum zu gewinnen. Solche gewonnenen Rechte können uns vielleicht einmal sogar eher hindernd als fördernd sein. Sie haben daher nicht mehr, jeder nach Gutdünken sein Bestes zu tun, wie er es versteht, sondern auf das Kommando hinter Ihnen zu hören. Was Ihnen vorteilhaft zu sein scheint, kann von einem höheren Standpunkt aus schädlich sein. Ich verlange daher als erstes blinden Gehorsam von Ihnen. Nicht Sie können beurteilen, was in Ihrem Bereich zu tun ist. Ich werde Ihnen auch nicht immer sagen können, was ich im einzelnen zu tun beabsichtige. Ihr Gehorsam ist die Frucht des Vertrauens zu mir. Darum kann ich in unserem Kreise auch keine Vertreter der alten parlamentarischen Arbeit gebrauchen. Die Herren haben abzutreten. Sie haben ihre Aufgabe auf ihre Weise zu erfüllen versucht. Jetzt benötigen wir sie nicht mehr. Räumen sie nicht freiwillig den Platz, so haben Sie sie mit allen Mitteln zu beseitigen. Ueber die Politik der auslanddeutschen

Gruppen wird nicht mehr debattiert und abgestimmt, sondern hier von mir, und in meiner Vertretung von Parteigenossen Heß bestimmt.

Sie werden an vorderster Front unserer deutschen Kampfbewegung als die Vorposten Deutschlands es uns ermöglichen, unseren Aufmarsch zu vollziehen und unsere Kampfhandlungen einzuleiten. Sie haben alle Funktionen, die uns Aelteren noch aus dem Kriege in Erinnerung sind. Sie sind Horchposten. Sie haben weit vor der Front bestimmte Unternehmungen vorzubereiten. Sie haben unsere eigenen Vorbereitungen zum Angriff zu verschleiern. Betrachten Sie sich als im Kriege. Für Sie gilt Kriegsrecht. Sie sind heute vielleicht der wichtigste Teil des deutschen Volkes. Die Nation wird mit mir es Ihnen immer danken, was Sie für das kommende Reich an Opfern bringen.«

Hitler verstand es, sich der Gedankenrichtung der meist jungen Leute anzupassen. Sie glühten auch von Begeisterung und sprachen nachher von dem ihr Leben für alle Zeit bestimmenden Erlebnis. Hitler kam dann auf die Taktik zu sprechen. Er nähme es nicht tragisch, wenn vorübergehend Kämpfe zwischen Richtungen und Gruppen stattfänden. Die Partei sei nicht nur unter äußeren, sondern auch inneren Kämpfen groß geworden. Es sei einfältig, sich über solche Rivalitätenkämpfe aufzuregen. Wo Leben sei, da spielten sich eben Kämpfe ab. Er halte es, auch aus anderen Gründen, für gar nicht wünschenswert, wenn sich in jedem Lande nur eine einzige privilegierte Vereinigung auftäte. Es solle ruhig Spannungen und Differenzen geben. Auch schon den Landesbehörden gegenüber könne das dienen, die eigentlichen Ziele in den Hintergrund treten zu lassen. »Es ist zweckmäßig,« betonte er, »daß es wenigstens zwei Vereinigungen des Deutschtums in jedem Lande gibt. Die eine muß sich immer auf ihre Loyalität berufen können. Sie hat die gesellschaftlichen und wirtschaftlichen Verbindungen zu pflegen. Die andere mag radikal und revolutionär sein. Sie muß sich bewußt sein, daß sie von mir und meinen Behörden häufig wird preisgegeben werden müssen. Ich möchte auch keinen Zweifel darüber lassen, daß ich keinen Unterschied machen werde zwischen deutschen Staatsbürgern und deutschen Volksbürgern, die eine fremde Staatsangehörigkeit besitzen. Aber Ihre spezielle Aufgabe wird es sein, alle Deutschen unterschiedslos dahin zu erziehen, daß in jedem Fall unbedingt das Bekenntnis zum Deutschtum der Loyalität gegenüber dem fremden Staat vorgeht. Nur auf solche Weise können Sie die schweren Aufgaben, die ich Ihnen stellen werde, erfüllen. Ich muß es Ihnen überlassen, mit welchen Mitteln Sie Ihre Volksgenossen zur neuen Disziplin erziehen. Es wird nicht immer im Guten gehen. Der Erfolg ist für mich entscheidend. Die Mittel gehen mich nichts an. Aber wer sich Ihnen entgegenstellt, der mag wissen, daß er vom Deutschen Reich nichts mehr zu erwarten haben wird, er wird für alle Zeit geächtet sein. Er wird zu seiner Zeit die Früchte seines volksverräterischen Verhaltens ernten.«

Hitler schloß seine Ansprache. »Von Ihnen, meine Herren, wird es abhängen, ob wir unsere Ziele verhältnismäßig leicht und ohne Blutvergießen erreichen können. Sie haben den Boden vorzubereiten. Deutschland wird seine Macht weit über die Grenzen im Osten wie im Südosten ausdehnen. Aber auch Sie, meine Herren von Uebersee, haben dieselben Pflichten. Vergessen Sie, was Ihnen früher beigebracht worden ist. Nicht um Gleichberechtigung geht es uns, sondern um Herrschaft. Wir halten uns nicht mit Minoritätenschutz und sonstigen ideologischen Ausgeburten steriler Demokraten auf. Wenn Deutschland groß und siegreich ist, wird niemand es wagen, auch nur einen einzigen von Ihnen scheel anzusehen. Ihre Pflicht ist es, Deutschland diese führende Rolle in der Welt zu erkämpfen. Dann sind auch Sie zur Führung mitberufen, ohne Paragraphen und Pakte. Ihre Aufgabe wird es sein, in diesen ganzen unterworfenen Ländern die Vormundschaft im Namen des deutschen Volkes zu führen. Sie werden dort in meinem Auftrag Land und Volk verwalten, wo Sie jetzt verfolgt und unterdrückt werden. Was unser Leid war, die Zersplitterung, die jahrhundertelange Ohnmacht des Deutschen Reiches, so daß Millionen bester Deutscher ins Ausland wandern und zum Kulturdünger für andere Völker werden mußten, das ist nun unser Stolz. Wie die Juden erst aus der Zerstreuung heraus zu der allumfassenden Weltmacht werden konnten, die sie heute sind, so werden wir heute als das wahre Volk Gottes aus der Zerstreuung in alle Welt zu der allgegenwärtigen Macht werden, zum Herrenvolk der Erde.«

Es war eine spannungsvolle Zeit, das Gewitter des 30. Juni, der deutschen Bartholomäusnacht, zog herauf. Empört über diesen verbrecherischen Unsinn nahm ich kurz darauf die Gelegenheit wahr, mit meinem Bekannten, der als amtlicher Vertreter des Reiches ins Ausland ging, über die Folgen dieser Politik zu sprechen. Wir gingen stundenlang im Tiergarten auf und ab und überprüften die Mittel, das deutsche Volk von diesem Abenteurer zu befreien.

Bald darauf war ich der Parteiführung suspekt geworden. Ich bekam von der Adjutantur des Büros Heß den telephonischen Anruf, der mir in sehr schroffer Form untersagte, mich weiter um die auslanddeutschen Probleme, vor allem die Deutschen in Polen, zu bekümmern. Bald darauf war ein Glückwunschtelegramm von mir unter Bruch des Postgeheimnisses an die Partei übermittelt worden, das ich dem früheren Kanzler von Papen geschickt hatte, als er seine berühmte Marburger Rede hielt. Die Rede, die die Gegenrevolution gegen Hitler anzukündigen schien und von uns allen, die wir sahen, wohin Hitler steuerte, mit einem Aufatmen begrüßt wurde. Papen war damals noch eine Hoffnung. Doch ich komme darauf noch zurück. Zum Problem der Auslanddeutschen hatte ich noch eine Gelegenheit zu sprechen. Es war kurz vor meinem Rücktritt, im Herbst des Jahres. Eine Versammlung von Vertretern des Aulanddeutschtums hatte ihre Arbeit mit einem Ausflug nach Danzig beendet. Die Mehrzahl waren meine Gäste. Ich mußte sie begrüßen. Es geschah im Gegensatz zu Hitler mit den Worten, daß nur ein auf die besondere Lage des Auslanddeutschtums angepaßter Nationalsozialismus außerhalb des Reiches möglich sei. Ich sprach von der Hoffnung auf einen »geläuterten« Nationalsozialismus. Das Wort wurde verstanden. Es wurde mir in Berlin auf das schwarze Konto gebucht. Selbst die ältesten und würdigsten Vertreter des Auslanddeutschtums kapitulierten. Sie stritten sich weiter mit den jungen Burschen um den Ruf, es besonders eifrig mit dem Nationalsozialismus zu meinen.

Uebrigens habe ich doch noch einmal Gelegenheit gehabt, mich für die Auslanddeutschen, wenigstens in Osteuropa, zu bemühen. Es war, als ich aus Genf kam, wo soeben der polnische Außenminister Beck den Minoritätenschutzvertrag vor dem Völkerbund sozusagen öffentlich kündigte, ein für Polen schwerwiegender Fehler. Denn es war kein Geringerer als Clemenceau gewesen, der in einem Briefwechsel mit dem ersten polnischen Präsidenten Paderewski diesen darüber aufgeklärt hatte, daß der Schutzvertrag als integrierender Bestandteil des Friedenspaktes eine Grundvoraussetzung der Souveränität des wiederhergestellten Polen in seinen neuen Grenzen darstelle. Ich sprach damals mit dem deutschen Außenminister Frhrn. v. Neurath. Ich wies auf die Gefährlichkeit dieser Entwicklung hin. Sie brächte uns gerade in die verkehrte Richtung. Sie brächte uns zurück. Neurath, der es besser wissen konnte, stritt das ab. Das Gespräch zeigte mir, daß auch er sich dazu bekannte, Rechtsnormen und Verträge als unzeitgemäß beiseite zu schieben, um sich allein auf einen entscheidenden Machtkampf vorzubereiten. Diese Minderheitsverträge hätten kaum einmal den Minoritäten selbst Recht gegeben. In ein paar Gesprächen mit dem polnischen Außenminister Beck würde er für die Deutschen in Polen mehr erreichen als jemals im Völkerbundsrat zustande gebracht worden wäre. Ich erwiderte, mir scheine immerhin ein gewisser Wert in dem Ansatz zu einer neuen Rechtsbildung zu liegen, auch wenn vorläufig noch keine sichtbaren Erfolge vorhanden wären. Ich stellte die Frage, ob und wann Deutschland in den Völkerbund zurückzukehren beabsichtige. Neurath lachte ungeduldig, da würde denn doch noch sehr viel Wasser vom Berge herunterlaufen.

XI.

Das gefährliche Spiel

Dieser Baron von Neurath, nicht ein Angehöriger des als kulturlos verschrienen preußischen Schwertadels, sondern ein Vertreter des süddeutschen Adels, von dem die Rede ging, daß er ein gewisses europäisches Maß von Bildung besäße, hatte mich im Frühjahr 1934 einmal zum Frühstück geladen. Mit der ihm eigenen Jovialität hatte er mir auf die Schulter geklopft: »Ablaufen lassen; in fünf Jahren spricht kein Mensch davon.« Ich hatte ihm meine Bedenken über die Entwicklung angedeutet. Mir schien Deutschland geradewegs in einen ungeheuerlichen Zusammenbruch zu treiben. Neurath fand das durchaus nicht. Mit herzhaftem Sanguinismus setzte er sich über Schwierigkeiten und Bedenken hinweg. Spielte er nur diesen Optimismus oder war er von der unmittelbar bevorstehenden Wandlung der Dinge überzeugt?

Die Entscheidung, um die es in diesem Jahre 1934 ging, hieß Fortsetzung der Revolution oder Restauration einer wirklichen Ordnung. Jeder besann sich damals. Um was ging es eigentlich? Bisher hatte jeder einzelne nur seine eigenen politischen Wunschziele in die deutsche Revolution hineininterpretiert. Aber auf einmal wurde, wenigstens den Nachdenklichen und Intelligenten klar: diese deutsche Revolution ist wirklich eine Revolution. Aber wohin führt sie? Offenbar in eine unvorstellbare Zerstörung all dessen, was bisher als unveräußerliche Grundlage jeder staatlichen und gesellschaftlichen Ordnung gegolten hatte. Konnte man das weiter mit ansehen? Hieß es hier nicht, Schluß machen und, auf die Gefahr eines nochmaligen Staatsstreiches, die ganzen braunen Horden zum Tempel herausjagen?

Aber eine Schwierigkeit war da. Ging das ohne Bürgerkrieg? Konnte Deutschland gerade in diesem Augenblick einen solchen vertragen? Denn, während die Besonnenen unter den konservativen und liberalen Kreisen, das intelligente Bürgertum einzusehen begannen, was sie mit der Berufung Hitlers an die Macht angerichtet hatten, waren die ehemals sozialistischen Massen der Arbeiter und die Kleinbürger, die Angestellten restlos vom Nationalsozialismus ergriffen worden. Vielleicht hatte der Nationalsozialismus gerade in diesem Jahr 1934 in der Masse seinen stärksten Anklang gefunden. Konnte man in diesem Augenblick der größten Massenpopularität des Nationalsozialismus einen Staatsstreich unternehmen und Hitler beseitigen, um Befürchtungen willen, die die Masse nicht verstand?

Ich berichte hier von den Gedankengängen, die mit mir viele aus allen möglichen politischen Lagern stammende »besorgte Patrioten« bewegten. Seit den ersten Tagen des Jahres 1934 verdichteten sich Wünsche, mit diesem Zauber, an dem Deutschland zugrunde gehen mußte, koste es was es wolle, ein Ende zu machen. Aber es bot sich nirgendswo eine praktische Möglichkeit des »Absprungs«. Da spitzte sich die Affäre Roehm zu. Die Reichswehr sah die Gefahr, die ihr von dem neuen revolutionären Nihilismus drohte. Sie sah, leider nur für ihre eigene Facharbeit, die drohende Zersetzung der militärischen Disziplin und der mit größter Gefahr begonnenen Aufrüstung. Vielleicht war die Reichswehr bereit, mit dem ganzen Spiel ein Ende zu machen.

Ich kannte Roehm nur flüchtig. Im Frühjahr 1933, kurz nach der Machtergreifung, hatte mich Forster mit ihm bekannt gemacht. Wir waren in das Hotel Fasanenhof in Charlottenburg herausgefahren, wo Roehm in Berlin abzusteigen pflegte. Wir trafen ihn mit seinem Adjutanten. Roehm war unzufrieden. Er hatte keinen Ministerposten bekommen. Er sah die ganze nationalsozialistische Revolution um ihren Sinn gebracht. »Wir machen Zutreiberdienste für die Generäle,« schalt er. Ob Forster nicht seinen Einfluß beim Führer für ihn einsetzen würde. Die ganze nationalsozialistische Revolution bliebe stecken, wenn die SA. keine öffentliche rechtliche Funktion, sei es als Miliz, sei es als besondere Kader des neuen Heeres, bekäme. Er habe keine Lust, sich zum Hampelmann machen zu lassen.

Später hatte ich dann die Gelegenheit, mit ihm in dem bekannten Weinrestaurant Kempinski in der Leipzigerstraße in Berlin, wo er zu frühstücken pflegte, ein ausführlicheres Gespräch zu haben, und zwar über das, worauf es ankam, die neue Wehrmacht im neuen Staat. Wer sie befehligen sollte, wer sie überhaupt schaffen sollte, die Reichswehrgeneräle oder er, der die Partei überhaupt erst ermöglicht habe. Roehm war sicherlich, von seiner besonderen Schwäche abgesehen, eine kameradschaftliche Natur, begabt, fähiger Organisator, aber, alles in allem ein Condottiere, der in die Kolonien und möglichst weit weg von Europa gehörte. Er war in seinen Vorwürfen gegen die Reichswehr ungerecht, er war verbittert. Er litt unter der hochmütigen Ablehnung der Reichswehroffiziere. Fiebernd vor Schaffenslust, im Bewußtsein etwas ganz Großes vollführen zu können, vertraute er mir in ein paar abgerissenen Sätzen sein Zukunftsbild. Wir saßen in dem großen Fenstersaal. Seine Narben wurden rot von der Erregung. Er hatte hastig ein paar Gläser Wein getrunken.

»Adolf ist gemein,« schimpfte er. «Er verrät uns alle. Er geht nur noch mit Reaktionären um. Seine alten Genossen sind ihm zu schlecht. Da holt er sich diese ostpreußischen Generäle heran. Das sind jetzt seine Vertrauten.« Er war eifersüchtig und gekränkt. »Adolf wird ein feiner Gent. Er hat sich einen Frack zugelegt,« höhnte er. Er trank ein Glas Wasser und wurde ruhiger. »Was ich will, weiß Adolf genau. Ich habe es ihm oft genug gesagt. Kein zweiter Aufguß der alten kaiserlichen Armee. Sind wir eine Revolution oder nicht? Allons enfants de la patrie! Wenn wir es sind, so muß aus unserem Elan etwas Neues entstehen, wie die Massenheere der französischen Revolution. Wenn wir das nicht sind, gehen wir vor die Hunde. Da muß etwas Neues her, versteht Ihr mich? Eine neue Disziplin. Ein neues Organisationsprinzip. Die Generäle sind alte Schuster. Denen kommt keine neue Idee.

Adolf ist bei mir in die Schule gegangen. Was er von militärischen Dingen weiß, hat er von mir. Der Krieg ist nicht bloß Waffenhandlung. Aus altem preußischen Kommiß machen wir nicht unser Revolutionsheer. Aber der Adolf ist und bleibt ein Zivilmensch, ein ‚Künstler', ein Spinner. Laßt's mir mei Ruah, denkt er. Am liebsten tät er heute schon in den Bergen sitzen und den lieben Gott spielen.

Und unsereins muß brach liegen, wo es einen in allen Fingern juckt. Ich soll mich mit dieser Hammelherde von alten Kriegervereinlern herumschleppen. Ich bin der Scharnhorst der neuen Armee, merkt Ihr das nicht, Leute? Begreift Ihr das nicht, daß was kommen muß, neu und frisch und unverbraucht. Das Fundament muß revolutionär sein. Aufpfropfen läßt sich das hernach nicht. Hier gibt es nur einmal die Gelegenheit zu was Neuem, Großem, womit wir, weiß der Himmel, die Welt aus den Angeln heben können. Aber der Hitler tut mich vertrösten. Er will den Dingen seinen Lauf lassen. Hernach erhofft er sich ein Himmelswunder. Das ist der echte Adolf. Er will die fertige Armee erben. Er will sie von den »Fachmännern« zurechtschustern lassen. Wenn ich das Wort höre, gehe ich hoch. Hernach will er sie nationalsozialistisch machen, sagt er. Aber erst überantwortet er sie den preußischen Generälen. Wo da nachher revolutionärer Geist herkommen soll! Es bleiben alte Böcke, Kerls, die den neuen Krieg sicher nicht gewinnen. Macht mir nichts vor, alle miteinander. Hier laßt Ihr das ganze Herz- und Mittelstück unserer Bewegung verkommen.«

Er schalt auf die preußischen Offiziere. Keiner von ihnen hätte sich den Wind um die Nase wehen lassen. Behütete Kadetten, die nichts anderes als die Hauptkadettenanstalt und den Kommiß gesehen hätten. Er aber wäre ein Revolutionär, ein Rebell. Er war nahe am Heulen. Das Restaurant war fast leer geworden. Der Adjutant nahm ihn fort.

Ich habe mit Roehm dann kaum noch etwas zu tun gehabt. Diese Beichte schien mir aber, wenn auch etwas unter dem Einfluß von Alkohol, die ganze Tragödie eines auf seine Weise schöpferischen Talentes auszudrücken, eines Menschen, der alles in allem doch als ein aufrechter Mensch — ein Rebell, wie er sich selbst nannte — zu sterben wußte. Er hat mich Weihnachten 1933 meines Grades in der SS. für verlustig erklärt, weil ich eine grobe Insubordination eines hohen SA.-Führers dem damals in Ostpreußen kommandierenden General von Brauchitsch zur weiteren Verwendung mitteilen ließ. Ich sah Roehm nur noch einmal, kurz vor seiner Ermordung. Er nahm keine Notiz mehr von mir.

Ich erwähne dies alles, weil mir bei einem Gespräch mit Hitler im Februar 1934 nicht nur die Ueberlegenheit Hitlers über seine nationalsozialistische Umgebung klar wurde, sondern auch sein gefährliches Spiel, das hart an seiner Absetzung ihn, allerdings unter Aufopferung seines Freundes, in das Mitkommando über die neu entstehende Wehrmacht brachte. Er schien die revolutionären Ideen dieses Freundes preisgegeben zu haben. Aber dies war nur scheinbar. Damals war noch alles unbestimmt. Hitler mußte die Verwirklichung seiner »gigantischen« Pläne den schwierigen innerpolitischen und außenpolitischen Bedingungen anpassen, konnte nur ganz kleine Schritte nach vorwärts machen und spürte daher ein unbezwingliches Verlangen, sich der Größe seiner historischen Bedeutung dadurch zu vergewissern, daß er immer wieder im Gespräch auf jene eigentlichen weltumfassenden Pläne zurückkam. Hitler sagte mir im Hinblick auf die gegenwärtigen Schwierigkeiten, er würde jeden Pakt abschließen, der Deutschland eine Wehrmacht von vierhunderttausend oder auch nur dreihundertsechzigtausend Mann zubilligen würde. Er hätte dann wenigstens diese Sorge vom Halse, könne die Kader des künftigen

Volksheeres in aller Oeffentlichkeit formieren und dann bei günstiger politischer Gelegenheit ohne Risiko einen Schritt weiter gehen.

Ich entnahm daraus, daß er einen Pakt über die deutsche Rüstungsbegrenzung jedenfalls nur als eine vorübergehende Erleichterung für ihn selbst und die Wehrmacht auffaßte, aber nicht als eine endgültige Regelung. Hitler erwähnte die Schwierigkeiten der Geheimhaltung und des schnellen Tempos der Aufrüstung. Dabei müsse notwendigerweise die Qualität zu kurz kommen. Ihm wäre es lieb, wenn es zu einer gewissen Rüstungspause kommen würde. Er hätte nachgerade den Eindruck, als ob die Aufgabe den verantwortlichen Generälen etwas über den Kopf wachse, und er befürchte eine Katastrophe, wenn im gegenwärtigen Zeitpunkt der Umstellung von dem Berufsheer der Reichswehr zum Volksheer der Wehrmacht etwa die Notwendigkeit eintreten sollte, Deutschland mit der Waffe in der Hand zu verteidigen. Er hätte andere Pläne gehabt, die es Deutschland sofort erlaubt hätten, ein Massenheer auf die Beine zu bringen, hinter dessen Schutz dann in aller Ruhe eine systematische Verbesserung und Durchbildung nach Maßgabe der allmählich wachsenden technischen Rüstung hätte erfolgen können. Er habe sich aber dem Urteil der Generäle und des Alten Herrn (Hindenburg), der eigensinnig auf seinem Oberbefehl und die Entscheidung als einziger wirklich Sachverständiger bestanden habe, gefügt.

Ich warf die Frage ein, ob es sich bei diesem Plan um die generelle Bewaffnung der SA. und SS. gehandelt habe, und ob er endgültig aufgegeben sei.

»Dieser Plan besteht nicht mehr,« antwortete Hitler. »Es genügt nicht, Begeisterung und guten Willen zu zeigen. Die Aufrüstung und die Schaffung einer großen Wehrmacht ist eine ernste und schwierige Aufgabe. Meine SA. ist enttäuscht. Sie hat mir Vorhaltungen gemacht, die ich aber als ungerechtfertigt habe zurückweisen müssen. Wie sie sich das dächten, habe ich sie gefragt. Ob ich dafür eintreten solle, daß Deutschland zwei, von einander unabhängige, Armeen aufstelle. Es gibt entweder das Prinzip der Aushebung nach Jahresklassen. Akzeptiert man das, so kann man es nicht willkürlich durchbrechen. Das andere ist das der Werbung und des freiwilligen Dienstes. Meine Parteigenossen werden sich selbst sagen können, daß dieses Prinzip, mit dem vielleicht England glücklich ist, für uns nicht ausreichend ist. Wie soll ich nun beide Prinzipien miteinander verbinden? Gilt für die Parteigenossen der freiwillige Dienst und das, was man früher Kapitulanten nannte, das heißt ein besonderer langfristiger Dienst? Oder sollen nun alle Angehörigen der SA. eine besondere militärische Elite bilden, oder soll ich sie als eine Art Miliz verwenden? Dann fehlen sie nachher bei den Reserven der regulären Armee, und es gibt ein heilloses Durcheinander. Nein, mich haben die Vorstellungen meiner SA. nicht überzeugen können. Ich gedenke die Abmachungen und Verpflichtungen mit Hindenburg und mit der Armee zu halten.«

Hitler fuhr nach einer Pause fort. »Die Zeit der Massenheere ist nicht vorbei. Deutschland muß zur allgemeinen Wehrpflicht zurückkehren und so schnell wie möglich die ungedienten Jahresklassen zu militärischen Reserven ausbilden. Selbstverständlich wird mit der wachsenden Bedeutung der technischen Truppen ein immer größerer Teil der Wehrmacht zu langfristig dienenden Berufssoldaten werden. Aber die Auslese dieser Berufstruppen kann nicht auf Grund ihrer revolutionären Gesinnung oder Parteizugehörigkeit erfolgen, sondern allein nach der beruflichen Eignung. Oder soll ich etwa im Ernst glauben, daß diese doch recht krummknochigen SA.-Männer mir das Material einer militärischen Elite hergeben? Selbst wenn ich eine Trennung zwischen SA.-Reserve und eigentlicher SA. vornehme?«

Es war leicht zu hören, wie hier die Argumente der Reichswehrführung wiederklangen, die sich gegen die Aspirationen Roehms wehrte.

»Die revolutionäre Gesinnung,« fuhr Hitler fort, »die einige Parteigenossen immer im Munde führen, als ob sie sie als einzige gepachtet hätten, ist in der Tat ein entscheidender Faktor, dessen Bedeutung ich niemals übersehen werde. Man kann nicht einfach bei den Vorkriegstraditionen anknüpfen. Gesinnungsmäßig gilt es, etwas völlig Neues zu schaffen. Wenn die Armeeführung fortfahren wird, sich vom nationalsozialistischen Geist künstlich abzuschließen, so werde ich dies allerdings nicht dulden. Und ich werde zu gegebener Zeit da eingreifen. Aber zunächst gilt es die technische Arbeit zu bewältigen. Man darf sie nicht komplizieren.«

Hitler redete nur noch für sich. »Ihr dürft nicht ungeduldig werden. Ich habe wahrhaftig alle Ursache, es selbst zu sein. Aber ich unterdrücke dies Gefühl. Euch macht ihr's leicht, mir macht ihr's schwer,« zitierte er unbewußt mit Hans Sachs aus den Meistersingern. Dann verlor er sich über die Größe seiner Aufgabe. Es gelte ja wirklich nicht bloß ein Riesenheer aufzustellen und die notwendige Rüstung zu fabrizieren. Der Geist sei allerdings das Entscheidende, der einheitliche Geist, der Führung wie Truppe beseelt. Alles würde unvollkommen sein und alsbald wieder zerfallen, wenn es nicht gelänge, diesen neuen, revolutionären Geist der neuen Wehrmacht einzuimpfen. Er könne daher niemals darauf verzichten, die Wehrmacht zum Träger derselben Ideen zu machen wie die Partei. Der Geist der Armee sei der Extrakt des Volksgeistes. Hier dürfe es keinen Widerspruch geben. Er sei geneigt, schon eher ein technisch unvollkommenes Wehrinstrument in Kauf zu nehmen, als ein technisch vollkommenes, das aber ohne Seele und Geist sei.

»Aber,« fuhr er fort, »ich werde das, was ich für unbedingt notwendig halte, langsam und zielbewußt, in kleinsten Schritten erreichen. Wir werden sehen, wer den zäheren Willen und die härtere Geduld hat, ich oder die Generäle. Mein Ziel ist, daß ein beruflich auserlesenes und besonders geschultes Spezialkorps, die künftige Stoßarmee, die aus langdienenden Parteigenossen besteht, auch gesinnungsgemäß den nationalsozialistischen Kern in der allgemeinen Wehrmacht verkörpert. Die Masse der Wehrpflichtigen aber wird mehr und mehr zu einer Truppe zweiten Ranges herabsinken mit der

Funktion einer gut ausgebildeten Miliz, deren Aufgabe im wesentlichen die der Verteidigung sein wird. Der Weg dahin ist schwierig und umständlich. Ich muß ihn gehen, weil nicht wir allein die Wehrmacht aufzustellen haben. Aber ich werde nie darauf verzichten, sie fest in den nationalsozialistischen Staat einzugliedern als seinen stärksten Rückhalt neben der Partei.«

Hitlers Urteil war nicht immer so überlegen und maßvoll. Ein Vierteljahr später hörte ich in den engeren Kreisen der Parteiführung in Berlin den Ruf nach einer ausschließlich nationalsozialistischen Berufsarmee laut werden. Ohne eine solche laufe der Nationalsozialismus Gefahr, von der Reaktion verdrängt zu werden. Ich hörte Aeußerungen Hitlers, die dem eben Mitgeteilten völlig widersprachen. Die neue Armee sei ausschließlich aus nationalsozialistischen Elementen aufzubauen, soll er gesagt haben. Es könne kein Waffenmonopol für die alte Reichswehr geben. Jetzt, bei der Vorbereitung der allgemeinen Wehrpflicht gelte es entscheidenden Widerstand zu leisten gegen die Versuche der Reaktion, sich in den ausschließlichen Besitz der Wehrmacht und damit der Herrschaft über Deutschland zu setzen. Man sehe jetzt den abgefeimten Plan der Reaktion. Sie wolle auf dem Wege der allgemeinen Wehrpflicht, die Partei zur Auflösung der SA. und SS. zwingen. Damit würde die Partei wehrlos und auf Gedeih und Verderb den Generälen ausgeliefert.

Wenn dies Hitlers eigene Aeußerung war, so zeigte sie deutlich den Einfluß der Männer um Roehm und eine gefährliche Zuspitzung der inneren Lage. Man hatte ihn also »aufgeputscht«, ihn aus seiner Lethargie herausgerissen. Ich hörte dann Hitler persönlich gelegentlich eines Besuches, den ich, aus Mangel an Zeit Hitlers im Beisein einiger Reichsführer ausführen mußte. Hitler unterbrach dabei seine Ausführungen nicht, er war im Begriff aufzubrechen. Schaub stand bereits neben ihm. Mit Heftigkeit äußerte Hitler: »Es ist ein Wahnsinn mit einer reaktionären Truppe revolutionäre Kriege führen zu wollen.« Er hatte offenbar die Opposition seiner Umgebung aufgenommen und sich selbst zu ihrem radikalen Sprecher gemacht, eine banale Taktik, die er liebte und die ihm immer wieder lästige Einwände vom Halse brachte. »Ich werde dem Plan einer allgemeinen Wehrpflicht meine Zustimmung versagen. Das deutsche Volk ist im gegenwärtigen Stadium außerstande, der Wehrpflicht ohne Gefährdung der nationalsozialistischen Aufbauarbeit zu genügen.« Ohne vorhergehende nationalsozialistische Erziehung wäre eine unterschiedslose Bewaffnung der Deutschen geradezu ein Verbrechen. Es gelte zunächst ein Berufsheer zu schaffen, und dafür kämen einzig und allein Mitglieder der Parteiformationen in Frage. Wenn ihm entgegengehalten würde, daß diese Formationen keine genügende Schulung besäßen, so erwidere er: der revolutionäre Elan ersetze ihm hundertprozentig den toten militärischen Drill.

Er führt uns ins Verderben

Was war geschehen, daß Hitler, in die Enge getrieben, den Radikalen der Partei zum Munde redete? Offenbar hatte sich die Krise verschärft. Eine Entscheidung war unausbleiblich. Aber was wollte denn Hitler eigentlich? Ließ er die Dinge treiben? War er nicht der Mann, für den er sich ausgab? Zeigte sich die Beschränktheit seiner Begabung? Je mehr die breite Masse an Hitler zu glauben begann, desto tiefer wurden die Zweifel der alten revolutionären Garde. War das die nationalsozialistische Revolution?

»Der tote Hitler nützt der Bewegung mehr als der lebende«, war die Parole, die unter den Eingeweihten zirkulierte. »Weg mit dem Hampelmann«, riefen die Radikalen. Man rief nach der zweiten Revolution, der eigentlichen. Hitler war nur der »Vorläufer«, der Johannes der Bewegung. Der eigentliche Führer sollte erst kommen. Hieß er Roehm? Wie nach Kerenski erst die eigentliche russische Revolution mit Lenin kam, war nicht so Hitler die bald vergessene

Vorstufe der eigentlichen deutschen Revolution, die erst kommen sollte?

Man müsse Hitler beseitigen, riefen die einen. Man muß ihn gefangen nehmen, man muß ihn aus den Klauen seiner reaktionären Umgebung reißen, die anderen. Alles ist im Frühjahr 1934 in Frage gestellt. Die Gefahr der Reaktion steigt riesenhoch. »Greift Adolf nicht durch, so muß er hin sein«, heißt es in den SA.-Quartieren. »Adolf gehört zu uns«, riefen die, die sich noch einen Rest von Anhänglichkeit bewahrt haben. Es gibt vielleicht niemanden in der Partei, der in der revolutionären SA. so wenig gilt wie Adolf Hitler.

Aber hat er bei seinen »reaktionären« Freunden mehr Glück? Ich hatte im Frühjahr im Essener Bergwerksverein vor einer Gruppe der Schwerindustrie gesprochen. Beim Zusammensein danach nahm ich die tiefe Niedergeschlagenheit über die politische Lage wahr. Auch hier im Gespräch die allgemeine Klage: »Er führt uns ins Verderben«. Wenig später war der heutige Oberkommandierende v. Brauchitsch in Danzig. Er war mein Gast, und wir trafen uns beim deutschen Generalkonsul. Er erhob ernste Vorstellungen über die allgemeine Entwicklung. Die Wehrmacht könne im Interesse des Staates das nicht länger dulden. Sie werde unnachsichtig Abhilfe verlangen.

Hitler steht allein.

Was will eigentlich die zweite nationalsozialistische Revolution? Hitler kannte seine Parteigenossen gut genug. »Es gibt Leute«, sagte er, »die den Sozialismus nicht anders verstehen, als daß sie nun an die Krippe herankommen, um Geschäfte zu machen und ein gutes Leben zu führen.« Diese schöne Ueberzeugung sei mit der Weimarer Republik leider nicht zugleich abhanden gekommen. Er dächte gar nicht daran, wie in Rußland, die Besitzerschicht persönlich zu erledigen. Er würde sie vielmehr zwingen, mit ihren Fähigkeiten die neue Wirtschaft aufzubauen. Er könne es sich nicht leisten, Deutschland jahrelang in Elend und Hungersnot wie Sowjetrußland vegetieren zu lassen. Außerdem würden die jetzigen Besitzer froh sein, wenn man sie am Leben ließe. Sie würden in Abhängigkeit geraten und in einen Zustand dauernder Furcht vor noch Schlimmerem. Er dächte gar nicht daran, dieses praktische Verhältnis zu ändern, um sich mit sogenannten alten Kämpfern und übereifrigen Parteigenossen herumschlagen zu müssen.

Hitler hatte mir dies gelegentlich einer Aussprache über den »Ständischen Aufbau« gesagt, den kurzen Versuch einer korporativen Wirtschaftsordnung und Sozialverfassung, den Hitler sehr bald fallen gelassen hatte.

Hitler wußte sehr genau, daß jeder Phase einer Revolution eine neue Garnitur von dirigierenden Männern entspricht. Die Flut einer zweiten Revolutionsphase würde neue Männer nach oben spülen. Bedeutete das nicht das Ende Hitlers und seiner engeren Genossen? Und konnte man die Entwicklung überhaupt in der Hand behalten, wenn man erst den proletarischen Massenaufstand entfesselte? Hitler fürchtete sich vor der Masse, trotz seiner Saalschlachten. Er fürchtete sich vor seinen eigenen Leuten.

»Unverantwortliche Elemente sind am Werk, meine ganze Aufbauarbeit zu zerstören«, schalt er. »Ich werde mir mein Werk weder von rechts noch von links zerschlagen lassen.« — Er gab die Parole aus, daß heimtückische Elemente innerhalb der Partei, Abgesandte Moskaus und der deutschnationalen Bürger gemeinsam die »zweite« nationalsozialistische Revolution verlangten, um Hitler zu stürzen.

Hitler hatte Nachricht, daß sich Roehm seiner bemächtigen wollte, übrigens ein Gedanke, der schon früher und auch später immer wieder auftauchte, wenn Hitler einmal zögerte, rechtzeitig loszuschlagen. Auf der anderen Seite war es gewiß, daß — wenn er nicht außergewöhnlich schlechte Gegenspieler hatte — er zum heimlichen Gefangenen der konservativen Kreise werden mußte, zu ihrem Fronvogt bei der revolutionären Masse, zum Dompteur der wilden Bestie »Masse«.

Hitler hatte lange geschwankt, ob er sich nicht doch mit der Parole der zweiten Revolution an die Spitze der Radikalen seiner Partei stellen und damit noch eine Scheinführung behaupten, vielleicht sogar nach einer gewissen Zeit die wirkliche Führung wieder gewinnen konnte. In den eigentlichen Zirkeln der Macht wurde damals auf das heftigste gerungen. Es ist davon noch nicht viel in die Oeffentlichkeit gedrungen. Aber man darf annehmen, daß die Entscheidung nicht so von ungefähr gefallen ist. Diese Entscheidung bewies, daß Hitler nicht bloß seiner Parteiumgebung, sondern auch seinen konservativen Gegnern und der Reichswehrführung an Einsicht und Weitsicht sehr überlegen war.

Auflösung oder offene Revolte?

Im Hintergrund wartete vor allem einer: Gregor Straßer, der große Gegenspieler Hitlers in der Partei. Noch einmal taucht dieselbe Konstellation auf wie im Herbst, im Winter 1932, als der Auseinanderfall der Partei drohte, als der General von Schleicher seinen Plan faßte, die Gewerkschaften und den sozialen Flügel der Nationalsozialisten zum Massenfundament seiner Regierung zu machen. Diese Lösung, 1932 verfrüht und den Großindustriellen unbequem, erschien jetzt, nach dem allgemeinen Tohuwabohu, das der Nationalsozialismus in den ersten eineinhalb Jahren seines Regimes erzeugt hatte, als die einzig mögliche, die einer wilden Revolution der SA. wie der unfruchtbaren Massendemagogie Hitlers, als die endgültige Form einer neuen Verfassung von der Reichswehr gestützt entgegengestellt werden konnte.

Alles kam wieder, wie im Herbst und Winter 1932; die Erbärmlichkeit und Feigheit der nationalsozialistischen Amtswalter, die sich schnell nach allen Seiten zu decken suchten. Sentimentale Reden von Treue dem Führer gegenüber bei der engeren Clique Hitlers. Schwere

Zeiten kämen. »Wir müssen treu bleiben. Vielleicht müssen wir noch einmal ganz von vorn, ganz klein anfangen.« So klang es 1932 wie 1934. Die Lethargie und Weichmütigkeit Hitlers offenbarte jedem die fragliche Größe des »Führers«. War das wirklich der gottbegnadete Befreier Deutschlands? Der sich über die Undankbarkeit des deutschen Volkes im larmoyanten Ton des verkannten Caféhausgenies beklagte. Ein schwächlicher Mensch, der anklagt und schmollt, beschwört und bittet. Der sich verbittert zurückzieht: »Wenn das deutsche Volk ihn nicht haben wolle«, anstatt zu handeln.

So war es im kritischen Winter 1932 auf 1933 gewesen. So erschien es jetzt wieder, in etwas anderer Färbung, als Symptom der großen Entscheidung.

Gregor Straßer war bei uns in Danzig wie in ganz Norddeutschland wesentlich mehr angesehen als Hitler selbst. Hitlers Natur war dem Norddeutschen unverständlich und unzugänglich. Der breite, massige Bajuvare Straßer dagegen, der ein starker Esser und ein ebenso tüchtiger Trinker war, eine Natur, die sich etwas gehen ließ, praktisch, nüchtern, zupackend, ohne viel geschwollenes Pathos, mit gesundem Bauernblick: das war der Mann, der hier sofort verstanden worden war.

Ich hatte an der letzten Führertagung vor der Machtübernahme teilgenommen. Es war in Weimar, im Herbst 1932. Gregor Straßer gab der Tagung den Stempel. Hitler verzagte in Weltschmerz und Anklage auf dem Obersalzberg. Die Lage der Partei war verzweifelt. Straßer hielt stand, mit Ruhe und Sicherheit wußte er das Gefühl zu bannen, daß sich die Partei in voller Auflösung befand. Er war es, der die Partei führte. Hitler hatte praktisch abgedankt.

War es nicht praktisch wieder so? Nur daß jetzt auf der einen Seite Roehm stand mit seiner radikalen Revolte, auf der anderen im Hintergrund aber der Nachfolger Straßer, der Verbannte, der in Ungnade Gefallene, der gehaßte Rivale. Hitler wußte, stellte er sich auf die Seite Roehms, so nahm die Reichswehr Straßer auf und ließ die Partei zerfallen. Straßer, der Mann, der von der antikapitalistischen Sehnsucht des deutschen Volkes gesprochen hatte, würde zurückkommen und mit konservativen, liberalen und anderen sozialistischen Kreisen die neue Ordnung in Deutschland schaffen. Die Verhältnisse waren umgedreht. Er, Hitler, der Mann der Schwerindustrie, wurde zum Revoluzzer, wurde wieder zum Kneipenagitator des proletarischen Massenaufstandes. Straßer, der Mann des Antikapitalismus, wurde der Freund der Generäle.

Hitler entschied sich. Er entschied sich aus Haß und Eifersucht. Der 30. Juni brach los. Er traf nicht nur die aufrührerische SA. Er traf den General v. Schleicher. Er traf Gregor Straßer.

XII.

Am Bürgerkrieg vorbei

Das Blutbad hätte größer werden können. Es bestand ein abgefeimter Plan, Hitler zu ermorden und das Bürgertum mit seinem Tode zu belasten, um dann das Signal zu einer wirklichen »Nacht der langen Messer« zu geben.

Es bleibt sich gleich, ob Roehm wirklich hatte »Verrat« begehen wollen, oder ob er nur mit dem Gedanken der zweiten Revolution gespielt und ihn dann fallen gelassen hat. Es war die in das neudeutsche »Milieu« übertragene Wallensteintragödie. Etwas von echter Tragik schimmert doch um das dunkle Ereignis vom 30. Juni, wo mehr als tausend Parteigenossen ohne Gerichtsurteil erschossen, wo viele andere, völlig Unschuldige einfach hingemeuchelt wurden. Was allerdings Hitler dann öffentlich in der Reichstagssitzung zur Rechtfertigung seiner Schnelljustiz zum Besten gab, war in der Begründung wie im Detail unüberbietbar. Erst durch diese »Rechtfertigung« des obersten Richters des deutschen Volkes wurde aus einer Art Notwehr ein Ereignis, das im deutschen Volk zwar die Opposition zum Schweigen brachte, aber zugleich eine Wunde schlug, die nie aufhörte zu eitern und das Leben zu vergiften.

Ich habe Hitler wenige Tage nach dieser Rede in einer Danziger, heute des Interesses nicht mehr werten Angelegenheit bemühen müssen. Schwerin-Krosigk, der Finanzminister und Neurath, der Außenminister, nahmen außer Forster, dem Danziger Gauleiter, an der Besprechung teil. »Lassen Sie doch dem geplagten Mann seine Ruhe«, hatte mir Neurath geraten, der Hitler nicht in dieser Lage bemühen wollte. Die Konferenz fand dann doch statt. Daß Hitler nicht der Besiegte in dem eben abgeschlossenen Prozeß war, zeigte mir die geradezu ängstlich servile Beflissenheit der beiden bürgerlich-konservativen Reichsminister vor dem Reichskanzler. Solcher Art war nicht der viel geschmähte Byzantismus vor dem früheren Monarchen. Diese Haltung war nur noch durch die Furcht vor dem Henker eines allmächtigen Kalifen zu erklären. »Um Gottes willen seien Sie vorsichtig«, hatte mir soeben ein befreundeter Ministerialdirektor geraten, als ich auf die wahnwitzige Entwicklung ohne die Aussicht auf eine wirkliche Lösung zu sprechen kam. »Die Wände haben Ohren.« Angst zitterte durch die Gänge des Auswärtigen Amtes. Furcht vor neuen Zugriffen, vor dem Ausbruch der offenen Revolution, vor den plötzlichen Revolverschüssen der Gestapo. Bei jedem heftigen Oeffnen der Türen sahen die Herren ihre Exekutoren erscheinen, die sie ohne ein Wort niederknallen würden. Sie wußten sich alle derselben Verbrechen schuldig, mindestens in Gedanken, mindestens in Wünschen. Sie alle hatten nur eine Hoffnung gehabt, daß dieser schwarzsträhnige Mann mit der häßlichen Stirn, der sich in den Zähnen herumstocherte, wenn man ihm Vortrag hielt, der einen in seiner brutalen Art anbrüllte, der nicht zuhören konnte, der immer nur dozierte — daß sie endlich von diesem Menschen befreit sein würden. Anstatt dieser Hoffnung war eine tiefe Angst und Lähmung auf alle gefallen. Was würde aus jedem? Was sollte aus Deutschland werden? Hitler hatte durch seine engsten Mitarbeiter verlangt, daß jede Erwähnung der Akte gegen v. Schleicher und andere bürgerliche nationale Oppositionelle zu unterbleiben habe, sonst würde er zur offenen Revolution aufrufen. Für den Untergang Deutschlands im Bürgerkrieg und den Einmarsch des feindlichen Auslandes trügen dann die Kreise die Verantwortung, die ihn zu dem wahnwitzigen blutigen Gericht gezwungen hätten, anstatt ihm Zeit zu geben, die Sache im Guten zu ordnen, wie er verlangt habe.

Ich hörte von allen diesen Dingen mehr flüstern und stottern als klar berichten. Jedermann fühlte, daß dieser 30. Juni keine Lösung war. Und der alte Herr, Hindenburg, ein Greis, der die Dinge nicht mehr voll begriff, der vom Tode gezeichnet war, saß abseits in Ostpreußen und erwartete sein Ende.

Weg waren sie alle, wie die Ratten in ihre Löcher, alle diese nationalen Oppositionellen, die noch soeben ihre Pläne über den Sturz des Regimes mit Wichtigkeit erörtert, die schon Ministerposten verteilt und Gerichtshöfe zur Anklage über Mißbrauch staatlicher Mittel und dergleichen eingesetzt hatten. Keiner wollte daran teilgenommen haben. »Machen Sie sich und uns nicht unglücklich«, beschworen mich Bekannte in Berlin, mit denen ich noch vor wenigen Wochen den Neuaufbau des Reiches besprochen, mit denen ich, es sei offen gesagt, konspiriert hatte. Viele Bekannte empfingen keine Besuche mehr, hielten sich eingeschlossen. Wer es konnte, verreiste, versteckte sich, schlief jede Nacht wo anders.

Am unverständlichsten war die Haltung der Reichswehr. Sie hatte ihren Willen erreicht. Röhm war erledigt. Die Unabhängigkeit der Reichswehr war gesichert. Damit war es genug. Bürgerliche Unruhen konnte sie nicht brauchen. Ueber die Erschießung der beiden Generäle v. Schleicher, den früheren Reichskanzler, und v. Bredow, behielt sie sich eine besondere Untersuchung vor. Sie ließ die einzige Chance, den nationalsozialistischen Alp abzuschütteln, vorbeigehen. Unpolitisch und kurzsichtig, entschlußlos und unsicher überall da, wo es nicht ihr militärisches Metier betraf, versuchte sie so schnell als möglich zur Ordnung und geregelten Tätigkeit zurückzukehren. Dies Versagen der hohen Beamtenkreise und Offiziere, der Großindustriellen und der Großlandwirtschaft war symptomatisch für ihre weitere Haltung. Sie waren zu keiner eigenen staatsmännischen Leistung mehr fähig. Sie würden so in jeder Krise zwar opponieren, aber vor dem Letzten zurückschrecken: dem Sturz des Regimes.

Hitler hat mit der ihm eigenen intuitiven Art die Entschlußlosigkeit seiner bürgerlichen Gegner sofort gespürt. Aber zunächst machte auch er nicht den Eindruck des Siegers. Mit gedunsenen, verzerrten Zügen saß er mir gegenüber, als ich ihm Vortrag hielt. Seine Augen waren erloschen, er sah mich nicht an. Er spielte mit seinen Fingern. Ich hatte nicht den Eindruck, daß er mir zuhörte. Aber schließlich entschied er, nach ein paar Rückfragen, dann doch in dem von mir vorgeschlagenen Sinn. Während der ganzen Zeit hatte ich den Eindruck, daß Ekel, Ueberdruß und Verachtung in ihm herumstritten, und daß er mit seinen Gedanken ganz wo anders war.

Nachdem er uns verabschiedet hatte, rief er Forster und mich noch einmal zurück. »Kommen Sie, Rauschning«, sagte er, wie plötzlich aufwachend, in einem frischeren Ton, »kommen Sie, ich möchte Sie noch etwas fragen«, zu Forster.

Ich war gespannt, um was es sich handelte. Aber es zeigte sich bald, daß er nur nicht allein sein wollte. »Erzählen Sie, was macht Danzig, sind Sie die Arbeitslosigkeit losgeworden, was macht die Autostraße, kommen Sie mit Polen zurecht?« Forster schnitt mir die Antwort ab, er berichtete selbstgefällig, was alles geleistet worden sei, was alles geschehen könnte, wenn Danzig nicht seine Währungsschwierigkeiten hätte. Hitler versuchte sein Interesse durch ein paar Bemerkungen zu zeigen. Aber ich merkte, daß er überhaupt nicht zuhörte. Sein Blick war ausdruckslos, starr in die Weite gerichtet. Dann sah er auf den Boden. Forster hatte mit einer Frage geendet. Es kam keine Antwort. Eine Pause trat ein.

Hitler stand auf. Er begann auf und ab zu gehen. Er hatte sein Arbeitszimmer seit einiger Zeit in einem großen neuen Raum, Gobelins hingen an den Wänden, Gemälde. Der Schreibtisch stand in der einen Ecke. Von der Eingangstür war es ein weiter Weg. Hitler ging von der Tür zum Schreibtisch, die Hände auf dem Rücken gefaltet.

Ich hatte gehört, er sollte nur noch stundenweise schlafen können nach dem blutigen Ereignis. Nachts irrte er ruhelos herum. Schlafmittel halfen nicht, oder er nahm sie nicht, aus Furcht vergiftet zu werden. Mit Weinkrämpfen sollte er aus dem kurzen Schlaf aufwachen. Er hätte sich wiederholt erbrochen. Mit Schüttelfrost habe er in Decken gehüllt im Sessel gesessen. Er hätte sich für vergiftet gehalten. Einmal wollte er alles erleuchtet und Menschen, viel Menschen um sich haben; im gleichen Augenblick hätte er wieder niemanden sehen wollen, hätte er Furcht vor seinen intimsten Vertrauten gehabt. Der einzige, den er noch um sich geduldet habe, sei Heß. Vor Buch, dem Henker, habe er einen wahren Abscheu. Aber er wage es ihm nicht zu zeigen. Er fürchte ihn. Uebrigens hätten ihm im letzten Augenblick die Nerven versagt. Alles sei schließlich ohne sein Wissen, auf seinen Namen hin geschehen. Er habe lange Zeit nicht die ganze schreckliche Wahrheit gewußt. Er wisse auch heute noch nicht den ganzen Umfang der Exekutionen.

»Ich habe mich auf den absolut legalen Weg festgelegt, und niemand wird mich davon abbringen«, begann Hitler seine Selbstrechtfertigung. »Alle die Einwände, die mir gemacht wurden, alle die Schwierigkeiten, die vor uns liegen, habe ich eher gesehen als alle diese dienstbeflissenen Schwarzseher, und ich habe sie in Rechnung gestellt. Mich hat keine Entwicklung überrascht. Ich werde mit derselben unerschütterlichen Gewißheit das gigantische Ziel unserer Revolution erreichen. Ich brauche dazu nicht Besserwisser und Kritiker, die ihre eigene Zügellosigkeit zum Gesetz unserer Entwicklung erheben wollen. Diese Menschen, die sich ein Vergnügen daraus machen, mir täglich unseren sicheren Untergang an den Fingern vorzuzählen und die Schwierigkeiten zu übertreiben, denen im Anfang jedes große Werk begegnet. Als ob diese Narren nicht besser täten, sich und mir selbst Mut in unserem schweren Kampf zu machen, indem sie, anstatt das Negative, das Positive in unserer großen Arbeit betonen. Weiß ich nicht besser wie sie, daß wir noch nicht die Macht in den Händen haben. Aber *mein* Wille entscheidet. Und wer sich meinen Anordnungen nicht fügt, der wird vernichtet. Nicht erst wenn die Aufsässigkeit bereits sichtbar und in aller Welt Munde ist, sondern wenn ich auch nur den Verdacht einer Insubordination habe. Ich gehe unbeirrt und ungerührt meinen Weg.«

In solchen Allgemeinheiten erging sich Hitler eine ganze Weile. Dann schlug seine Stimmung um. »Fünf Minuten vor dem Tode des alten Herrn machen diese Verbrecher mir diese Schwierigkeiten«, empörte er sich. »Wo alles darauf ankam, wer die Nachfolge des Reichspräsidenten antritt, ich oder einer von der reaktionären Sippe. Einzig und allein um dieser Dummheit willen verdienten diese Leute schon erschossen zu werden. Habe ich euch nicht immer wieder eingeschärft, nur die unverbrüchliche Einheit des Willens kann unser Wagnis gelingen lassen. Wer außer der Reihe tanzt, wird erschossen. Habe ich diese Menschen nicht zehnmal, hundertmal beschworen, auf mich zu hören! Jetzt, wo alles darauf ankam, daß die Partei eine einzige geschlossene Willenseinheit war, muß ich mir von den reaktionären Burschen sagen lassen, daß ich nicht in meinem eigenen Hause Ordnung und Disziplin zu halten verstünde. Ich muß mir vorwerfen lassen, daß die Partei der Herd der Aufsässigkeit sei, ärger als der Kommunismus. Ich muß mir sagen lassen, daß die Dinge schlimmer stehen, als zur Zeit der Brüning und Papen. Ich muß mir ein Ultimatum stellen lassen. Von diesen Feiglingen und erbärmlichen Kreaturen«, schrie er, »Ich, ich!«

»Aber sie irren sich«, fuhr er ruhiger fort, »ich bin nicht am Ende, wie sie meinen. Sie irren sich alle. Sie unterschätzen mich. Weil ich von unten komme, aus der »Hefe des Volkes«, weil ich keine Bildung habe, weil ich mich nicht zu benehmen weiß, wie es in ihren Spatzenhirnen als richtig gilt. Wenn ich einer von ihnen wäre, dann wäre ich etwa der große Mann; heute schon. Aber ich brauche sie nicht, um mir von ihnen meine geschichtliche Größe bestätigen zu lassen. Diese Aufsässigkeit meiner SA. hat mich um viele Trümpfe gebracht. Aber ich habe noch andere in der Hand. Ich bin nicht um Aushilfen verlegen, wenn mir mal was schief geht. Der saubere

Plan dieser Männer wird nicht gelingen. Sie können mich nicht übergehen, wenn der alte Herr stirbt. Sie mögen da als Reichsverweser hinstellen, wen auch immer. Sie brauchen meine Einwilligung dazu. Und ich werde sie ihnen *nicht* geben. Das Volk will keine Hohenzollernmonarchie. Nur *ich* kann die Massen dazu bringen. Nur *mir* würden sie glauben, daß eine Monarchie notwendig ist. Aber ich werde es *nicht* tun. Es fällt ihnen nichts ein, diesen erbärmlichen Wichtigmachern, diesen Amts- und Kommißseelen. Haben Sie gemerkt, wie die Leute zittern, wie sie mir zu Munde reden?

Ich habe ihnen ihr Konzept verdorben. Sie dachten, ich würde es nicht wagen; ich wäre zu feige. Sie sahen mich schon in ihren Schlingen zappeln. Sie hielten mich schon für ihr Werkzeug. Und hinter meinem Rücken machten sie Späße, ich hätte nun keine Macht mehr. Meine Partei sei ich losgeworden. Ich habe das alles längst durchschaut. Ich habe ihnen auf die Finger geschlagen, daß sie den Schlag noch lange spüren werden. Was ich in dem Gericht über die SA. eingebüßt habe, das bringt mir das Gericht an diesen feudalen Spielern und professionellen Hasardeuren, den Schleicher und Konsorten wieder ein.

Wenn ich heute das Volk aufrufe, so folgt es mir. Wenn ich an die Partei appelliere, dann steht sie da, so geschlossen wie nur je. Es ist ihnen nicht gelungen, meine Partei zu spalten. Ich habe die Rädelsführer vernichten lassen, auch die möglichen Rädelsführer, die im Verborgenen lauerten. Sie haben mich der Partei entfremden wollen, um mich als ihr willenloses Werkzeug in die Hände zu bekommen. Aber ich stehe da, stärker als nie zuvor. Heran, meine Herren Papen und Hugenberg, ich bin zur nächsten Runde fertig.«

Auf solche Weise machte sich Hitler Mut. Er entließ uns. Er war wie ein Mensch, der sich soeben eine Morphiumspritze gegeben hatte.

Hitler hatte richtig vorausgesagt. Der große Coup gelang ihm. Er wurde der Nachfolger Hindenburgs, als dieser im August in Neudeck zu früh oder zu spät seine Augen schloß. Ueber die Hintergründe des Eides der Reichswehr auf Hitler wissen nur wenige Leute Bescheid. Ich gehöre nicht zu ihnen. Ich habe Hindenburg noch vor seiner Ueberführung nach dem Tannenberger Schlachtendenkmal in Neudeck auf dem schmucklosen Sterbelager gesehen, in einem Raum, klein und einfach, auf einem schlichten Metallbette ruhend. Ueberhaupt dieses Neudeck, ein wenig ausgebaut, aber doch der schlichte Typ des ostpreußischen Gutshauses, wie er mir vom eigenen väterlichen Gut vertraut war. Wie stach das ab von der modernen aufdringlichen Sachlichkeit, oder von dem Luxus der neuen Machthaber. Es war derselbe Typ des Landhauses wie Kadinen, einer der Lieblingssitze des früheren Kaisers. Gewisse Familientraditionen verknüpften meine Familie mit dem Gut Neudeck, und mein Urgroßvater war vor hundert Jahren aus den Befreiungskriegen als der Adjutant der Brigade von Beneckendorf und von Hindenburg zurückgekehrt. Ich war von dem greisen Feldmarschall noch anfangs des Jahres in Berlin in Audienz empfangen worden. Sein Gedächtnis hatte schon nachgelassen, zeitweise erkannte er nicht mehr seine Besucher. Ich selbst hatte ihn ungewöhnlich frisch gefunden. Er hatte sich lange mit mir über Danzig unterhalten.

Auch in Neudeck, im Sommer, schon dem Tode verfallen, konnte er noch aufgeräumt und heiter sein. Bei einem japanischen Prinzenbesuch amüsierten ihn Erzählungen exotischer Bräuche. Er konnte noch lachen und harmlose Witze machen. Etwas, was seinem Reichskanzler Hitler völlig abging. Er hatte noch von Hitler den Bericht über die Exekution des 30. Juni erhalten und hielt damit alles aufs beste geordnet. Ja, er hatte Hitler sogar getröstet, als dieser ihm die Schwere seiner Aufgabe klagte. Keine Geburt ginge ohne Blut vonstatten. Ohne daß Blut vergossen würde, könne das neue große deutsche Reich nicht geboren werden.

Aber auf dem Sterbebette, zwischen lichten Momenten und Phantasien des sterbenden Feldmarschalls, muß es etwas gegeben haben, was wir heute noch nicht wissen. Eins ist völlig sicher, daß Hindenburg mit dem Befehl an seine Nachfolger geschieden ist, die Dynastie der Hohenzollern zurückzuführen. Nur unter der alten angestammten Dynastie, die sich in einem folgerichtigen geschichtlichen Wachstum zu der Führung Deutschlands emporgerungen hatte, konnte er sich eine gesicherte deutsche Zukunft vorstellen.

Oskar von Hindenburg, der Sohn, begrüßte mich, nachdem ich den alten Feldmarschall noch einmal gesehen hatte. Es war keine Zeit, mehr als Belangloses zu wechseln. Das Gut war von SS. abgeriegelt.

Ich nahm dann auch an der Beisetzungsfeierlichkeit in Tannenberg teil und hörte die geschmacklose Rede, an deren Ende Hitler den greisen, christlich-gläubigen Feldmarschall blasphemisch eingehen ließ in Walhalla. Hitler hatte es geschafft. Die zweite Revolution war verschoben, aber er war der Herr Deutschlands, er wurde es von Stund an mehr und mehr.

Ueber diese zweite Revolution äußerte sich Hitler kurz nach der Feier im Kreise seiner Vertrauten, und er ließ dies als Parolen unter den Eingeweihten weiter zirkulieren. So erfuhr ich es, obwohl ich an der Privatfeier Hitlers aus Anlaß seiner offiziellen Anerkennung als »Führer« des deutschen Reiches nicht teilnahm.

»Mein Sozialismus ist etwas anderes als Marxismus. Mein Sozialismus ist nicht Klassenkampf, sondern Ordnung. Wer sich den Sozialismus als Aufruhr und Massendemagogie vorstellt, der ist nicht Nationalsozialist. Revolution ist nicht ein Spektakelstück für die Massen. Revolution ist harte Arbeit. Die Masse sieht nur die vollzogenen Schritte, aber es entzieht sich ihrer Kenntnis und soll sich auch entziehen, welche Unsumme von verborgener Arbeit zu leisten ist, ehe ein neuer Schritt vorwärts gemacht werden kann.

Die Revolution kann nicht abgeschlossen werden. Sie ist nie abzuschließen. Wir sind Bewegung, wir sind ewige Revolution. Wir werden uns nie auf einen Zustand festlegen lassen.

Was ich jetzt getan habe, wird vielen unverständlich bleiben. Aber der Erfolg hat mir recht gegeben. Schon binnen sechs Wochen sind meine Gegner in der Partei, die Besserwisser schlagend belehrt worden, daß die Ereignisse des 30. Juni notwendig und richtig waren.

Aeußerlich schließe ich die Revolution ab. Aber wir verlegen sie ins Innere. So wie wir alle unseren Haß auf Eis legen und an den Tag denken, an dem wir unsere Maske abwerfen werden, um ganz als die dazustehen, die wir sind und ewig bleiben.

Was ich im Sinne habe, kann ich Ihnen heute noch nicht sagen. Jedenfalls nehmen Sie die Ueberzeugung mit sich, daß der Sozialismus, wie wir ihn verstehen, nicht das Glück des einzelnen betrifft, sondern die Größe und Zukunft der Gesamtheit des Volkes. Es ist ein heroischer Sozialismus. Es ist die Gemeinschaft einer verschworenen Waffenbrüderschaft, die keinen Eigenbesitz, sondern alles gemeinsam hat.

Jetzt aber werde ich Ordnung schaffen.

Unsere erste Aufgabe ist, zu rüsten und uns für den Krieg, der unvermeidlich ist, vorzubereiten. Unsere zweite Aufgabe ist, die für unsere Kampfbereitschaft beste wirtschaftliche und soziale Voraussetzung zu schaffen. Die Ordnung Deutschlands ist von nun an die des befestigten Feldlagers. An uns selbst und unsere Lebensbedürfnisse haben wir von nun an nicht zu denken.

Und,« fügte er hinzu, »die SA. muß eine Zeit durchs Fegefeuer gehen. Aber es kommt die Zeit, wo ich sie voll restituieren und zu höchsten Ehren bringen werde. Denn«, soll er mit Schluchzen in der Stimme gesprochen haben, »auch sie starben für die Größe unserer Bewegung. Sie wollten das beste, aber auf ihre eigenwillige Weise. Daher mußten sie notwendigerweise irren und verfielen dem Urteilsspruch, dem jeder unterliegt, der nicht zu gehorchen versteht.«

XIII.

Neue Sozialordnung, neue Wirtschaft

Hitler hatte sich etwas ganz anderes als soziale und wirtschaftliche Ordnung des deutschen Volkes vorgestellt als eine permanente »Feldlagerordnung«. Das heißt, hatte er sich überhaupt etwas vorgestellt? Jedenfalls hatte er seine Programmatiker darauf losarbeiten lassen, und unter den von dem Ingenieur Feder als parteiamtlich erklärten Broschüren fungierte denn auch in Ausführung des nationalsozialistischen Parteiprogramms eine Schrift über den »Ständischen Aufbau« im Dritten Reich. Bald nach der Machtübernahme begannen die wildesten Versuche, die Wirtschaft zu »ordnen«. Unter der vielversprechenden Devise »Gemeinnutz geht vor Eigennutz« sollte nach Meinung der einen eine Wirtschaftsordnung durchgeführt werden, in der der ökonomische Nutzen des einzelnen Wirtschaftssubjektes möglichst überhaupt ausgeschaltet war. Nach Meinung anderer galt es, durch eine staatliche Oberleitung der Wirtschaft einen Ausgleich der Interessen dadurch zu finden, daß als die eigentliche Aufgabe der Wirtschaft nicht mehr der Nutzen des einzelnen, sondern die Bedürfnisse des Staates und des Volkes zu treten hätten.

Leichter gesagt, als durchgeführt. Bedeutete das nun den korporativen Staat? Bedeutete das eine totale Planwirtschaft? War das der Staatssozialismus? Zunächst einmal mußte gehandelt werden; aktiv mußte man sein. Das klare Ziel würde sich dann schon von selber einstellen. Und so begann denn von allen Seiten her ein furchtbares

Drauflos-organisieren. Die empfindliche und höchst entwickelte deutsche Wirtschaft erfuhr einen Einbruch von Organisationsbarbaren, daß alle Ordnungsbegriffe ins Kreisen kamen. Der ständische Aufbau wurde zum aufständischen Bau, wie man in diesen Jahren mit Ingrimm spottete. Dieses Organisationsfieber brachte alles zum Aufstand.

Mit der Landwirtschaft ging das noch verhältnismäßig leicht. Selbst wenn es noch bei einer teilweise freien Marktwirtschaft blieb, konnte doch der »Reichsnährstand» in gewisser Weise die Ideen einer korporativen Ordnung verwirklichen. Sobald man darüber hinaus zu Handel, Gewerbe und Industrie kam, geriet man in ein undurchdringliches Gestrüpp von Schwierigkeiten. Denn was wollte man wirklich? Was hieß »Bedarfdeckungswirtschaft«? Man sah sich auf einmal Phrasen oder halb durchdachten Schlagworten gegenüber, die sich, wenn man zupackte, in Dunst auflösten.

Aber es gab noch andere Leute, gewitzt und sehr realistisch, die bemerkten, daß da in den ständischen Organisationen der Wirtschaft Apparate geschaffen wurden, mit denen sich ein erheblicher Einfluß auf die Wirtschaftsunternehmen gewinnen ließ. .Dieser »ständische Aufbau« war das geeignete Instrument zur Beherrschung der Wirtschaft. Es ging nicht an, daß sich etwa die Wirtschaft nach ihren eigenen Bedürfnissen zu einem großen Selbstverwaltungskörper ordnete, sagten diese Leute. Damit würde die Wirtschaft ja noch mehr als bisher den Staat aufsaugen und sich selbst an die Stelle des Staates setzen. Wenn dies der Sinn des korporativen Staates sei, dann habe der Nationalsozialismus mit ihm nichts zu schaffen. Nein, nicht Ordnung der Wirtschaft, sondern Beherrschung der Wirtschaft; Unterstellung der Wirtschaft unter die Vormundschaft der nationalsozialstischen Partei: das war das Ziel dieser Leute, die keine eigenen Wirtschaftsgesetze anerkannten, sondern der Meinung waren, die Wirtschaft ließe sich ohne Schaden auch nach ihr wesensfremden Gesichtspunkten ordnen. Diesen Leuten galt der »Ständische Aufbau« als Mittel zum

Zweck ihrer Herrschaft. Was sie organisierten, war ein Beherrschungsapparat über die Wirtschaft.

Es war keine Frage, daß die ungeheure Arbeitslosigkeit Eingriffe in die Wirtschaft nötig machte. Aber steigerten sie wirklich die Produktivität, oder waren es nicht bloß vorübergehende Aushilfen? War nun aber nicht einmal die Steigerung der wirtschaftlichen Produktivität und der innere Ausgleich der einzelnen Wirtschaftszweige der Sinn der Organisation, sondern die Unterstellung unter den Staat oder gar nur eine Partei, was wurde dann aus der Wirtschaft selbst?

Wir hatten in Danzig diese ganzen Fragen im kleinen übersichtlichen Raum auch auf dem Halse. Es wurde auch hier munter drauflos organisiert. Mir selbst schien es möglich, zu neuen Formen eines gewissen Protektionismus zu kommen, die unsere Situation gegenüber Polen hätte verbessern können. Der Gedanke eines wirklichen korporativen Staates und einer Art neuen Merkantilismus schien mir übrigens nicht abwegig zu sein. Forster, der Danziger Gauleiter, hatte dagegen den Ehrgeiz, als erster mit dem Ständischen Aufbau fertig zu werden, um vor Hitler zu brillieren. Er ließ einen der jungen Männer kommen, die sich in der Partei mit diesem Sachgebiet beschäftigten, den Verfasser eben jenes programmatischen Pamphletes über »Ständischen Aufbau«. Der junge Mann kam sechs Mann hoch nach Danzig und wollte den Grundstein zu seinem Lebenswerk legen.

Inzwischen hatte sich aber sehr bald herausgestellt, daß Danzig der ungeeignetste Punkt für Wirtschaftsexperimente war, und daß eine Hafenstadt mit internationalem Güterverkehr, dazu noch ohne eigene Zollhoheit, am besten täte, ihre Wirtschaft so frei als möglich sich entfalten zu lassen, aber beileibe keine Komplikationen und Regelungen zuzulassen, die nur dazu dienen konnten, daß sich der Warenverkehr nach günstigeren Plätzen zog. Ich sah daher, daß wir nichts Besseres tun konnten, als den ganzen ständischen Aufbau beiseite zu packen.

Das gab nun also den Anlaß zu einem ernsten Konflikt mit der

Partei, umso mehr, als nach den Plänen derselben schließlich aus dem ganzen Meisterentwurf der neuen Wirtschaftsordnung nichts anderes ersichtlich wurde, als daß die Wirtschaft dem Befehl der Partei unterworfen werden sollte. Ich weigerte mich, diese Ordnung als Gesetz annehmen zu lassen. Es gab Beschwerden hin und her. Heß, Hitlers Stellvertreter, lud mich vor. In seiner einsilbigen Art, welche tiefe Ueberlegung vermuten läßt, im Grunde aber nichts anderes ist als die Unbeholfenheit und Unentschlossenheit einer nicht ausgereiften Persönlichkeit, wußte er nichts anderes aus der Sache zu machen, als daß er mir einige sanfte Vorhaltungen machte. Schließlich kam es zu einem Gespräch mit Hitler.

»Was haben Sie also?« fragte er. Als ich ihm meine Bedenken über diese Sorte Wirtschaftsordnung sagte, war er erstaunt. Er dächte gar nicht daran, diesen ganzen Unfug zu billigen. Ob denn der Forster gar nicht wisse, daß er den ständischen Aufbau längst vertagt habe. Ich erwiderte, mir sei davon nichts bekannt, ich hätte mir sonst viel Arbeit und unnötigen Aerger erspart. Hitler verlor sich auf seine Art sofort in eine Art Selbstrechtfertigung seines Entschlusses und knüpfte daran in »großen Linien« ein Bekenntnis seiner sozialistischen Ideen, wie sie ihm damals geläufig waren.

»Wollen Sie die korporative Ordnung der Wirtschaft überhaupt aufgeben?« fragte ich.

»Ich kann mir unter diesem Wort vorläufig nichts vorstellen,« erwiderte Hitler. »Und ich bin sicher, Sie werden das auch nicht können. Mussolini arbeitet seit Jahren an der Verwirklichung einer neuen Wirtschaftsordnung, die er so genannt hat. Aber er ist nicht weiter gekommen. Das heißt, das Wesentliche, Eigentliche, Krönende, das die Wölbung verbindende Schlußstück hat er nicht gefunden. Ich will Ihnen etwas sagen. Man soll solche Dinge nicht erzwingen wollen. Man darf niemals konstruieren. Verstehen Sie? Diese Dinge müssen wachsen, und zwar von unten herauf. Wenn Sie von oben herunter nach einem Schema konstruieren, dann haben Sie so eine papierene

Sache, die sich niemals mit Leben füllt. Können Sie sich vorstellen, wie ein Künstler schafft? Nun also, geradeso muß der Staatsmann reifen lassen, seine eigenen Gedanken, mehr noch die treibenden Kräfte in der Nation selbst. Er kann da und dort anregen, er kann die Kräfte führen und regeln, er kann auch einmal alles wieder zurückstellen, wenn er sieht, daß die echten Kräfte noch nicht da sind. Er kann nichts künstlich herbeizwingen. Nichts ist falscher als der noch unreifen Nation von oben etwas, und sei es noch so gut ausgedacht, überzuziehen. Nur etwas kann man tun, diese schöpferische Unruhe, die den wahren Künstler immer in Spannung hält, die muß man wecken und lebendig erhalten. Die darf man nicht verkümmern lassen.«

»Der ständische Aufbau, oder der korporative Staat, oder wie man das nennen will, ist demnach noch nicht reif genug, um bereits verwirklicht zu werden?« fragte ich. »Aber der jetzige Zustand eines völligen Chaos kann doch nicht bestehen bleiben.«

»Das Grübeln nützt in diesen Dingen nichts,« fuhr Hitler fort. »Sie können sich auf den Kopf stellen, wenn eine Sache nicht reif ist, bringen Sie sie nicht zustande. Das weiß ich als Künstler. Und ich weiß es als Staatsmann. Dann heißt es nur eins, Geduld haben, zurückstellen, wieder hervorholen, nochmal zurückstellen. Im Unterbewußtsein arbeitet das dann. Es reift, manchmal stirbt es ganz ab. Wenn ich nicht die innere, unbestechliche Gewißheit habe: das ist die Lösung, so muß sie aussehen, mache ich nichts. Und wenn die ganze Partei mir in den Ohren liegt: handle. Ich tue es nicht, ich warte. Da mag sonst noch etwas geschehen. Wenn die Stimme aber spricht, dann weiß ich: es ist richtig, es ist Zeit zum Handeln. Es ist mit den Parteigenossen, mit dem Volk dasselbe. Verstehen sie etwas nicht, so muß man es zurückstellen. Man muß es später noch einmal versuchen, und immer wieder versuchen. Schließlich ist der Zeitpunkt da. Sie greifen es auf, sie führen es aus, als hätten sie nie an etwas anderes gedacht. Ich mußte natürlich die Partei sich mit dem ständischen Gedanken beschäftigen lassen. Ich mußte experimentell feststellen, wie reif das alles ist, und ob es etwas ist, das uns weiter bringen könnte. Ich werde niemals nach einem Rezept handeln. Es ist selbstverständlich, daß ich, bevor ich etwas durchführe, mich überzeuge, ob es überhaupt möglich ist. Und ich brauche Männer, die es durchführen. Ich habe da Parteigenossen für eine Aufgabe bestellt. Gut, wenn sie sie bewältigen, sind sie am Platze, sonst müssen andere heran. Aber wenn ich niemanden finde, dann ist dies ebenfalls ein untrügliches Zeichen, daß die Zeit für die Aufgabe noch nicht reif ist. Es besteht ein absolut gesetzmäßiger Zusammenhang zwischen Aufgaben und Männern, die sie lösen. Sind die Männer nicht da, so sind die Probleme nicht reif, die Zeit ist noch nicht gekommen. Und es hilft kein Schrei nach dem »starken Mann«. Aber ist die Zeit erfüllt, so sind auch die Männer da. Ich kann nicht ohne geeignete Männer meine Ideen realisieren. Ich habe mich aber in diesen Monaten nicht davon überzeugen können, daß die richtigen Männer da sind, um dem ständischen Gedanken die geeignete Form zu geben. Gut, wir stellen die Aufgabe zurück, um sie ein anderes Mal hervorzuholen.«

Mir schiene denn doch die Zeit reif, warf ich ein, zwischen der freien, liberalen Wirtschaft und einer total dirigierten Bolschewistenwirtschaft eine Synthese zu versuchen.

»Gibt es so etwas?« fragte Hitler. »Lassen Sie sich nicht durch Schemata verführen. Ich weiß heute jedenfalls weniger über diese Dinge, als ich vor ein paar Jahren zu wissen glaubte.«

Der Nutzen einer ins Wilde hinausschießenden Organisationswut scheine mir noch weniger zu einer Abklärung geeignet als die ernsthafte theoretische Beschäftigung vorher, erwiderte ich.

»Können Sie sich nicht denken,« wurde Hitler ungeduldig, »daß ich den Leuten etwas zu tun geben muß? Sie wollen alle mithelfen. Sie sind voll glühendem Eifer. Ich muß ihnen etwas bieten. Nun wohl, sollen sie sich an etwas versuchen. Schließlich ist der ständische

Aufbau nicht so wichtig, daß sie dabei viel verderben könnten. Schließlich kommt aus all den Bemühungen doch noch etwas Brauchbares heraus.«

Liefen die ganzen Worte zuvor nun bloß darauf hinaus, zu verbergen, daß es gar nicht darum ging, die neue Wirtschaftsordnung Deutschlands auf eine experimentelle Art zu finden, sondern nur die Masse der Parteigenossen zu beschäftigen, von wichtigeren Dingen abzulenken? Zweifellos nein. Die Motive der Hitler'schen Politik und seiner persönlichen Entschließungen sind immer komplexer Art. Sicherlich war es ein sehr starker Grund für die Umorganisation der Wirtschaft, die Partei möglichst abzulenken. Aber man wäre doch im Unrecht, wenn man *nur* dieses Motiv für wirksam hielte. Hitlers Gedächtnis hatte allerdings die Eigenschaft, nur die Motive zu behalten, die ihm später zur Selbstinterpretation wichtig erschienen.

Hitler hat sich übrigens nie mit dem Detail von Fragen abgegeben, mit zwei Ausnahmen: der Außenpolitik und der Wehrmacht. Das, was man die Beherrschung einer Materie nennt, war ihm vollkommen gleichgültig. Er wurde ungeduldig, wenn man ihm mit Detailproblemen kam. Er hatte eine große Abneigung vor reinen »Fachmännern« und hielt auf ihr Urteil gar nichts. Er betrachtete Fachmänner nur als Handlanger, als Pinselwäscher und Farbenreiber, um in der Begriffswelt seines Malergewerbes zu bleiben.

»Sie müssen sich von Akten freimachen,« riet er mir bei dieser Gelegenheit. »Für den Bürokram haben Sie andere Leute. Man muß den Blick frei behalten. Man sieht sofort, Sie beschäftigen sich zuviel mit Details. Kommen Sie bloß nicht in die unglückliche Leidenschaft von dem früheren Reichskanzler Brüning, der jedes Gesetz eigenhändig veröffentlichungsreif machte. Das charakterisiert diesen Mann. Deshalb behielt er auch keine Kraft zu großen Entschlüssen. Haben Sie nie den falschen Ehrgeiz, sich mit Einzelheiten zu befassen oder Gesetze selbst zu entwerfen.«

Ich erwiderte, ich hätte allerdings bei den Gesetzen zu der geplanten ständischen Ordnung bis in das Detail gearbeitet; denn erst im Detail würde die Sache entscheidend und gefährlich. Ich könne nicht einsehen, wie man das vermeiden könne. Sonst bliebe man in allem von seinen Sachverständigen abhängig und müßte schließlich nach dem Gefühl entscheiden.

»Gerade das ist es, was Sie sollen,« unterbrach mich Hitler lebhaft. »Vertrauen Sie Ihrem Gefühl, Ihrem guten Instinkt oder wie Sie das nennen wollen. Und vertrauen Sie niemals Ihren Kenntnissen. Eines lassen Sie sich gesagt sein. Diesen guten Instinkt haben Fachleute nie. Bei ihnen dürfen Sie den nicht suchen, sondern nur bei Ihnen selbst, bei den Parteigenossen. Je mehr Sie mit den Parteigenossen sprechen, desto mehr werden Ihnen selbst die Dinge klar, desto mehr vereinfachen sich Ihnen die Fragen. Sie müssen selbst klarer denken, einfacher, wenn Sie den Parteigenossen etwas klar machen wollen. Sie müssen alles Komplizierte, Gelehrte abstoßen. Das ist die heilsame Wirkung unseres ständigen Gedankenaustauschs mit den Parteigenossen, wo wir zum Volk selbst reden, nicht mit schon wieder volksfremden Abgeordneten, wie in der Demokratie. Die Fachmänner aber, die in ihren Gedankenschemata hängen wie die Spinne im Netz, unfähig, etwas anderes als ihr ewig gleiches Netz zu spinnen, denen kommandieren Sie nur, und Sie werden sehen, auf einmal kommen sie mit einem ganz anderen Entwurf an. Fachmänner können immer anders, als sie zuerst dachten. Am Ende läuft das Ganze darauf hinaus, daß, wenn wir nur ernsthaft wollen, die Sachverständigen uns schon mit dem Material bedienen, das wir benötigen.«

Ich muß gestehen, ich war enttäuscht, daß Hitler auf diese Weise jede Besprechung von Details ablehnte. Denn gerade auf die Darlegung der mir wichtigen Einzelheiten glaubte ich Gewicht legen zu müssen. Aber Hitler interessierte offenbar die ganze Frage des ständischen Aufbaus überhaupt nicht mehr. Eine Entscheidung über diese oder jene Richtung war von ihm nicht zu erlangen. Es war nicht das erstemal, daß er, wenn Schwierigkeiten auftauchten, alles beiseite schob, was er soeben noch geplant hatte, und sich auch gar nicht weiter darum bekümmerte, was für ein Trümmerhaufen zurückblieb. Er sprang für seine Person aus allen ihn belästigenden Schwierigkeiten heraus, und wollte dann überhaupt nicht mehr erinnert werden.

Die Gabe zu vereinfachen, das war es, was er auch hier wieder als seine besondere Fähigkeit hinstellte, die ihn seiner Umgebung überlegen machte.

Der Vollstrecker des Marxismus

»Ich bin nicht bloß der Ueberwinder, ich bin auch der Vollstrecker des Marxismus, wenn man das, was er wollte und was berechtigt an ihm ist, der jüdisch-talmudischen Dogmatik entkleidet.« Ich hatte Hitler die Frage gestellt, bei dem ganzen Fragenkreis der Wirtschaftsordnung gehe es denn doch um eins, ob der ökonomische Privatnutzen weiterhin der Motor des Wirtschaftslebens bleiben solle. Es gebe Parteigenossen, die das leidenschaftlich bestritten und eine radikalere soziale Revolution erwarteten, als wenigstens der gemäßigte Maxismus je im Sinne gehabt habe.

»Ich habe vom Marxismus viel gelernt. Ich gestehe das ohne weiteres ein. Nicht etwa von dieser langweiligen Gesellschaftslehre und materialistischen Geschichtsauffassung, von diesem absurden Zeug von »Grenznutzenlehre« und dergleichen. Aber von ihren Methoden habe ich gelernt. Nur, ich habe damit Ernst gemacht, womit diese kleinen Krämer- und Sekretärseelen zaghaft angefangen haben. Der ganze Nationalsozialismus steckt da drin. Sehen Sie nur genauer zu. Arbeiterturnvereine, Betriebszellen, Massenaufmärsche, Propagandaschriften eigens für das Verständnis der Masse verfaßt; alle diese neuen Mittel des politischen Kampfes gehen ja im wesentlichen auf die Marxisten zurück. Ich brauchte nur diese Mittel zu übernehmen und zu entwickeln, und hatte im wesentlichen, was uns nottat. Ich brauchte nur das konsequent fortzuführen, was bei der Sozialdemokratie zehnmal gebrochen war, nämlich infolge des Umstandes, daß sie ihre Revolution im Rahmen einer Demokratie verwirklichen wollten. Der Nationalsozialismus ist das, was der Marxismus hätte sein können, wenn er sich aus der absurden, künstlichen Bindung mit einer demokratischen Ordnung losgelöst hätte.«

Das bedeute doch aber schließlich nichts anderes als Bolschewismus und Kommunismus wie in Rußland, wandte ich ein.

»Nein, eben nicht,« erwiderte Hitler. »Sie machen den alten Trugschluß. Uebrig bleibt dann ein revolutionärer Gestaltungswille, der keiner ideologischen Krücken mehr bedarf und sich ein rücksichtsloses Machtinstrument entwickelt, mit dem er sich im Volke selbst und in der Welt durchsetzen kann. Aus einer wissenschaftlich begründeten Heilslehre wird so eine mit den Requisiten der Macht ausgestattete reale revolutionäre Bewegung.«

»Und das Ziel dieses Willens?« fragte ich.

»Es gibt kein fest fixiertes Ziel. Ist Ihnen das zu schwierig zu verstehen?« fragte mich Hitler.

Ich antwortete, dieser Aspekt der Dinge sei mir allerdings etwas ungewohnt und neu.

»Wir sind eine Bewegung. Nichts drückt besser unser Wesen aus. Der Marxismus lehrt, daß mit einem ungeheuren Umsturz plötzlich die Welt anders ist. Das tausendjährige Reich ist vom Himmel gefallen wie das himmlische Jerusalem. Danach hört die Weltgeschichte auf. Es gibt keine Entwicklung mehr. Alles ist nun geordnet. Der Hirte weidet seine Lämmer. Die Welt ist zu Ende. Aber wir wissen, daß es nie einen Endzustand gibt, daß es keine Dauer gibt, sondern nur eine ewige Umwandlung. Nur was tot ist, ist wandellos. Die Vergangenheit ist ewig. Aber die Zukunft ist der unerschöpfliche Strom unendlicher Möglichkeiten immer neuer Schöpfung.«

Von einem solchen hohen Standpunkt aus hätte ich es allerdings nicht gesehen, erwiderte ich.

»Es ist der einzige Standpunkt, von dem aus man es sehen kann,« fuhr Hitler fort. »Ich habe in meiner Jugend und noch in meiner ersten Münchner Zeit nach dem Kriege die Berührung mit den Marxisten aller Schattierungen nicht gescheut. Ich war der Meinung, aus den einen oder anderen sei doch noch etwas zu machen. Sie hatten doch, wahrhaftig, freie Bahn, sich zu entfalten. Aber es waren und blieben kleine Leute. Was Großes kam hier nicht hoch. Sie wollten keinen Saul haben, der den Durchschnitt um eines Hauptes Länge überragte. Umso mehr Itzige hatten sie, die dogmatische Haarspaltereien trieben. Da habe ich mich erst entschlossen, etwas Neues zu beginnen. Aber man hätte aus der bisherigen deutschen Arbeiterbewegung das gestalten können, was heute wir sind. Vielleicht wäre es für Deutschland gesünder gewesen, wenn es hier nicht zu einem Bruch gekommen wäre. Nein, es war nicht viel mehr nötig, als daß die deutschen Arbeiter die irrigen Vorstellungen von einer Demokratie, in deren Rahmen sich ihre Revolution erfüllen würde, abstießen. Aber das war denn allerdings auch schon der entscheidende, welthistorische Schritt, den wir zu tun berufen waren.

Sie fragen mich nach dem wirtschaftlichen Privatnutzen, ob man den beseitigen müsse,« fuhr Hitler nach kurzem Besinnen fort. »Nun, selbstverständlich nicht. Wo hätte ich das jemals gesagt oder sagen lassen. Es wäre so hirnverbrannt, als wollte ich den Geschlechtstrieb durch Gesetz abschaffen lassen. Der Erwerbstrieb und der Besitztrieb können nicht beseitigt werden. Das Natürliche bleibt. Wir sind die Letzten, die das bestreiten wollten. Aber wie wir diese natürlichen Triebe einordnen und befriedigen, das ist erst die eigentliche Frage. Es handelt sich um die durch den Staat und die Allgemeinheit nach ihren Lebensbedürfnissen zu ziehenden Grenzen des Privatprofits und der Privatinitiative. Und da antworte ich Ihnen, ungerührt von allen gelehrten Meinungen und Zunftwissen: es gibt gar keine allgemein gültigen, ein für allemal nach einem Prinzip zu ziehenden Grenzen. Sondern einzig und allein die nach Zeit und Umständen wechselnden

Bedürfnisse des Staates schränken beides ein. Was heute etwa notwendig ist, braucht es morgen nicht mehr zu sein. Diese Begrenzung ist keine Frage theoretischer Entscheidung, sondern der praktisch jeweils gegebenen Lage. Ich kann und muß daher, was ich heute für richtig halte, morgen unter veränderten Bedingungen wieder aufgeben oder anders regeln.

Es gibt keinen ein für allemal gültigen Idealzustand. Wer die Ordnung der Wirtschaft und der Gesellschaft mit einer Heilslehre verknüpft, ist ein Narr. Es gibt keine Gleichheit, keine Eigentumslosigkeit, es gibt keinen gerechten Lohn, oder was man sich sonst ausgetüftelt hat. Auch dieser ganze Unterschied von Bedarfdeckungswirtschaft und Profitwirtschaft dient zu nichts als zur vorübergehenden Beschäftigung von Müßiggängern und Wirrköpfen.«

»Und die Programmpunkte über eine Bodenreform, die ‚Brechung der Zinsknechtschaft' und die Verstaatlichung der Banken,« warf ich ein.

»Kommen Sie auch mit dem Programm,« erwiderte Hitler ungeduldig. »Muß ich das Ihnen sagen, was es mit diesem Programm auf sich hat? Wer es wörtlich versteht und nicht als den großen Prospekt im Hintergrund unserer Bühne, der mag bei den einfältigen Seelen bleiben. Ich werde dieses Programm nie ändern, und es ist für die Masse berechnet. Es zeigt die Richtungen einiger unserer Bestrebungen an. Nicht mehr und nicht weniger. Es ist wie das Dogma der Kirche. Erschöpft sich die Bedeutung der Kirche in ihren Dogmen oder nicht vielmehr in ihrer Tätigkeit mitsamt ihrem Ritus? Die Masse braucht etwas für die Phantasie, und sie braucht feste, bleibende Lehrsätze. Die Eingeweihten wissen, daß es nichts Festes gibt, daß sich alles ständig wandelt. Darum sage ich Ihnen, der Nationalsozialismus ist werdender Sozialismus, der sich nie vollendet, weil er immer in Wandlung begriffen ist.«

Wenn selbst ein Mann wie Hjalmar Schacht, der große Wirtschaftszauberer, erklärt, er ginge nie ohne innere Befreiung von einer Aussprache mit Hitler fort, — er fühle sich immer gestärkt, und die großen Perspektiven, die Hitler jedesmal zeige, gäben einem das Gefühl der Bedeutung für die eigene Arbeit wieder —, wenn selbst der klügste aller Wirtschaftsführer so denkt, wie hätte es mir anders gehen können? Allgemeinheiten, mit großer Ueberzeugung vorgetragen, wirken zu Zeiten wie Offenbarungen. Und das *Einfache* unterscheidet sich nicht immer vom *Einfältigen*.

Was konnte ich von dem eben Gehörten in meinem Tageskampf gegen die kleinen Parteigeister gebrauchen? Hitler hatte mir zu verstehen gegeben, daß er mich für würdig halte, in seine eigentlichen Gedanken eingeweiht zu werden. Gedanken, die er selbst seinem Gauleiter vorenthielt, weil dieser sie nicht verstanden hätte. Verpflichtet so etwas nicht, zwingt es nicht zur Geheimhaltung dieses besonderen Wissens vor der Menge, und verpflichtet es nicht zur Nachsicht gegenüber den verständnislosen Wünschen eben dieser Menge, einschließlich jenes Gauleiters? Oder war nicht vielmehr diese ganze Vertraulichkeit nur eine scheinbare, einer der vielen Tricks Hitlers, mit denen er sich ständig Menschen untertänig macht?

Ich fragte Hitler, was für eine Bewandtnis es mit jenem Dreieck habe, das er Ley von der Arbeitsfront und einigen Gauleitern gezeichnet habe, um ihnen die künftige soziale Ordnung klar zu machen. Hitler entsann sich offenbar nicht mehr. Forster habe es wohl auch nicht mehr ganz zustande gebracht, aber er habe es gerühmt und gesagt, es sei ihm gleich alles klar geworden, half ich nach.

»Ich erinnere mich,« fiel Hitler ein. »Sie meinen dies: die eine Seite des Dreiecks ist die ‚Arbeitsfront'. Hier ist die soziale Gemeinschaft, hier gibt es keine Klasse, hier hilft einer dem andern. Hier findet sich jeder geborgen, empfängt seine Unterstützung, seine Beratung, seine Beschäftigung in der Freizeit. Hier bedeutet jeder soviel wie der andere. Hier herrscht Gleichheit. Die zweite Seite ist der Berufsstand. Hier ist der einzelne getrennt, eingestuft, nach seiner Leistung und Qualität berufen, für die Allgemeinheit zu arbeiten. Hier entscheidet das Können. Hier gilt jeder soviel, wie er leistet. Die dritte Seite bedeutet die Partei, die in einer ihrer vielen Gliederungen jeden Deutschen erfaßt, wenn er nicht unwürdig ist. In der Partei ist jeder mitberufen, an der Führung der Nation teilzunehmen. Hier entscheidet die Hingabe und die Stärke des Willens. Hier gilt jeder als Parteigenosse gleich, aber er hat sich einer Rangordnung zu fügen, die unverbrüchlich ist.«

Ich bejahte, so ungefähr hätte Forster versucht, es mir klar zu machen, aber er habe es nicht mehr ganz zusammengebracht. Es habe da schließlich noch eine mystische Bewandtnis gehabt: etwa die eine Seite verkörpere zugleich die Willensseite im Menschen, die andere das, was man Herz nennt, die dritte den Verstand.

Hitler lachte. Das könnten wir auf sich beruhen lassen. Er habe nur zeigen wollen, wie jeder einzelne Mensch in allen seinen Regungen und Tätigkeiten umfangen sein müsse von besonderen Gliederungen der Partei. »Die Partei übernimmt die Funktion der bisherigen Gesellschaft, das ist es, was ich ihnen klar machen wollte. Die Partei ist allumfassend. Sie regelt das Dasein in seiner ganzen Breite und Tiefe. Es ist daher notwendig, daß wir Gliederungen entwickeln, in denen sich das ganze Einzelleben abspielen muß. Jede Tätigkeit und jedes Bedürfnis jedes Einzelnen wird demnach von der durch die Partei vertretenen Allgemeinheit geregelt. Es gibt keine Willkür mehr, es gibt keine freien Räume, in denen der Einzelne sich selbst gehört. Das heißt Sozialismus, aber nicht solche Detailfragen, wie die nach der Möglichkeit des privaten Besitzes von Produktionsmitteln. Was das schon besagt, wenn ich die Menschen fest in eine Disziplin eingeordnet habe, aus der sie nicht heraus können. Mögen sie doch Grund und Boden oder Fabriken besitzen soviel sie wollen. Das entscheidende ist, daß der Staat durch die Partei über sie bestimmt, gleich, ob sie Besitzer sind oder Arbeiter. Verstehen Sie, alles dies bedeutet nichts mehr. Unser Sozialismus greift viel tiefer. Er ändert nicht die äußere Ordnung der Dinge, sondern er ordnet allein das Verhältnis des Menschen zum Staat, zur Volksgemeinschaft. Er ordnet es mit Hilfe der einen Partei. Besser würde ich sagen, mit Hilfe eines Ordens.«

Das wäre denn doch eine neue und harte Lehre, konnte ich mir nicht versagen zu bemerken.

»Das wäre es wohl allerdings,« erwiderte Hitler, und nicht jeder sei imstande, sie zu begreifen. So habe er sich bemüßigt gefühlt, seine Ideen mit dem kleinen Schema etwas zu popularisieren.

Dann wäre es also auch nichts mit einer Art Lehnsherrschaft des Staates, einem Obereigentum des Staates an den Produktionsmitteln, von denen besonders eifrige Sozial- und Wirtschaftspolitiker der Partei fabelten, fragte ich.

»Warum soll ich mich mit all diesen halben Aushilfen noch abgeben, wenn ich viel Wesentlicheres in den Händen habe: den Menschen selbst nämlich. Die Masse hält sich immer an Aeußerlichkeiten. Was heißt schon Verstaatlichung, Sozialisierung. Als ob irgend etwas damit geändert ist, daß die Besitztitel der Fabrik nun jetzt in Händen des Staates sind und nicht mehr des Herrn Lehmann. Aber wenn die Herren Direktoren und hohen Angestellten einer allgemeingültigen Disziplin unterworfen sind, dann erst kommt es zu einer neuen Ordnung, für die alle bisherigen Begriffe unzureichend sind.«

Ich erwiderte, ich begänne allerdings zu verstehen, daß sich damit eine ganz neue und große Perspektive auftue. Ich müsse aber so ehrlich sein, zu sagen, daß sie mich vorläufig nicht beglücke.

»Die Zeit des persönlichen Glückes ist vorbei,« entgegnete mir Hitler. »Wir werden dafür ein Gemeinschaftsglück empfinden. Gibt es etwas Beglückenderes als eine nationalsozialistische Versammlung, in der man sich eins fühlt, Redner und Zuhörer? Es ist das Glück der Gemeinsamkeit. Es ist das, was in solcher Intensität nur die ersten

Christengemeinden empfunden haben können. Und auch sie opferten ihr persönliches Glück um der höheren Beglückung in der Gemeinde willen.

Empfinden und erleben wir unsere große Zeitenwende so,« schloß Hitler, »dann bekümmern uns nicht mehr Einzelheiten und einzelne Fehlschläge. Wir wissen dann, daß wir auf allen Wegen vorwärts kommen, scheinen sie auch noch so sehr von der Richtung abzuführen. Dann behalten wir vor allem den unbändigen Willen, die Welt zu revolutionieren, in einem Maße wie nie zuvor in der Geschichte. Dann gewährt es uns aber auch einen ganz besonderen heimlichen Genuß, zu sehen, wie die Leute um uns nicht gewahr werden, was mit ihnen wirklich geschieht. Sie starren gebannt auf ein paar vertraute Aeußerlichkeiten, auf Besitz und Einkommen und Rang und überkommene Begriffe. Wenn die nur erhalten bleiben, dann hat alles seine Richtigkeit. Inzwischen sind sie selbst aber in einen neuen Zusammenhang geraten, eine gewaltige Ordnungskraft hat sie in ihren Bann geschlagen. Sie selbst haben sich gewandelt. Was besagt da schon Besitz und Einkommen. Was haben wir das nötig: Sozialisierung der Banken und der Fabriken. Wir sozialisieren die Menschen.«

XIV.

Ist Hitler Diktator?

Mein Konflikt mit der nationalsozialistischen Partei in Danzig ging weiter. Ich wurde gedrängt, die Verfassung durch brutale Behandlung der Opposition de facto zu ändern. Ständige Ausschreitungen gegen den polnischen Bevölkerungsteil erschwerten die Politik eines Ausgleichs mit Polen. In wirtschaftlicher Beziehung wurde von der Partei sinnlos drauflos gewirtschaftet. Ich war in der Regierung völlig isoliert, da meine Kollegen es für ihre Karriere für vorteilhafter hielten, den Wünschen der Partei entgegenzukommen statt sich durch sachliche Bedenken persönlich zu kompromittieren. Dieser Zustand ging soweit, daß außer den offiziellen Regierungssitzungen geheime Sondersitzungen ohne mich stattfanden, in denen die Regierungsbeschlüsse zum Teil wieder annulliert wurden. Obwohl die Danziger Verhältnisse klein waren, umfaßten sie doch dieselben Probleme, die auch das deutsche Reich unter der nationalsozialistischen Diktatur zu lösen hatte. Dasselbe Durch- und Gegeneinander wie in Danzig herrschte auch in Deutschland. Es war immerhin möglich, daß, wie im Reich, so auch in Danzig sich die verworrene Lage abklärte und allmählich die realen Kräfte ihr Gewicht geltend machten; die wirtschaftliche, die außenpolitische, die militärische Lage. Ich versuchte jedenfalls trotz meiner Isolierung weiterzuarbeiten. Dazu bestimmte mich vor allem die außenpolitische Lage Danzigs, die sich weiter zu verschlechtern drohte.

Meine Kollegen und die Partei gingen jedoch in ihrem Kampf gegen mich als das einzige Hindernis der Gleichschaltung Danzigs weiter. Sie beschwerten sich über mich bei Heß und bei Hitler selbst. Der Grund war Entfremdung von der Partei und parteifeindliches Verhalten, demzufolge ich nicht mehr das Vertrauen der Bevölkerung besäße. Es kam zu ein paar Ausgleichsversuchen bei Heß. Ich bot meinen Rücktritt an und erklärte mich zugleich bereit, jeden anderen Posten anzunehmen, wenn Gauleiter Forster als Präsident zugleich auch die volle Verantwortung für die Regierung übernähme. Ich erklärte Heß, daß die volle Verantwortung unter dem Druck der sachlichen Schwierigkeiten Herrn Forster sehr bald zu meiner Linie der Politik zwingen würde. Heß erklärte, daß Hitler unter keinen Umständen einen eigenmächtigen Rücktritt dulde. Es sei meine Pflicht, mich mit der Partei zu verständigen. Forster aber erklärte mir in der brutalen Offenherzigkeit, zu der sich diese Sorte von verschlagenen Politikern immer wieder hinreißen lassen: »Ich denke gar nicht daran, mir meine Karriere zu versauen.«

Schließlich kam die ganze Angelegenheit dann doch vor Hitler selbst. Er hielt es für wichtig genug, die ganzen Danziger Senatoren persönlich über mich zu vernehmen. Wobei dann freilich nicht viel Belastenderes herauskam, als daß ich — wie mein späterer Nachfolger im Amt sagte — an die Möglichkeit eines deutsch-polnischen Ausgleichs »wirklich« glaubte, anstatt ihn nur als ein vorläufiges Hilfsmittel zu benutzen. Uebrigens nahm ich an dieser Vernehmung nicht teil, und es wurde mir auch nie Gelegenheit gegeben, mich gegen Einzelvorwürfe zu rechtfertigen. Dafür lud mich Hitler allein vor. Es war Februar 1934. Ich hatte mich zu rechtfertigen. Ich tat es, indem ich die gegebenen Bedingungen der Danziger Politik skizzierte und die von mir geführte politische Linie und die Wünsche der Partei gegenüberstellte. Dazu war sachlich wenig zu sagen.

Hitler aber begann, indem er mir vorhielt, ich stelle geradezu die Forderung nach einer Blankovollmacht, um allein regieren zu können. Wenn Politik so einfach wäre, daß nur nach den sachlichen Erfordernissen gehandelt werden könnte, dann sei das ein sehr einfaches Geschäft und man könne sich mit den Fachleuten begnügen. Leider habe man es aber in allererster Linie mit der menschlichen Unvollkommenheit zu tun, mit der Böswilligkeit und mit der Verständnislosigkeit. Böswillig sei nun die Partei keinesfalls. Oder ob ich das behaupten wolle? Alle, die jetzt unter dem Nationalsozialismus eine politische Verantwortung zu tragen hätten, wüßten gar nicht, wie gut sie es gegenüber den Politikern hätten, die wie in der Zeit der Weimarer Republik nicht bloß mit der Verständnislosigkeit, sondern auf Schritt und Tritt auch mit der Böswilligkeit aller gegen alle zu tun gehabt hätten. Das sei ja eine der größten Leistungen des Nationalsozialismus, daß er eben dieses, das ganze Leben der Nation vergiftende Moment ausgeschaltet habe, die böswillige Ranküne von auf einander neidischen und eifersüchtigen Parteigruppen, denen es nicht um sachliche Leistungen, sondern um ihre eigene Geltung und den eigenen Profit ginge.

»Die Partei ist gutwillig. *Die Partei versteht alles.* Es kommt nur darauf an, wie man es ihr klarmacht. Wenn man seine Absichten nicht der Partei verständlich machen kann, dann sind einem entweder die Dinge selbst noch nicht deutlich und elementar einfach genug, oder man ist nicht der geeignete Mann. Und wenn man sich von der Partei entfremdet, daß sie nicht mehr die Sprache von einem versteht, dann ist es immer die eigene Schuld. Ich predige deshalb immer wieder: sprechen, sprechen, Versammlungen abhalten, mit der Masse der Parteigenossen in ständiger Fühlung bleiben. Wenn Sie diese verlieren, dann können Sie die besten Absichten haben, man wird Sie nicht verstehen. Wir dürfen nie in den Fehler der volksfremden bürgerlichen Abgeordneten fallen, die ein-, zweimal Versammlungen abhalten, am besten vierzehn Tage vor den Neuwahlen und sich im übrigen nie um ihre Wähler kümmern. Es kann sein, daß unsere Parteigenossen gewisse Dinge nicht verstehen, weil sie ihnen bisher fremd gewesen sind. Aber niemand kann ihnen vorwerfen, daß sie nicht verstehen *wollen.* Es ist meine Aufgabe, wie die jedes einzelnen meiner Mitarbeiter, den Parteigenossen meine Absichten immer wieder klar zu machen, bis sie verstanden haben, bis sie freiwillig folgen. Daß sich bei diesem Ringen vieles auch von Ihrer eigenen Beurteilung der Dinge abschleifen wird, daß Sie Ihr Urteil anpassen müssen, das versteht sich von selbst. Das ist das Fruchtbare an diesem immerwährenden Gedankenaustausch. Die Partei ist ein unbestechlicher Richter. Ihre eigenen Motive und Ideen mögen noch so richtig sein. Lehnt die Partei sie ab, dann suchen Sie die Schuld zunächst in sich selbst.«

Hitler sprach laut und bestimmt, aber nicht unfreundlich. Ich warf vorsichtig ein, daß es daran bei mir nicht fehlen solle, die für notwendig gehaltene Politik zu erklären und verständlich zu machen. Ich hätte aber den begründeten Anlaß, zu vermuten, daß es Stellen gäbe, denen gar nichts daran läge, daß die Oeffentlichkeit für diese Politik Verständnis bekäme.

Hitler fuhr mich barsch an. Er könne auch nicht tun, was er für richtig halte. Er habe Rücksichten zu nehmen und sich dem Willen und dem Grad der Erkenntnis anderer anzupassen. Er sei Verpflichtungen eingegangen und gedenke, sich strikte daran zu halten. Er habe vor allem Rücksichten auf das schwierige Verständnis des alten Herrn zu nehmen, dessen Gedächtnis und Aufnahmefähigkeit getrübt seien, und der mit dem Starrsinn des Alters vieles, ohne es zu prüfen, ablehne. Er müsse sich damit abfinden und seine Politik darauf einstellen. Oder ob ich glaube, daß er Diktator sei und tun und lassen könne, was er wolle. »Ich bin kein Diktator und werde nie ein Diktator sein.« Auch wenn es ihm gelänge, die heutigen Fesseln seiner Politik abzustreifen, würde er niemals nach eigenem Gutdünken entscheiden können. Solche Verantwortung könne ein einzelner gar nicht tragen, die damit verbunden wäre. Ich mache mir einen ganz falschen Begriff von dem, was »Führung« bedeute, und beginge den landläufigen Irrtum, Führung und Diktatur zu verwechseln. »Damit, daß wir nicht abstimmen und keine Mehrheitsbeschlüsse durchführen, hört die Kontrolle unserer Politik noch nicht auf, weder diejenige durch die Gesamtheit der Partei noch die durch andere, außerhalb der Partei bestehende Faktoren. Wollen Sie unabhängiger sein als ich?« Hilter mäßigte sich. Als Diktator könne jeder Hanswurst regieren. Solange es eben ginge. Aber es ginge nicht lange. »Sie verlangen Vollmachten. Sie wollen die Partei ausscheiden. Und wer gibt mir Gewähr, daß Sie es sind, der recht hat? Und woher nähme ich, wenn ich so wie Sie in völliger Unabhängigkeit drauflos regieren wollte, die Gewißheit, daß ich selbst recht habe? Diese Gewißheit gewinne ich nur, wenn ich mich immer wieder mit dem Willen der Partei auseinandersetze. Und die Gewißheit habe ich bei Ihnen nur, wenn andere Männer, wenn die unbestechliche Partei Ihnen gegenübersteht und jeden Ihrer Schritte prüft. Sind Sie sich mit diesen Männern einig, dann weiß ich, daß Sie auf dem rechten Wege sind. Unbegrenzte Vollmachten gibt es nicht, und ich würde sie niemals mir selber anmaßen. Das Wort Diktatur ist eine Irreführung, es gibt gar keine Diktatur im landläufigen Sinne. Jeder, auch der krasseste Autokrat, muß seinen absoluten Willen an Gegebenheiten korrigieren. Es gibt, bei Lichte besehen, nur wechselnde Formen, einen Generalwillen zu bilden. Sie können als parlamentarischer Ministerpräsident zu Zeiten absoluter regieren und sind weniger abhängig, als ich es heute bin und in aller Zukunft sein werde.

Diktator sein ist ein Schlagwort, ohne Realität dahinter. Die Art, wie ich in der Partei die Generalsumme unzähliger Beobachtungen, Urteile und Wünsche ziehe, ist eine eminent schwierige und mir immer von neuem gestellte Aufgabe. Es ist meine vornehmste Aufgabe, mich niemals im Gegensatz zu meiner Partei zu befinden. Wenn ich anderer Ueberzeugung bin als sie, ist es meine Pflicht, entweder meine oder ihre Ansicht zu ändern. Was Sie aber verlangen, kann Ihnen kein Mensch geben. Sie wollen im leeren Raum operieren, anstatt sich mit den Gegenkräften auseinanderzusetzen, ohne die ein Leben überhaupt nicht denkbar ist.«

Hitler redete weiter an dem eigentlichen realen Thema, das ganz konkrete Fragen enthielt, vorbei und gefiel sich in einer allgemeinen Erörterung über das Wesen der Partei.

»Was bedeutet denn überhaupt unsere Partei, warum haben wir denn diese vielen Parteien beseitigt und den ganzen parlamentarisch-demokratischen Betrieb bekämpft? Etwa weil wir die Verbindung mit dem Volk ausschalten wollten? Wir haben veraltete Institutionen über den Haufen geworfen, gerade weil sie nicht mehr dienten, mit der Gesamtheit der Nation in fruchtbarer Beziehung zu bleiben, weil sie zum Geschwätz, zum dreisten Betrug geführt hatten. Wir haben Schmarotzer beseitigt, die sich zwischen der Führung eines Volkes und diesem selbst eingenistet hatten. Die Rolle der Masse ist damit freilich ausgespielt. Es gibt kein Stimmvieh mehr, das man alle paar Jahre einmal durch Worte betrunken machte. An die Stelle der Masse tritt die aus ihr erwachsene Volksgemeinschaft, die gegliederte, zum Selbstbewußtsein gebrachte Nation: unsere Partei.

Partei ist ein falscher Begriff. Am liebsten würde ich Orden sagen. Aber dieser Begriff ist romantisch. Der Jungdeutsche Orden hat ihn abgespielt, und man denkt an die kirchlichen Orden. Was ist der Sinn unserer Partei? Nur der hat ein Recht, mitzureden, der Pflichten übernimmt. Aber wer das tut, wer sich in unseren Orden einreiht, wer dafür würdig erachtet wird, und das geschieht ohne Ansehen der Person, der hat das Recht, gehört zu werden und er *wird* gehört. Wir sind ständig in Berührung mit dieser Auslese des Volkes. Wir bringen alle Fragen an sie heran. Wir leisten eine politische Erziehungsarbeit wie keine Partei je zuvor. Ich werde nie eine wichtige Entscheidung fällen, ohne mich des Einverständnisses der Partei zu vergewissern. Ich kann nicht kommandieren, was mir behagt. Was ich befehle, ist nicht Willkür, sondern erfolgt in den Grenzen des dauernd zu erringenden Einverständnisses der Partei. Wir gehen weiter als jedes Parlament der Welt, indem wir uns einer ständigen Volksbefragung und Abstimmung unterwerfen. Nur so entsteht die wahre Volksgemeinschaft. Ich bin nicht abhängig vom Mann der Straße. Aber ich bin meinen Parteigenossen verantwortlich. Die parlamentarischen Demokratien können ihre öffentliche Meinung beliebig beeinflussen. Ich habe mich einem unbestechlichen Richter zu unterwerfen, meiner Partei.«

Hitler redete weiter über die Größe der nationalsozialistischen Bewegung. Die Gestalt, die sich jetzt unser Volk gebe, das sei das Wesentliche. Die Disziplin sei es, die alle zusammenhielte, aber nicht so sehr das einzelne Ziel, der einzelne Programmpunkt. Ich gestehe, von seiner begeisterten Rede beeindruckt worden zu sein. Trotzdem ließ mich der Gedanke nicht los: welch ein seltsames Schauspiel. Dieser Mann steigert sich in eine Idealisierung seiner Bemühungen, die in Wirklichkeit ganz anderen Motiven gehorchen. War das bewußte Irreführung? Oder glaubte er selbst daran? Ich glaube, das letztere trifft zu. Er mußte sich, um über die ständige Misere der täglichen Kämpfe in der Partei hinweg zu kommen, eine fiktive Welt schaffen, zu der er sich hinaufsteigerte. Und er sah dann bestimmt nicht mehr das, was wirklich war, sondern was er inbrünstig zu sehen wünschte. Hitler, der Schöpfer einer neuen Form der Demokratie, das war eigentlich das Motiv seiner Rede. Der Nationalsozialismus macht mit der Demokratie, die im Parlamentarismus entartet ist, ernst.

Ich stellte die Frage, ob es nicht der Klärung diene, wenn diese neue Form, die sich heute aus der immer noch gültigen Weimarer Reichsverfassung herauslöse, sobald als möglich eine gesetzliche Fassung bekäme. So, wie der Zustand heute sei, befände man sich als verantwortlicher Politiker ständig in einem Konflikt der Pflichten. Der alte Zustand sei nicht mehr rechtskräftig, der neue aber trete immer mit dem Anspruch auf, revolutionäre Gewalt zu bedeuten und sich als solche gewaltsam durchzusetzen. Nur weil sich die neue Regierungsform keiner Regel füge, erscheine sie als Willkür, nicht, weil sie etwas Neues bedeute.

Hitler lehnte schroff ab. Wenn sich der neue Zustand erst verfassungsmäßig formulieren lasse, dann müsse die revolutionäre Kraft bereits als erschöpft gelten. Man müsse solange als möglich den revolutionären Zustand offen halten, um die schöpferische Kraft nicht vorzeitig zum Erlahmen zu bringen. »Es ist der fundamentale Irrtum dieser Advokaten und Gesetzemacher, daß man mit einer Verfassung und einem Rechtskodex Leben schaffen könne. Das wirkliche Leben wird sich dann immer außerhalb des verfassungsmäßigen Zustandes abspielen, so wie es uns die ausgeklügelte Weimarer Verfassung gezeigt hat. Verfassungen können nur reale Entwicklungen abschließen, aber nicht ihnen vorangehen. Mit künstlichem Konstruieren vergewaltigt man das Leben. Krankheit im Volkskörper, und ständige Unruhen oder Wachstumsstörungen werden die unausweichliche Folge.« Er würde es solange als möglich bei dem jetzigen Zustand belassen. Denn es sei noch gar nicht abzusehen, in welcher Richtung sich die neue Form des deutschen Volkes entwickeln würde. Man müsse alles wachsen und ausreifen lassen. »Ich kann warten«, betonte Hitler. »Mögen meine Nachfolger schließlich nach meinem Tode die Entwicklung des gewaltigen Lebens unserer Nation kodifizieren. Jetzt ist es noch nicht an der Zeit.«

Hitler kam dabei auf die Reichsreform zu sprechen. Die Verhältnisse lägen dort genau so. Man dränge ihn, dem Reich die neue Gauverfassung zu geben, die alten historischen Länder aufzulösen und dafür die neuen Gaue als bleibende Gliederung des Reiches einzurichten. Aber er denke gar nicht daran, sich drängen zu lassen. Er habe es als Künstler sehr genau im Gefühl, wann ein Gedanke gereift sei. Hier aber sei noch alles im ersten Stadium des Gärens. Uebrigens müßten erst noch die Länder wie Oesterreich und Böhmen, es müßten die polnischen und die französischen Gebiete hinzukommen, ehe er wirklich die große bleibende Gestalt des neuen Deutschland aus der Tonmasse herausmodellieren könne. Die neuen Glieder müßten wachsen, aus alten und neuen Traditionen und revolutionären Kräften müßten neue Einheiten zusammenwachsen, ehe man auch hier durch eine Verfassung den Schlußstrich unter eine abgeschlossene Entwicklung ziehen könne. So müsse er immer wieder seine Parteigenossen ermahnen, Geduld zu haben.

Nicht anders sei es mit der Entwicklung des Rechts. Auch hier sei alles noch im Fluß. Und gerade daß es so sei, bürge ihm dafür, daß neues Leben in die Rechtsprechung einziehe. Was man objektives Recht nenne, so etwas gebe es natürlich nicht. »Recht ist Mittel der Beherrschung. Recht ist die in Regeln gebrachte Herrschaftsausübung.« Auch hier sei er kein Diktator, der etwas erzwingen wolle, sondern er sei Baumeister. Aber er sei es wie jene großen Dombaumeister, die Generation für Generation an einem ungeheuren Bauwerk bauten, dessen Eigenleben abzulauschen ihnen mehr galt als eigene, geniale Einfälle. »So baue ich an dem neuen Deutschland nicht wie ein eigenwilliger und im tiefsten Sinne unproduktiver Künstler dieser Zeit, sondern wie die frommen Dombaumeister des Mittelalters.«

Hitler hatte sich in Begeisterung hineingeredet. Er hatte den Anlaß, meine Rechtfertigung, vergessen. »Zehn Jahre gesetzgeberischer Zeit brauche ich«, rief er leidenschaftlich. »Die Zeit drängt. Ich habe nicht lange genug zu leben. Und zuvor muß ich unseren Befreiungskrieg führen. Ich muß das Fundament legen, auf dem die anderen nach mir bauen können. Ich werde es nicht mehr vollendet sehen«, brach er ab.

Hitler entließ mich freundlich. Ich war verwirrt. Meine eigene Frage blieb ungeklärt. Indem er mich verabschiedete, gab er mir noch einen Rat: »Ich möchte Sie vor zweierlei warnen: geben Sie sich nicht mit dieser bürgerlich-nationalen Gesellschaft ab. Nehmen Sie sie nicht ernster als sie es verdient. Die Zeit dieser Herren ist um. Das bürgerliche Zeitalter ist abgeschlossen. Diese Männer sind Gespenster. Lassen Sie sich nicht von ihrer sogenannten Sachkenntnis imponieren. Sie verstehen die neu heraufkommende Welt nicht, und sie mißverstehen ihre Gesetze. Diese Leute werden weder mir noch Ihnen eine Hilfe sein. Das andere, wovor ich Sie warne, ist dieser Völkerbund und sein Vertreter bei Ihnen. Auch diese Welt ist im Aussterben. Nehmen Sie die Wichtigtuerei dieser Leute für das, was es ist, ein Theater, das unwirklich ist, sobald man aus der Vorstellung wieder auf der Straße ist. Sie müssen sich von allen Rücksichten frei machen, dann werden Sie die Partei, und die Partei wird Sie verstehen.«

Phantasie und Wirklichkeit

Die Wirklichkeit sah anders aus. Die Partei war weder gutwillig noch wollte sie verstehen. Sie wollte Macht haben. Jeder einzelne Parteigenosse wollte eine Rolle spielen, wollte, koste es, was es wolle, nach oben, an die Sonne. Jeder einzelne suchte sich in Positur zu setzen, hoffte oben durch gute Leistung und strammes Verhalten günstig aufzufallen und befördert zu werden. Wer am forschesten tat und keine sachlichen Bedenken hatte, dem winkten Gunst und Amt. Wer sachliche Einwände vorbrachte, galt als unbequem und wurde in den Hintergrund geschoben. So schärfte und erhitzte sich die ganze Partei in den sich gegenseitig verdrängenden Elementen. Sachliche Motive galten als veraltete bürgerliche Rücksichten. Niemand sah mehr durch diesen Wust hindurch. Und wer so hoch stand wie Hitler, zu dem kam kaum mehr die ungeschminkte Wirklichkeit. Jedermann machte seinem Vorgesetzten etwas vor. »Klappern gehört zum Handwerk«, war ein altes Sprichwort beim preußischen Militär. Aber was nun an falschen Vorspiegelungen geleistet wurde, um sich bei Gauleiter oder noch höheren Orts in das günstigste Licht zu setzen, war kaum noch zu überbieten.

Das ging bis in die höchsten Kreise. Ein kleines Beispiel für viele. Todt, der Generaldirektor der Autostraßen, wollte schon im Jahre

1934 eine Autostraße durch den polnischen Korridor bauen, an der Hitler sehr gelegen war. Er bat mich, meine Beziehungen zu polnischen Regierungskreisen überschätzend, das polnische Einverständnis zum Bau des Stückes auf polnischem Hoheitsgebiet einzuholen. Ein politisches Problem allerersten Ranges und nicht, wie dieser Herr naiv annahm, so en passant zu erledigen. Immerhin sagte ich zu, gelegentlich gesprächsweise vorzufühlen. Wie erstaunt war ich, als ich ein paar Monate später bei einem Besuch bei Hitler von diesem erfuhr, daß er Ostpreußen jetzt wieder enger an das Reich angeschlossen habe. Eine Autostraße entstünde jetzt, — und so weiter im Tone des uneingeschränkten Selbstlobes. Ich fragte, wie es mit dem polnischen Stück stehe, da hätten meines Wissens Schwierigkeiten bestanden. Das sei alles aufs beste geregelt. Todt hätte bereits einen Vertrag mit einem bekannten italienischen Straßenbaufachmann, der wieder feste Verträge mit der polnischen Regierung in Händen hätte. Als ich von der Audienz bei Hitler zurückkam, fand ich in meinem Hotel eine Einladung Todts vor, ihn doch zu besuchen. Es wurde Abend, als ich ihn in seinem damaligen Büro am Pariser Platz — ich glaube, es war das alte, feudale Klubhaus des früheren Garderegiments zu Fuß — besuchte. Er zeigte mir seine Pläne und Karten, das riesenhafte Netz der geplanten und in Teilstrecken in Angriff genommenen Straßen. Dann fragte er mich, wie es mit meinen Besprechungen mit der polnischen Regierung stünde, ob Aussicht wäre, daß die Strecke gebaut würde, dem Führer läge ganz besonders viel daran. Ich ließ Todt ausreden und vergewisserte mich, daß wirklich nichts von dem zutraf, was ich vor kurzem von Hitler als feste Tatsache gehört hatte. Dann erst berichtete ich von meinem Gespräch mit Hitler am Vormittag. Ich gestehe, daß es mir eine besondere Freude machte, die tödliche Verlegenheit dieses von Wichtigkeit geschwollenen Herrn zu sehen. Das sei ein Irrtum, da müsse ein Irrtum vorliegen, stammelte er. Unser Gespräch endete dann sehr schnell. Tatsächlich hatte Todt auf meine vage Zusage hin, das Terrain zu sondieren, Hitler völlig unwahre Mitteilungen gemacht, so daß dieser der Ueberzeugung sein konnte, alles sei in bester Ordnung, die Autostraße würde gebaut. Sie ist, wie man weiß, bis heute noch nicht gebaut.

Auf solche, vielleicht nicht immer ganz so grobe Weise entwickelten die Ribbentrops aller Ressorts ihre Beziehungen mit Hitler zu Gunsten ihrer eigenen Karriere. Sie streuten Hitler Sand in die Augen. Sie waren beflissen, sich als besonders tüchtig hinzustellen, um »die eigene Position auszubauen«. Jeder studierte, was Hitler zu hören wünschte und stach seinen Konkurrenten und Nebenmann aus, indem *er* die günstigen und angenehmen Nachrichten brachte, indem auf *ihn* und seine eigene Geschicklichkeit der gewünschte Erfolg zurückzuführen sei. Das deutsche Volk, in früherer Zeit einmal so etwas wie ein Volk der Sachlichkeit, zeigte sich hier in der ganzen Hochblüte seines verlogenen Servilismus.

Hitler erfuhr nicht die unbequeme Wahrheit. Hitler wurde durch günstig gefärbte Berichte auf einer falschen Bahn immer weiter vorwärts gestoßen. Das fing damit an, daß ihm Schwierigkeiten in das Gesicht hinein verringert und die günstigen Aussichten vergrößert wurden. Es begann mit kleinen Verschiebungen in den Nüancen. Es endete bei vollendeten Fälschungen. Es bildete sich ein System heraus, ihm alles fern zu halten, was ihn aufregen könnte. Seine maßlosen Wutausbrüche hielten jeden ab, sich solche zuzuziehen. Dieses System wurde allgemein. Es umfaßte bald auch die anderen Gewaltigen der Partei.

Danzig stand vor dem Bankrott. Wir brauchten Devisen, um die Deckung unserer Währung auf dem vorschriftsmäßigen Niveau zu halten. Mir schlug die Reichsbank den geforderten Betrag ab. Sie lamentierte, um Danzigs willen bräche der ganze Aufrüstungsplan zusammen. Der junge Mann Forster, mit dem Nimbus der besonderen Gunst des »Führers« kam zu demselben Herrn — einem übrigens sehr ehrenwerten Manne —, er bekam die Summe, und nicht nur sie. Mußten da nicht Hitler und seine Leute zu Urteilen kommen: es gäbe keine Schwierigkeiten, man brauche nur bei diesen Fachmännern etwas nachzuhelfen, dann ginge die Sache schon wunschgemäß?

In Wirklichkeit wurde das Problem auf solche Weise nur vertagt. Es kam dann schließlich in solch dringender Form zu Tage, daß doch etwas geschehen mußte. Meist war das dann sehr viel kostspieliger. So war es auch mit unserem Danziger Finanz- und Währungsproblem. An einer rechtzeitigen Lösung verhinderte mich die Partei, indem sie draufloslebte, als hätte sie Aladins Wunderlampe. Ein halbes Jahr nach meinem Rücktritt war nichts mehr zu retten; der Danziger Gulden mußte beiläufig um dreißig Prozent abgewertet werden.

Diese Währungsaffäre bildete eine der Differenzen, die mein Verhältnis zur Partei immer mehr zerrüttet hatten. Zwei Monate, nachdem ich mich vor Hitler hätte rechtfertigen sollen und von ihm anstatt dessen eine begeisterte Rede über das Wesen der Partei vorgesetzt bekommen hatte, legte ich die Danziger Finanzlage einer kleinen Ministerratssitzung vor. Unter dem Vorsitz von Heß nahmen Neurath, Schwerin-Krosigk, der damalige Wirtschaftsminister Schmidt und einige andere Herren teil. Es war erstaunlich, wie schwierig es für die Herren war, sich in die besondere Danziger Lage zu versetzen, die an sich zwar nicht günstig, aber erst durch die von mir nicht zu verhindernde Mißwirtschaft des Nationalsozialismus total hoffnungslos geworden war. Wir hatten bereits die Quittung auf Finanzexperimente, die in Deutschland noch ausstanden. Es war gerade, als wenn man einen Stein in einen kleinen Teich wirft. Die Wellen kommen, vom nahen Ufer reflektiert, sehr bald zurück, kreuzen sich, heben sich auf. Macht man dasselbe in einem großen Teich, so dauert das erheblich länger, bis die Wirkung des Steinwurfes zurückkommt. Wir hatten in Danzig die Quittung auf gewisse Kreditausweitungsmaßnahmen zu einer Zeit, wo sie in Deutschland noch lange ausstand. Das war für die Herren in Berlin neu. Es blieb bei Debatten, halben Vorschlägen, halben Hilfen. Die Partei zog daraus den Schluß, weiter zu vergeuden: »Geld spielt keine Rolle«.

Ich war damals, in meiner Verzweiflung, auch an den späteren Staatssekretär Keppler geraten, zu jener Zeit noch besonderer Wirtschaftsreferent Hitlers, der in der Reichskanzlei sein Büro hatte. Keppler war Ingenieur, wie alle Ingenieure, wenigstens in Deutschland, außerhalb seiner Fachkenntnisse naiv und ignorant wie ein Kind, aber voll von Erfindungen, die unmittelbar vor der Verwirklichung stünden. Ich hatte einen Plan entwickelt, der die Exportindustrie Danzigs fördern sollte. Keppler hielt das alles für Zeitverschwendung. In längstens einem Jahre wäre Danzig deutsch. Das Reich verfüge über Erfindungen und Machtmittel, daß keine Koalition der Welt Deutschland verhindern könne, sich Danzig zurückzuholen. Er könne leider nicht sprechen über das, was vorbereitet würde. Aber wenn ich soviel darüber wüßte wie er, dann würde ich alles auf sich beruhen lassen und abwarten. Immerhin erhielt ich über Keppler eine Audienz bei Hitler. Auch hier ging es mir diesmal nicht zum besten. Ich wiederholte, was ich in jener Ministersitzung gesagt hatte, daß Danzig, falls es nicht gelänge, seine Zahlungsbilanz aktiv zu gestalten, in spätestens einem halben Jahr den Gulden devalvieren müßte.

Hitler tobte und schrie. Er verbitte sich das. Eine Inflation lasse er nicht zu. »Ich habe mein Wort verpfändet. Ich mache keine Inflation. Das Volk versteht das nicht. Es geht auch ohne Inflation.« Er überschrie sich, ich verstand nicht mehr alles. Es dauerte eine Weile, bis er sich wieder beruhigt hatte. Es war kein erfreuliches Erlebnis.

Im übrigen hatte mir Schwerin-Krosigk, als wir einmal beide im Vorzimmer Hitlers warteten, seine Meinung nicht verhehlt, daß auch Deutschland nicht an einer Devalvation würde vorbeigehen können. Hitler aber war mit allem einverstanden, mit jeder Verschleierung und jeder sonstigen auf dasselbe herauskommenden Entwertung, nur wollte er den nackten Tatbestand der offenen Abwertung vermieden wissen. Hier kam wieder der gewiegte Demagoge zu Wort, der genau wußte, was man dem Mann auf der Straße alles bieten dürfe, wie weit man mit seiner Leichtgläubigkeit rechnen könne, und wo er anfinge, aufsässig zu werden: Inflation und Lebensmittelkarten, das war für ihn der Inbegriff von einer fehlerhaften Massenpsychologie.

»Macht was ihr wollt», wiederholte er jetzt, »aber zu einer Abwertung gebe ich niemals meine Einwilligung, so wenig wie ich jemals Lebensmittelkarten einführen lassen werde. Es gibt genug andere Mittel, strengen Sie nur Ihr Gehirn etwas an.« Wegen dieser grenzenlosen Verständnislosigkeit für die Empfindungen der Masse, der kleinen Sparer und der Hausfrauen sei der vorige Krieg verloren gegangen. Er würde niemals dulden, daß derselbe Fehler noch einmal begangen würde und etwa gar noch vor einem Kriege. Lieber würde er das Geld überhaupt abschaffen und anstatt Lebensmittelkarten eine gemeinschaftliche Verpflegung des ganzen Volkes durchführen. So etwas könne er, wenn es hart auf hart ginge, immer noch vor der Masse rechtfertigen. Er könne es für den neuen Kriegssozialismus erklären, er könne es als einen ungeheuren sozialen Fortschritt proklamieren. Alles das würde das Volk ihm glauben. Aber niemals dürfe seine Regierung mit Maßnahmen in Verbindung gebracht werden, die schon einmal das Reich in Umsturz und Elend geführt hätten. Damit würden Gefühle wachgerufen, die sich alsbald gegen alles, was der Nationalsozialismus tue, wenden müßten. Das ganze Vertrauen würde damit in wenigen Monaten zerstört sein.

»Jeder Staat beruht in erster Linie auf dem Sicherheitsbedürfnis und dem Vertrauen der kleinen Sparer und der Hausfrauen. Hat man nicht diese beiden Kategorien zu Freunden, so kann sich keine Regierung mehr halten.«

Hitler kam damit auf die Massenführung zu sprechen. Er hätte ein untrügliches Gefühl für das, was die Masse fühle, was man ihr zumuten könne und was man unter allen Umständen vermeiden müsse. Dies sei eine einmalige Begabung, und keiner könne ihm in dieser Beziehung etwas sagen. Aber damit allein sei es noch lange nicht getan. Man müsse auch seiner Mittel sicher sein. Die Massenführung sei eine Kunst im wahrsten Sinne des Wortes. Ihre Beherrschung setze eine angestrengte Arbeit voraus. »Meine Gegner haben die Nase über mich gerümpft. Sie haben sich voller Neid gefragt: woher hat dieser Mann diese Erfolge bei der Masse? Sie hatten ja diese Masse für sich gepachtet, die Sozialisten und Kommunisten. Sie hatten sogar die Versammlungssäle für sich und die Herrschaft über die Straße. Und plötzlich kam da jemand, und eine große Massenbewegung entstand. Lag das nur am Glück und der Kritiklosigkeit der Masse? Die Herren irren, es lag auch ein wenig an uns, an unserem Fleiß und der von uns erarbeiteten Technik.

Mit der Kritiklosigkeit der Masse hat es zwar seine besondere Bewandtnis; aber nicht wie sich diese flachen Köpfe von Marxisten und Reaktionären das vorstellen. Die Masse hat schon ihre Organe der Kritik, sie funktionieren bloß in einer anderen Weise als bei dem Einzelindividuum. Die Masse ist wie ein Tier, das Instinkten gehorcht. Sie stellt keine verstandesmäßigen Ueberlegungen an. Wenn es mir gelungen ist, die größte Volksbewegung aller Zeiten in Gang gebracht zu haben, so beruht das darauf, daß ich niemals etwas wider die Lebensgesetze und die Empfindungen der Masse tue. Diese Empfindungen mögen primitiv sein, aber sie haben die Zähigkeit und Unausrottbarkeit von natürlichen Eigenschaften. Eine einmal von der Masse intensiv erlebte Erfahrung wie die Zeit der Brotkarten und der Inflation wird niemals mehr aus ihrer Blutbahn herauskommen. Die Masse hat ein einfaches Gedanken- und Empfindungsschema. Was sie da nicht einordnen kann, beunruhigt sie. Nur indem ich ihre Lebensgesetze berücksichtige, kann ich sie beherrschen. Man hat mir vorgeworfen, daß ich die Masse fanatisiere, daß ich sie zur Ekstase bringe. Nach Meinung dieser Ueberklugen ist es die Aufgabe, die Masse zu beruhigen und in dumpfer Apathie zu halten. Nein, meine Herren, genau das Gegenteil trifft zu. Ich kann die Masse nur führen, wenn ich sie aus ihrer Apathie herausreiße. Nur die fanatisierte Masse wird lenkbar. Eine Masse, die apathisch, dumpf ist, ist die größte Gefahr für jede Gemeinschaft. Die Apathie ist für die Masse die Schutzform der Abwehr. Sie verbirgt sich in ihr, bis sie plötzlich in völlig unerwarteten Aktionen und Reaktionen ausbricht. Der Staatsmann, der nicht sofort eingreift, wenn er die Massen apathisch werden sieht, gehört vor den Staatsgerichtshof.

Ich habe die Masse fanatisiert, um sie zum Werkzeug meiner Politik machen zu können. Ich habe die Masse erweckt. Ich habe sie über sich selbst herausgehoben, ich habe ihr einen Sinn und eine Funktion gegeben. Man hat mir vorgeworfen, daß ich die niedrigen Instinkte der Masse wachrufe. Was ich tue, ist etwas anderes. Wenn ich zur Masse mit vernünftigen Ueberlegungen komme, so versteht sie mich nicht. Aber wenn ich in ihr entsprechende Empfindungen wecke, dann folgt sie den einfachen Parolen, die ich ihr gebe. In einer Massenversammlung ist das Denken ausgeschaltet. Und weil ich diesen Zustand brauche, weil er mir den größten Wirkungsgrad meiner Reden sichert, lasse ich alle in die Versammlungen schicken, wo sie mit zur Masse werden, ob sie wollen oder nicht. ‚Intellektuelle' und Bürger so gut wie die Arbeiter. Ich mische das Volk. Ich spreche zu ihm als Masse.

Ich bin mir bewußt«, fuhr er nach kurzem Besinnen fort, »daß mir in der Kunst der Massenbeeinflussung keiner gewachsen ist; auch Goebbels nicht. Was man sich mit dem Verstand und geschickten Einfällen geben kann, das hat der Goebbels, aber die eigentliche Führung der Masse ist nicht erlernbar. Und merken Sie sich: je größer die Masse ist, desto leichter lenkbar ist sie. Und je mehr sich die Menschen mischen, Bauer, Arbeiter, Beamter, desto eher stellt sich der typische Charakter der Masse ein. Geben Sie sich nie mit Intelligenzversammlungen und Interessentenvereinigungen ab. Was Sie hier durch verstandesmäßige Aufklärung erreichen, ist morgen durch eine entgegengesetzte Belehrung wieder ausgelöscht. Was sie aber dem Volk im Massenzustand sagen, in dem aufnahmewilligen Zustand fanatischer Hingabe, das bleibt wie eine in der Hypnose gegebene Parole, das ist unauslöschbar und hält gegen jede vernünftige Belehrung stand. Aber wie es bei dem Einzelindividuum Neurosen gibt, an die man nicht rühren darf, so hat auch die Masse ihre Komplexe, die man niemals wachrufen darf. Darunter gehört alles, was man unter Inflation und Brotkarte versteht.

Ich kann der Masse ruhig viel schlimmere Entbehrungen zumuten. Aber ich muß ihr dazu die geeigneten Hilfsvorstellungen geben. Wie kann ich jemals daran denken, Krieg zu führen, wenn ich heute schon die Masse in denselben Zustand der Apathie treibe wie 1917/18?«

Ich war bisher nicht zu Worte gekommen. Aber die Partei, warf ich ein, sie habe doch die Aufgabe, der Masse alles klar zu machen und zwar dem Einzelnen, nicht als Bestandteil der Masse.

»Nein«, erwiderte Hitler, »das mag wohl eine Zeit gehen. Aber in kritischen Zeiten wächst überall auf der Straße, in der Fabrik, im Bäckerladen, in der Untergrundbahn, überall wo zehn, zwölf Menschen beisammenstehen, die Masse herauf, sie reagiert als solche, und Vernunft und gutes Zureden sind vergessen. Mit der Partei ist es so, daß auf ihr der ganze Druck der Masse lastet und daß sie selbst ein Faktor der Masse ist.«

Hitler kam damit auf die, wie er betonte, völlig andere Aufgabe der propagandistischen Ueberwindung von Gegnern. Man dürfe keinesfalls hier eine Verwechslung begehen. Die Beherrschung der Masse sei die eine, höchst wichtige Aufgabe. Die Ueberwindung eines Gegners sei die andere. Bei beiden wäre eines gemeinsam: daß man sich niemals mit Gründen abgeben dürfe, mit Widerlegungen anderer Meinungen, daß man sich überhaupt nie auf Erörterungen oder Zweifel einlassen solle. Aber im übrigen verfolge der propagandistische Kampf mit Gegnern ein ganz anderes Ziel.

»Beherrschung ist immer die Uebertragung eines überlegenen Willens auf schwächere. Wie zwinge ich dem Gegner meinen Willen auf? Indem ich seinen eigenen zuvor spalte, lähme, indem ich ihn mit sich selbst uneins mache, ihn verwirre.« Er stelle sich die Willensübertragung bildhaft wie einen physisch-biologischen Vorgang dar. Fremdkörper drängen in den Blutkreislauf des Gegners ein, setzten sich fest, veranlaßten Erkrankungen, Siechtum, bis der Gegner jeden Widerstand aufgebe. Die Hilfsmittel des Terrors wären weniger ihrer direkten Wirkung wegen unentbehrlich, als um der Erschütterung des gegnerischen Widerstandes willen.

Hitler kam noch einmal auf den neuen Krieg zu sprechen. Das wären zugleich die psychologischen Grundregeln eines künftigen Krieges mit geistigen Waffen. Die Welt würde sich wundern, was er in dieser Hinsicht noch alles bereit halte. Die feindliche Propaganda des vorigen Krieges würde gegenüber diesen seinen Methoden sich wie ein kindliches Vorspiel ausnehmen. Der Krieg würde von ihm niemals allein als eine militärische Aktion geführt werden. Er rechne, wenn es überhaupt jemals zum blutigen Kriege käme, mit ganz überraschenden Zusammenbrüchen seiner Gegner, denen er mitten im Kriege seinen Willen aufzuzwingen in der Lage sei.

Hitlers Ansichten über das, was man heute den »psychologischen Krieg« nennt, waren in den eingeweihten Kreisen bekannt. Es waren dieselben Regeln, die er im Kampf um die Macht gegeben hatte. Diese Taktik des politischen Kampfes war Hitlers eigenstes Eigentum. Er durfte mit Recht sagen, daß dahinter eine immense psychologische Erfahrung und Gedankenarbeit stand. Immer wieder kam er auf diese Regeln zurück und ließ sie durch seine Gauleiter bis in die kleinsten Winkel verbreiten.

»Machen Sie was Sie wollen«, entließ mich Hitler. »Aber kein Wort mehr von Devalvation oder Inflation. Die Masse macht übrigens keinen Unterschied zwischen beiden.«

XV.

Schwarze und weiße Magie

Eine kluge Frau aus Hitlers Bekanntenkreise warnte in einer Stunde, da Hitler aufgeschlossen schien: »Mein Führer, wählen Sie nicht die schwarze Magie. Heute stehen Ihnen noch beide offen, die weiße wie die schwarze. Aber wenn Sie sich einmal für die schwarze Magie entschieden haben, wird sie niemehr aus Ihrem Schicksal verschwinden. Wählen Sie nicht die schnellen und leichten Erfolge. Ihnen steht die Macht offen über ein Reich reiner Geister. Lassen Sie sich nicht von Ihrem wahren Wege durch erdgebundene Wesen, die Ihnen die Schöpferkraft rauben, abbringen.«

Solche mystischen Gespräche liebte Hitler zu Zeiten. Nur in solcher Einkleidung war es möglich, ihm ernstere Warnungen zukommen zu lassen. Jene kluge Frau sprach auf ihre Weise aus, was jeder, der mit Hitler in Berührung kam, empfinden mußte: Hitler lieferte sich Kräften aus, die ihn mit fortrissen. Kräfte dunkler und zerstörender Gewalt. Indem er noch meinte, die freie Wahl des Entschlusses zu haben, hatte er sich längst einem Zauber ausgeliefert, den man wohl mit gutem Grunde und nicht bloß im bildhaften Vergleich als eine dämonische Magie bezeichnen konnte. Und statt eines Mannes, der sich im Höhersteigen von Stufe zu Stufe der Schlacken einer dunklen Vergangenheit entledigte und freier und klarer wurde, sah man ein Wesen, das mehr und mehr zum Besessenen wurde, mit jedem Schritt gebundener, knechtischer, ohnmächtiger, der Raub von Mächten, die sich seiner bemächtigten und ihn nicht mehr losließen.

Hatte es Hitler in der Hand gehabt, einen anderen Weg zu gehen? Viele unter uns, die wir ihn kannten, glaubten es. Viele hofften noch auf eine Wandlung als es bereits längst zu spät war. Aber es waren nicht bloß die Männer, mit denen er hochgekommen war, und die nun an ihm hingen, wie die Bleigewichte einer dunklen Vergangenheit. Daß Hitler sie nicht in das wohltätige Dunkel zurückstieß, aus dem sie hervorgebrochen waren, das war nur das eine Versäumnis, das seine ganze weitere Zukunft belastete. Wieviel guter Wille war in der Partei, welche Kräfte hätten Hitler wirklich zur Verfügung gestanden, wenn nicht diese gerissenen Gangster sich um ihn geschart hätten. Aber der eigentliche Grund dafür, daß Hitler den Weg in den Abgrund ging, lag in einer Schlaffheit seines Willens. Der Augenschein, daß Hitler ein großer Willensmensch ist, trügt. Im Grunde seines Wesens ist er schlaff und apathisch und bedarf der nervösen Reize, um aus einer chronischen Lethargie sich zu krampfhaften Willensimpulsen zu steigern. Er wählte den bequemeren Weg, er ließ sich fallen, er lieferte sich den Kräften aus, die ihn im Absturz forttrugen.

Gewisse Gespräche zeigten, daß er wohl eine Vorstellung hatte von dem, was ihm eigentlich als Aufgabe gestellt war. Aber solche Gespräche waren nur noch wie die Flucht in eine unwirkliche Welt, in der er sein Selbstbewußtsein steigerte. Die Entscheidung war längst gefallen. Es war nur eine Täuschung, daß dieser Mann noch eine freie Wahl hatte, mochte er auch die Anlagen zu einer höheren Entwicklung in sich gehabt haben. Er folgte einem Fallgesetz, das ihn äußerlich zum Gipfel der Macht, innerlich zu immer tieferer Abhängigkeit führte.

Hitler ist kein Diktator. Aber er ist auch nicht »der Korken, der oben schwimmt«. Er verstand es immer, mit den stärkeren Bataillonen zu marschieren. Er hatte selber wiederholt in Gesprächen bekannt, man müsse sich immer den Schwächeren zum Gegner aussuchen und den Starken zum Bundesgenossen wählen. Das klinge zwar sehr banal, enthalte aber den Kern jeder politischen Arbeit. Hitler hat vor allem eines nicht getan. Er hat sich nie in einen Gegensatz zu seinen Gauleitern gebracht. Mit diesen Männern, von denen jeder einzelne in seiner Hand war, die alle zusammen aber ihn in der Hand hatten, wußte er sich so zu stellen, daß er bei Differenzen immer die überwiegende Zahl auf einer Seite hatte. Das Geheimnis seiner Führung war, vorher zu wissen, wie sich die Mehrheit seiner Gauleiter entscheiden würde, und sich für diese Entscheidung schon vorher festzulegen, bevor die Gauleiter zur Sprache kamen. So behielt er immer recht, und die Opposition war ins Unrecht gesetzt. Diese Gauleiter wachten eifersüchtig über ihre Prärogative. Sie ließen keinen in ihren Kreis. Sie wehrten mit einer robusten Einmütigkeit alle Versuche ab, die Rechte ihrer Souveränität einschränken zu lassen. Hitler blieb von ihnen abhängig. Und er war nicht bloß von ihnen abhängig.

Hitler ist kein Diktator; er ließ sich von Kräften hinter ihm, oft wider sein besseres Wissen treiben. Die Summe dieser Kräfte war es, mit der er immer weiter nach vorwärts kam. Und so wurde aus seiner Politik etwas ganz anderes, als er sie sich anfänglich vorgestellt hatte. Er zog die Summe der Kräfte und brachte sie auf sich selbst als den Generalnenner. Er hielt sich zwar oben, aber er verlor die Unabhängigkeit der Entscheidung.

Mein eigenes Verhältnis zur Partei war unmöglich geworden. Nach meiner Rückkehr aus Genf stellte die Partei die Forderung, die Danziger Verfassung zu beseitigen, den Kampf um die Befreiung von der Vormundschaft des Völkerbundes aufzunehmen und eine rücksichtslose Politik gegen Polen zu führen. Als Einleitung dieses Kampfes sollte ich einige katholische Geistliche festnehmen lassen, die sozialistische Partei auflösen und besondere Maßnahmen gegen die jüdische Bevölkerung treffen. Ich lehnte das ab. Ich stellte meinerseits die Forderung einer sofortigen Devalvation des Guldens und der Verbreiterung der Regierung zu einer allgemeinen Front, um den schweren wirtschaftlichen Rückschlägen geschlossen zu begegnen. Ich rief die Entscheidung Hitlers an.

Hitler saß in Obersalzberg und ließ sich nicht sprechen. Ich blieb in Berlin und wartete. In einem Memorandum hatte ich die Grundlinien einer allein möglichen Danziger Politik skizziert. Da mir die Partei nicht zur Verfügung stand, versuchte ich dieses Memorandum über den Außenminister v. Neurath an Hitler mit der Bitte um eine Rücksprache gelangen zu lassen. Neurath war auf der Gemsjagd. Die Frage interessierte ihn nicht. Die Protektion »kompromittierter« Leute war mißlich. Ich versuchte v. Bülow, den Staatssekretär zu interessieren. Er versprach sein Bestes. Aber ich wußte, daß eine Aussicht für meine Politik nur bestand, wenn ich dem Danziger Gauleiter bei Hitler zuvorkam.

Ich weiß nicht, ob mein Memorandum jemals in die Hände von Hitler kam. Wenn das der Fall war, so hat er es jedenfalls nicht gelesen. Hitler las keine Berichte und Memoranden. Aber Lammers hätte ihm daraus vortragen können. Dafür aber war Forster, der Danziger Gauleiter, mir zuvorgekommen. Er fand auf dem Obersalzberg Einlaß und Gehör.

Hitler kapitulierte vor seinem Gauleiter. Hitler ließ mich nicht mehr zur mündlichen Begründung meiner Denkschrift vor. Damit war für mich die Bahn vorgezeigt. Ich trat zurück.

Hitler hatte mir wiederholt sein besonderes Wohlwollen zum Ausdruck gebracht. Er hatte mir in ausführlichen Gesprächen manches gesagt, was sich dem Gesichtskreise einiger seiner Gauleiter sicherlich entzog. Aber es erwies sich, daß er aus der Verstrickung mit seinen alten Leuten nicht herauskam. Er hatte sich in ihre Hände begeben. Und es war ihm unmöglich, jemandem gegen seine Gauleiter recht zu geben. In Berlin erkannte man diese Lage noch nicht. Hier machte man sich noch lange dieselben Illusionen, die ich mir gemacht hatte: man könne Hitler von seiner Umgebung trennen und allmählich seiner Politik die Möglichkeit einer größeren Reife und Stetigkeit geben. Hier in Berlin glaubte man noch durch ausharren und den Platz besetzt halten ein patriotisches Werk zu vollbringen. Es ist dies alles verlorene Liebesmüh gewesen. Einer nach dem anderen haben diese Männer patriotischer Besorgnis ihren scheinbaren Einfluß eingebüßt und haben vor dem »Kreis« um Hitler kapitulieren müssen. Heute sind sie die verachteten Sachverständigen, deren Urteil keinerlei Gewicht mehr hat.

Ich saß damals in den Herbsttagen 1934, bis ich die Entscheidung hatte, in einem christlichen Hospiz in Berlin. Mein gewohntes Hotel war mir zu sehr bespitzelt. Ich erfuhr, daß man mich in ein berüchtigtes Sanatorium bei Berlin bringen wollte. Ich sei krank. Ich wußte, was mir dort blühte. Ich wäre nie mehr aus Berlin nach Hause gekommen. Was mir zu tun möglich war, hatte ich versucht. Ich hatte einige der einflußreichsten Danziger Bürger, vor allem des Wirtschaftslebens, über die drohenden Gefahren aufklären lassen und um ihren Beistand durch eine gemeinsame Beschwerde über die nationalsozialistische Mißwirtschaft ersucht, Besorgnisse, die sie mündlich mir längst vorgebracht hatten. Es war dies notwendig, um meinem Kampf für eine vernünftige Politik das Odium zu nehmen, daß es sich nur um eine der üblichen persönlichen Rivalitäten handelte. Es fand sich in dieser Freien Stadt Danzig keine Spur mehr jenes unabhängigen Hanseatengeistes. Jeder der angegangenen Männer zeigte sich um nichts anderes besorgt als sein bißchen eigene Existenz, und hatte Scheu, doch beileibe nicht »auf das falsche Pferd zu setzen«. Diese innere Haltlosigkeit des deutschen Bürgertums mußte das Schicksal Deutschlands besiegeln. Hitler vollzog auf seine Weise vielleicht nur ein unabänderliches historisches Gericht: die Auflösung des deutschen Bürgertums, das nie über die primitivsten Anfänge eines politischen und geistigen Selbstbewußtseins hinausgekommen ist.

Von anderer Seite bekam ich Unterstützung. Alle möglichen Gegner meines späteren Nachfolgers meldeten sich und wollten mich unterstützen. Sie wollten dabei selbst in den Vordergrund kommen. Sie rieten mir, anstatt gegen den Vertrauensmann Hitlers auf andere Gegner loszuschlagen, um mich so wieder in den Sattel zu setzen.

Eine typisch nationalsozialistische Taktik. Diese Leute sahen alles nur unter dem Aspekt eines Kampfes um Positionen und gegen Rivalen. Und noch von einer anderen Seite hätte man gern gesehen, wenn ich mit der Parteiwirtschaft in Danzig aufgeräumt hätte: von der Reichswehr. Es war ein sehr bekannter General, der mich ermunterte, den Spuk zu beseitigen und ein Beispiel für Deutschland zu geben. Ich könne doch den Gauleiter als lästigen Ausländer ausweisen, die Hauptschreier der Partei festnehmen, eine neue vorläufige Regierung auf breitester Grundlage bilden und die Gewerkschaften als das solide Fundament innerhalb der Arbeiterschaft zur Ordnungstruppe verwenden und bewaffnen. Das war eine Chance. Aber es hätte einer anderen Gefolgschaft bedurft. Ich konnte nicht in demselben Atem Opposition zur Aufrechterhaltung der Verfassung und einen Staatsstreich machen. Uebrigens wären wir binnen wenigen Wochen finanziell zusammengebrochen, da wir ohne Unterstützung des Reiches unsere Währung nicht halten konnten. Der Nationalsozialismus konnte damals in Danzig nur auf legalem Wege beseitigt werden. Ein halbes Jahr später wäre es fast dazu gekommen. Neuwahlen brachten trotz größtem Terror der Partei kaum etwas über die Hälfte der Stimmen für den Nationalsozialismus. Der Völkerbund hätte die Wahl wegen ungesetzlicher Eingriffe aufheben und Neuwahlen anordnen können. Das Ergebnis wäre ein überwältigender Sieg der Opposition gewesen. Die Gelegenheit wurde versäumt.

Aber dies waren Phantasien. Das deutsche Verhängnis mußte seinen Gang gehen. Es war nicht schwer, es vorauszusehen, wenn man die Faktoren kannte, vor allem die persönlichen. Hitler ging einer Entscheidung aus dem Wege. Er könne über Danzig keine Verfügung treffen, erklärte mir v. Neurath. Danzig sei ein selbständiger Staat, er habe sich da nicht hineinzumischen. Auf solch phantasielose Weise schüttelte Hitler die lästige Zumutung einer Entscheidung ab.

Krank, fiebernd, saß ich, völlig isoliert in Berlin, jeden Augenblick gewärtig, durch die Schergen Himmlers beseitigt zu werden. Die dunkle Zukunft Deutschlands, für die wir alle in Versäumnis und Irrtum mitschuldig waren, lastete unerträglich. In der Verzweiflung griff ich zu dem in allen deutschen Hospizen auf den Nachttischen liegenden Evangelium, blätterte darin, und mein erster Blick fiel auf das tröstliche Wort: »Sie werden es in die Länge nicht treiben; denn ihre Torheit wird jedermann offenbar werden.« Ich las den Text vor und nach dem Spruch, ich las von den Menschen, die viel auf sich halten, ruhmredig, hoffärtig, — ich las von denen, die sich zu den Fabeln kehren, die nach den eigenen Lüsten sich selbst Lehrer aufladen.

Magie, Wissen und Gewissen

Schwarze und weiße Magie: Hitler war der typisch Entwurzelte, behaftet mit allen Mängeln eines oberflächlichen Wissens, das ohne wahre Ehrfurcht schnell urteilt und verurteilt. Er gehört zu diesen aus allen Paradiesen einer geistigen Tradition herausgeworfenen Menschen, die auf das erste beste Geistessurrogat verfallen und nun mit einer verbissenen Zähigkeit daran festhalten, um nicht in das Nichts hinabzutaumeln. Und er gehört zu den deutschen »Hungerleidern nach dem Unerreichlichen«. Jeder Deutsche steht mit einem Fuß in jenem bekannten Lande Atlantis, in dem er mindestens einen recht stattlichen Erbhof sein eigen nennt. Diese deutsche Eigenschaft der Duplizität der Naturen, die Fähigkeit, in doppelten Welten zu leben, eine imaginäre immer wieder in die reale hineinzuprojizieren, — alles dies trifft auf eine besondere Weise auf Hitler und seinen magischen Sozialismus zu. Alle diese kleinen, verwachsenen Sehnsüchtigen, die keine rechte Erfüllung finden: Nacktkulturisten, Vegetarianer, Edengärtner, Impfgegner, Gottlose, Biosophen, Lebensreformer, die ihre Einfälle verabsolutierten und eine Religion aus ihrer Marotte zu machen suchten, lassen heute ihre geheimen Wünsche in die vielen Gaszellen des Riesenluftballons der Partei einströmen, um mit diesem großen Schiff als neuer Luftschiffer Gianozzo einen noch höheren Flug zu wagen, als sie es bisher in ihren Konventikeln taten. Diese verkümmerte und verwachsene Romantik engbrüstiger Geister, dieser vor Gehässigkeit und Rechthaberei atemlose Fanatismus kleiner Sektierer treibt den großen gemeinsamen Fanatismus der Partei und hält ihn lebendig als eine gemeinsame Traumbestätigung. Für alle Zukurzgekommenen ist der Nationalsozialismus der »Traum von großer Magie«. Und Hitler selbst ist der erste unter den Zukurzgekommenen. So wird er selbst zum Meister der großen Magie und zum Priester der »verkappten Religionen«.

Von seinen eigenen Leuten wird Hitler immer mehr zu dem großen Magier gesteigert, dessen Bedeutung weit die eines großen Staatsmannes übersteigt. In den großen Ekstasen seiner Reden oder auf den einsamen Gängen in den Bergen fühlt er sich als solcher. Aber in den vielen leeren Stunden der Erschlaffung fühlt er sich erniedrigt und schwach. Dann ist er gereizt, energielos und scheut jede Entscheidung. Und er sucht in Gesprächen auf künstliche Weise einen Abglanz der schöpferischen Zustände zu erlangen. Dann braucht er Zuhörer. Er fühlt sich befreit, wenn er sich aus der Leere seelischer Erschöpfung erheben kann.

In solcher Stimmung gab mir Hitler gelegentlich seine Ansicht über Geist und Moral zum Besten. Es war mißverstandener Nietzsche, es waren popularisierte Ideen, die eine gewisse Richtung der zeitgenössischen Philosophie in den Mittelpunkt ihrer Betrachtungen gestellt hatte. Hitler trug dies alles mit der Geste des Propheten und schöpferischen Genius vor. Er schien überzeugt, daß es seine eigenen Ideen waren. Er kannte nicht ihren Ursprung und meinte sie nur sich selbst und den Eingebungen seiner Einsamkeit in den Bergen zu verdanken. Es sind Sätze, wie ich sie mir notiert habe, nicht immer in ihrem ursprünglichen Zusammenhang gesprochen, und es sind Bruchstücke aus anderen Gesprächen.

»Wir stehen am Ende des Zeitalters der Vernunft. Der selbstherrlich gewordene Geist ist eine Krankheit des Lebens geworden.

Unsere Revolution ist nicht bloß eine politische und soziale, wir stehen vor einer ungeheuren Umwälzung der Moralbegriffe und der geistigen Orientierung des Menschen.

Mit unserer Bewegung ist erst das mittlere Zeitalter, das Mittelalter abgeschlossen.

Wir beenden einen Irrweg der Menschheit.

Die Tafeln vom Berge Sinai haben ihre Gültigkeit verloren.

Das Gewissen ist eine jüdische Erfindung. Es ist wie die Beschneidung, eine Verstümmelung des menschlichen Wesens.

Eine neue Zeit der magischen Weltdeutung kommt herauf, der Deutung aus dem Willen und nicht dem Wissen.

Es gibt keine Wahrheit, weder im moralischen noch wissenschaftlichen Sinne.

Der Gedanke einer freien, voraussetzungslosen Wissenschaft konnte nur im Zeitalter des Liberalismus auftauchen. Er ist absurd.

Die Wissenschaft ist ein soziales Phänomen, und wie ein jedes solches begrenzt durch den Nutzen oder Schaden, den es für die Allgemeinheit stiftet.

Mit dem Schlagwort von der objektiven Wissenschaft hat sich die Professorenschaft nur von der sehr nötigen Beaufsichtigung durch die staatliche Macht befreien wollen.

Das, was man die Krisis der Wissenschaft nennt, ist nichts anderes als daß die Herren von sich aus einzusehen beginnen, wie sie sich auf dem Holzwege mit ihrer Objektivität und Unabhängigkeit befinden. Die einfache Frage, die jedem Wissenschaftstrieb vorausgeht, lautet: *wer* will etwas wissen, wer will sich in der Umwelt orientieren. Damit ist es alsdann zwingend, daß es nur die Wissenschaft einer bestimmten Menschengattung und eines bestimmten Zeitalters geben kann. Es gibt sehr wohl eine nordische Wissenschaft und eine nationalsozialistische, die im Gegensatz stehen müssen zu der liberalistischjüdischen, die ja ihre Funktion überhaupt nicht mehr erfüllt, sondern sich selbst aufzuheben im Begriff ist.

Dem Wesen der Welt kommt man nur im Gefühlsüberschwang und in der Aktion nahe. Ich liebe Goethe nicht. Aber um des einen Wortes willen bin ich bereit, ihm vieles nachzusehen: »Im Anfang war die Tat.« Nur der handelnde Mensch wird sich des Wesens der Welt bewußt. Der Mensch mißbraucht seine Vernunft. Sie ist nicht der Sitz einer besonderen Menschenwürde, sondern lediglich ein Hilfsmittel im Lebenskampf. Der Mensch ist zum Handeln da. Nur als ein handelndes Wesen erfüllt er seine natürliche Bestimmung. Kontemplative Naturen, retrospektiv wie alle Geistigen, sind Tote, die den Sinn des Lebens verfehlen.

Gerade wir Deutschen, die wir solange in Gedanken und Träumen ausschweiften, mußten zu der großen Wahrheit zurückfinden, daß nur die Tat und die ewige Bewegung dem menschlichen Leben Sinn geben.

Jede Tat ist sinnvoll, selbst das Verbrechen.

Jede Passivität, jedes Beharren ist dagegen sinnlos, sie sind lebensfeindlich. Somit gibt es das göttliche Recht, das Beharrende zu vernichten.

Der Ausdruck Verbrechen stammt noch aus einer überwundenen Welt. Es gibt positive und negative Aktivität. Jedes Verbrechen im alten Sinn steht noch turmhoch über der bürgerlichen Regungslosigkeit. Eine Handlung kann negativ im Sinne der Allgemeinheit sein und muß daher verhindert werden. Aber es ist wenigstens doch eine Tat.

Man muß Mißtrauen haben gegen Geist und Gewissen, und man muß Zutrauen haben zu seinen Instinkten. Wir müssen eine neue Naivität wieder gewinnen.

Man stempelt uns zu Geistesfeinden. Jawohl, wir sind das. Aber in einem viel tieferen Sinne als sich diese dummstolzen Wissenschaftsbürger nur träumen lassen.

Ich bin meinem Schicksal dafür dankbar, daß es mich vor dem staatlich privilegierten Erwerb von Scheuklappen in einer sogenannten wissenschaftlichen Bildung bewahrt hat. Ich habe mich von vielen einfältigen Vorurteilen frei halten können. Das kommt mir heute zugute. Ich stehe allem mit einer ungeheuren, eiskalten Vorurteilslosigkeit gegenüber.

Die Vorsehung hat mich zu dem größten Befreier der Menschheit vorbestimmt. Ich befreie den Menschen von dem Zwange eines Selbstzweck gewordenen Geistes; von den schmutzigen und erniedrigenden Selbstpeinigungen einer Gewissen und Moral genannten Chimäre und von den Ansprüchen einer Freiheit und persönlichen Selbständigkeit, denen immer nur ganz wenige gewachsen sein können.

Der christlichen Lehre von der unendlichen Bedeutung der menschlichen Einzelseele und der persönlichen Verantwortung setze ich mit eiskalter Klarheit die erlösende Lehre von der Nichtigkeit und Unbedeutendheit des einzelnen Menschen und seines Fortlebens in der sichtbaren Unsterblichkeit der Nation gegenüber. An die Stelle des Dogmas von dem stellvertretenden Leiden und Sterben eines göttlichen Erlösers tritt das stellvertretende Leben und Handeln des neuen Führergesetzgebers, das die Masse der Gläubigen von der Last der freien Entscheidung entbindet.«

Mit der Autorität des anerkannten Führers und in seiner Umgebung vorgetragen machten solche Sätze mitten im Gespräch den Eindruck tiefer Offenbarungen. Hitler empfand es übrigens als eine persönliche Kränkung, wenn man, durch die Aehnlichkeit mit Gedanken anderer berührt, etwa auf Vorläufer oder gleichgesinnte Denker hinwies. Hitler wollte alles allein und ohne Anregung gedacht haben. Er betrachtete es als eine Verkleinerung seiner Größe, wenn man auf ähnliche Ideen hinwies. Er war sich, — wie alle Autodidakten —, nicht bewußt, daß seine, ihm als geheimnisvolle Offenbarungen erscheinenden Gedanken abhängig waren von der ganzen geistigen Lage der Gegenwart und in ihren Keimen von ihm täglich aufgenommen wurden. Aber nicht bloß aus einer Art Eifersucht wies er jede Parallele mit anderen ab, er haßte auch deswegen Vorläufer und Mitläufer, weil sie, unter einer scheinbaren Aehnlichkeit, doch ihre Ideen in einem ganz anderen Zusammenhang geäußert hatten. Es war richtig, daß niemand die gleichen revolutionären Folgerungen zog und Geistiges und Soziales, Politisches und Moralisches so in einem Gesamtbild einer ungeheuren Weltwende verband wie Hitler. In dieser Verbindung aller umwälzenden Erscheinungen der Gegenwart zu einer totalen Weltrevolution von unvorstellbarer Größe sprach sich eine originale Anschauung aus. Was er sich unter dieser Weltwende wirklich vorstellte, ließ er im ungewissen. Er sprach davon nur in Bildern von einer zweifelhaften Originalität. Aber man hatte das Gefühl, daß er sich in der Uebersteigerung der eigenen Bedeutung bedenklich der Grenze näherte, die Nietzsche schon überschritten hatte, als er sich selbst als den Dionysos-Gott, den fleischgewordenen Antichrist verkündete.

Wie sich diese Mißachtung von Geist und Wissenschaft einige Stufen tiefer in der Umgebung Hitlers dokumentierte, das bewies mir ein kleines Gespräch mit Himmler. Der Chef der Gestapo und SS. hatte immerhin eine Gymnasialbildung absolviert. Er wußte sich prägnanter und brutaler als Hitler auszudrücken. Himmler war eines Abends mein Gast in Danzig. Er war mit einer Horde von SS.-Leuten eingefallen und es ging ziemlich lärmend zu. Unter ihnen befand sich auch der junge Fürst Dohna-Schlobitten; er hatte die Ehre, als der Chauffeur Himmlers auf einer Inspektionsfahrt durch Ostpreußen zu dienen. Es war kein schöner Anblick, den alten ostpreußischen Adel sich zum Handlanger dieser Gangster erniedrigen zu sehen.

Himmler stellte mich wegen eines Professors der Vorgeschichte, der sowohl in Danzig wie in Königsberg dozierte. Dieser Mann hätte nach angeblich wissenschaftlichen Gesichtspunkten Ideen über die Vorgeschichte der Germanen und das Alter ihrer Kultur verurteilt. Damals machte gerade ein höchst törichtes Buch Aufsehen, eine für jedermann deutliche Fälschung, die »Uralinda-Chronik«. Nach ihr konnte man die germanische Geschichte bis, wer weiß wo, zurückverfolgen. Und es ergab sich wieder einmal, daß das deutsch-germanische Urvolk der eigentliche Schöpfer der höheren Kultur gewesen war. Auch mit diesem Buch hatte sich der Professor gebührend beschäftigt. Und solchen wissenschaftlichen Unfug sollte ich nun strikte verhindern. Er selbst, Himmler, würde den Professoren in Königsberg und Breslau schon den Marsch blasen. Ich müßte das hier in Danzig auch besorgen. Was sich diese Herren überhaupt einbildeten. Ihre wissenschaftlichen Ansichten interessierten niemanden, es wären Privatmeinungen. Wenn der Staat oder die Partei eine Ansicht als wünschenswerten Ausgangspunkt für die wissenschaftliche Forschung geäußert hätte, dann hätte sie einfach als wissenschaftliches Axiom zu gelten, und es gebe kein Darumherumreden noch etwa eine böswillige Kritik. »Es ist uns höchst gleichgültig, ob sich die Vorgeschichte der germanischen Stämme in Wirklichkeit so oder anders abgespielt hat. Die Wissenschaft geht von Annahmen aus, die alle paar Jahre wechseln. Es spielt daher gar keine Rolle, wenn die Partei heute eine Annahme als Ausgangspunkt bestimmt, auch wenn sie zunächst den zeitüblichen wissenschaftlichen Anschauungen zuwiderläuft. Worauf es uns einzig und allein ankommt, und wofür diese Leute bezahlt werden, sind geschichtliche Vorstellungen, die unserem Volk den notwendigen Nationalstolz stärken. Wir haben bei diesem ganzen zweifelhaften Betrieb nur das einzige Interesse, daß wir das, was wir als Zukunftsbild für unser Volk hinstellen, in die graue Vergangenheit hineinprojizieren. Der ganze Tacitus mit seiner Germania ist eine Tendenzschrift. Unsere Wissenschaft vom Deutschtum hat jahrhundertelang von einer Fälschung gelebt. Wir haben das Recht, dasselbe jederzeit zu wiederholen. Vorgeschichte ist die Lehre von der überragenden Bedeutung der Deutschen in der Vorzeit.«

Wieder in einem anderen Milieu, in dem der Schwärmer und gläubigen Sektierer, erschienen die Gedanken von dem Ende der rationalen Wissenschaft, schwärmerisch verklärt als die große Rückwendung der Kultur aus dem Aeon der Vernunft und der Bewußtheit zu dem der »traumwandlerischen Sicherheit«, dem einer überrationalen Magie. Ich hörte diesen merkwürdigen Professor Wirth, den Herausgeber jener genannten Chronik, der ein paar seltsame Bücher vom »Aufgang der Menschheit« geschrieben und die primitive Symbolik ältester Zeiten in Bilderschrift und Zeichnung erforscht hatte. Hitler interessierte sich dafür. Wirth sprach in Versammlungen, in denen unter der Führung des früheren Diplomaten v. Leers die Grundlage eines neuen Gottesbewußtseins und der heraufsteigenden neuen Kultur erörtert wurden. Die Menschheit befinde sich im Aufgang eines neuen Tages. Was noch eben galt, gehört der versinkenden Nacht an. Nur allerältestes Rückerinnern an die Urzeit der Menschheit kann uns eine Hilfe für das Neue sein, das jetzt anbricht.

Hitler, Wagner, Gobineau

Hitler erkannte keine Vorläufer an. Mit einer Ausnahme: Richard Wagner.

Ob ich in Bayreuth gewesen sei, fragte mich Hitler. Ich erwiderte, daß ich mich in meiner Jugend leidenschaftlich mit Musik beschäftigt hätte und wiederholt in Bayreuth gewesen sei, ich hätte auch in München ernstlich Musik studiert. Ich sei ein Schüler von Thuille.

Von der Musik wolle er nicht sprechen, sagte Hitler. Thuille und diese Neuromantiker kenne er auch. Es sei anständige Musik, aber mehr auch nicht. Keiner von diesen Epigonen aber wisse, was Wagner wirklich sei. Er meine nicht bloß die Musik, sondern die ganze umstürzende Kulturlehre, bis hinab in das scheinbar kleine, belanglose Detail. Ob ich wüßte, daß Wagner zum Beispiel vieles von unserem kulturellen Verfall auf den Fleischgenuß zurückgeführt habe? Wenn er heute für seine Person den Genuß von Fleischspeisen verschmähe, so geschehe das nicht zum geringsten Teil auf das hin, was Wagner dazu geäußert habe und was er für absolut richtig halte. Es käme so vieles von unserem kulturellen Verfall vom Unterleibe her, chronische Verstopfung, Vergiftung der Säfte, Rausch. Er enthalte sich des Fleisches, des Alkohols und des schmutzigen Rauchens nicht bloß aus Gesundheitsrücksichten, sondern aus innerster Ueberzeugung. Aber dafür sei die Welt noch nicht reif. Wagner habe wirklich unser ewig tragisches Menschenschicksal gekündet. Er sei nicht bloß Musiker und Dichter. Er sei die größte Prophetengestalt, die das deutsche Volk besessen habe. Er, Hitler, sei durch Zufall oder Schickung früh auf Wagner gestoßen. Er hätte mit einer geradezu hysterischen Erregung gefunden, daß alles, was er von diesem großen Geist las, seiner innersten, unbewußten, schlummernden Anschauung entsprochen habe.

»Das Problem ist: wie kann man den Rassenverfall aufhalten? Muß das so sein, wie der Graf Gobineau das gesagt hat? Die politischen Konsequenzen haben wir gezogen, keine Gleichheit, keine Demokratie! Aber soll man nun die Masse des Volkes ihren Weg gehen lassen, oder soll man sie aufhalten? Soll man nur eine erlesene Schar von wirklich Wissenden bilden? Einen Orden, die Brüderschaft der Templeisen um den heiligen Gral des reinen Blutes?«

Hitler besann sich. »Sie müssen übrigens den Parsifal ganz anders verstehen, als er so gemeinhin interpretiert wird, wie etwa von dem Flachkopf Wolzogen. Hinter der abgeschmackten, christlich aufgeputzten äußeren Fabel mit ihrem Karfreitagszauber erscheint etwas ganz anderes als der eigentliche Gegenstand dieses tiefsinnigen Dramas. Nicht die christlich-Schopenhauersche Mitleidsreligion wird verherrlicht, sondern das reine, adlige Blut, das in seiner Reinheit zu hüten und zu verherrlichen sich die Brüderschaft der Wissenden zusammengefunden hat. Da leidet der König an dem unheilbaren

Siechtum, dem verdorbenen Blut. Da wird der unwissende, aber reine Mensch in die Versuchung gestellt, sich in dem Zaubergarten Klingsors der Lust und dem Rausch der verdorbenen Zivilisation hinzugeben oder sich zu der Auslese von Rittern zu gesellen, die das Geheimnis des Lebens hüten, das reine Blut. Wir alle leiden an dem Siechtum des gemischten, verdorbenen Blutes. Wie können wir uns reinigen und sühnen? Merken Sie, daß das Mitleid, durch das man wissend wird, nur dem innerlich Verdorbenen, dem Zwiespältigen gilt. Und daß dieses Mitleid nur eine Handlung kennt, den Kranken sterben zu lassen. Das ewige Leben, das der Gral verleiht, gilt nur den wirklich Reinen, Adligen!

Mir sind die Gedankengänge Wagners aufs innigste vertraut,« fuhr Hitler lebhafter fort. »Ich kehre auf jeder Stufe meines Lebens zu ihm zurück. Nur ein neuer Adel kann uns die neue Kultur heraufführen. Streichen wir alles Dichterische ab, so zeigt sich, daß es nur in der fortgesetzten Anspannung eines dauernden Kampfes eine Auslese und Erneuerung gibt. Ein weltgeschichtlicher Scheidungsprozeß vollzieht sich. Wer im Kampf den Sinn des Lebens sieht, steigt allmählich die Stufen eines neuen Adels herauf. Wer das abhängige Glück der Ruhe und Ordnung begehrt, der sinkt, welcher Abstammung er auch sein mag, zur geschichtslosen Masse herab. Die Masse aber ist dem Verfall und der Selbstauflösung ausgeliefert. In unserem weltrevolutionären Wendepunkt ist die Masse die Summe der absinkenden Kultur und ihrer sterbenden Vertreter. Man soll sie sterben lassen mitsamt ihren Königen wie Amfortas.« Hitler summte das Motiv: »Durch Mitleid wissend — —«

»In einer natürlichen Ordnung«, fuhr er fort, »sind die Klassen Völker, die als Schichten übereinander gelagert sind, anstatt nebeneinander zu wohnen. Zu dieser Ordnung werden wir zurückkehren, sobald die Folgen des Liberalismus überwunden sein werden. Schon vom hohen Mittelalter ab begann die liberalistische Auflösung der festen Schranken, die allein die Herrschaft eines Adels reinen Blutes verbürgten. Bis dann schließlich in unserer glorreichen Zeit alle Werte umgedreht sind und die minderwertigen Bestandteile der europäischen Nationen oben, die wertvollen in Abhängigkeit unten sitzen.«

Es gelte demnach doch eine neue Feudalordnung zu schaffen, warf ich ein.

Hitler wies das zurück. Ich solle alle diese lächerlichen Vergleiche sein lassen. »Kommen Sie mir doch nicht mit solchen einfältigen Maßstäben. An das, was wir zu schaffen berufen sind, reichen solche Begriffe eines restlos abgestorbenen Zeitalters nicht hinan. Phantasie muß man haben, um die Größe des Kommenden zu erahnen. Aber,« fuhr er fort, »wenn man dem edlen Blut die günstige Situation schafft, dann kommt der Mann der großen Rasse immer wieder herauf, wie es das Beispiel unserer Bewegung zeigt. Diese Situation zu schaffen und zu erhalten, ist die große vorbereitende politische Tat des Führergesetzgebers.«

Ich warf ein, ich hätte ihn schon einmal sagen hören, daß die Zeit des üblichen Nationalismus vorüber sei. Ob ich das recht verstanden hätte.

»Der Begriff der Nation ist leer geworden. Ich habe mit ihm aus zeitgeschichtlich bedingten Gründen noch beginnen müssen. Aber ich bin mir von vornherein darüber klar gewesen, daß dies nur vorübergehende Geltung beanspruchen konnte. Die ‚Nation' ist ein politisches Hilfsmittel der Demokratie und des Liberalismus. Wir müssen diesen falschen Begriff wieder auflösen und ihn durch den politisch noch nicht verbrauchten der Rasse ersetzen. Nicht die historisch gewordenen Völker sind der Ordnungsbegriff der Zukunft, — und alles Herumordnen und Zurechtschneiden von Grenzen und Siedlungsgebieten ist ein müßiges Unterfangen, — sondern der von ihm überdeckte Rassebegriff.«

Ich wollte den Einwand machen, daß dies doch auch für Deutschland seine sehr großen Schwierigkeiten hätte. Hitler winkte mir ab: »Ich weiß natürlich so gut wie alle diese neunmal klugen Intellektuellen, daß es im wissenschaftlichen Sinne keine Rasse gibt. Aber Sie als Landwirt und Züchter kommen ohne den Begriff der Rasse zur Ordnung Ihrer Züchtungsergebnisse nicht aus. Und ich als Politiker brauche einen Begriff, der es erlaubt, die bisher auf geschichtlichen Zusammenhängen beruhende Ordnung aufzulösen und eine ganz neue antihistorische Ordnung zu erzwingen und gedanklich zu unterstützen. Verstehen Sie, was ich meine?« unterbrach er sich. »Ich muß die Welt von ihrer historischen Vergangenheit befreien. Die Nationen sind die manifesten Formen unserer Geschichte. Also muß ich diese Nationen in eine höhere Ordnung umschmelzen, wenn ich den Wust einer absurd gewordenen geschichtlichen Vergangenheit abstreifen will. Und dafür ist mir der Rassebegriff gut. Er löst das Alte auf und gibt die Möglichkeit neuer Verbindungen. Mit dem Begriff der Nation hat Frankreich seine große Revolution über seine Grenzen geführt. Mit dem Begriff der Rasse wird der Nationalsozialismus seine Revolution bis zur Neuordnung der Welt durchführen.

Wie schon der Begriff der Nation etwas Revolutionäres war gegenüber diesen rein dynastisch-historischen Feudalstaaten, wie er einen biologischen Begriff, das Volk, einführte, so ist unsere Revolution ein weiterer Schritt oder vielmehr der endgültige Schritt zur Ueberwindung des Historismus und zur Anerkennung rein biologischer Werte. Und ich werde durch ganz Europa und die ganze Welt diese neue Auslese in Gang bringen, wie sie in Deutschland der Nationalsozialismus darstellt. In jeder Nation, der ältesten und fest gefügtesten, wird sich der Zersetzungs- und Umschichtungsprozeß abspielen. Der aktive Teil der Nationen, der kampfwillige, der nordische, wird wieder heraufsteigen und über diese Krämer und Pazifisten, diese Puritaner und Geschäftemacher zu dem beherrschenden Element werden. Vor dieser Revolution, die das genaue Gegenstück zu der großen französischen Revolution sein wird, wird kein Judengott diese Demokratien schützen. Es kommt eine harte Zeit herauf. Dafür werde ich sorgen. Nur das Harte und Männliche wird Bestand haben. Und die Welt wird ein neues Gesicht bekommen. Eines Tages aber werden wir mit diesen neuen Männern in England, Frankreich, Amerika einen Bund machen. Dann nämlich, wenn sie sich in den riesenhaften Prozeß der Weltumschichtung einfügen und freiwillig mitarbeiten. Von dem landläufigen Nationalismus wird dann nicht viel übrig geblieben sein, auch bei uns Deutschen nicht. Dafür wird ein Verständnis zwischen den verschieden sprechenden Angehörigen derselben guten Herrenrasse vorhanden sein.«

Der ewige Jude

Nur von hier aus versteht man den Antisemitismus Hitlers. *Der Jude ist ein Prinzip.* Zwischen Hitlers Anschauung, Julius Streichers, des Pornographen, und der des gemeinen Mannes der SS. oder SA. gibt es viel Gemeinsames, aber doch ebensoviel Trennendes. Dem Großteil der nationalsozialistischen Führerclique ist die ganze Rassenlehre ein »Hirngespinst von Adolf«. Für sie ist die Beseitigung der Juden der Anlaß einer Erziehung zum revolutionären Umsturz. Sie können mit den Juden das machen, was sie gerne mit dem ganzen Bürgertum getan hätten. Und es steckt denn auch in den antisemitischen Maßnahmen ein gut Stück von Ablenkung revolutionärer Wünsche auf ein vergleichsweise harmloses Objekt. Für Streicher und seine Gesinnungsgenossen ist der Antisemitismus nicht bloß ein blühendes Geschäft, sondern eine Befriedigung ihrer schmutzigen Phantasie. Von wirklich tiefgehendem Antisemitismus kann man in der breiten Masse des deutschen Volkes nicht sprechen. Es bestehen Ressentiments, die aber kaum tief gehen. Ich habe die Erfahrung gemacht, daß die Mehrzahl der Parteigenossen sich unter den antisemitischen Parolen des Nationalsozialismus nichts Ernsthaftes vorgestellt und jedenfalls keine entscheidenden Maßnahmen erwartet hatten. Als in Deutschland am 1. April 1933 die ersten planmäßigen Judenverfolgungen begannen,

wurde ich in Danzig, wo diese Maßnahmen nicht stattfanden, von einer Reihe alter Parteigenossen telephonisch auf meinem Gut angerufen: wenn sich solche schauderhaften Aktionen wiederholten und etwa auch in Danzig durchgeführt würden, dann dächten sie nicht daran, länger mitzumachen. So hätten sie sich den Kampf Deutschlands um seine Erneuerung denn doch nicht vorgestellt.

Wie weit Hitler das deutsche Volk gebracht und vor sich selbst erniedrigt hat, das zeigt die Haltung im Herbst 1938. »Was geht es uns an! Seht weg, wenn euch graust. Es ist nicht unser Schicksal.« Das war die allgemeine Stellungnahme, als dünn bekleidete Menschen, Alte, Kranke, Frauen, durch die Straßen gehetzt wurden. Die Herzenshärte und Gefühllosigkeit, die Furcht vor dem allmächtigen Zwingherrn hatten die natürlichen Gefühle der Empörung über die Entwürdigung des Menschen verdrängt. Aber der Antisemitismus ist damit nicht populärer geworden.

Hitler aber glaubt an den bösen Charakter des ewigen Juden. Für Hitler ist der Jude das schlechthin Böse. Er hat ihn zu dem Herrn seiner Gegenwelt emporgesteigert. Er sieht ihn mit dem mythischen Auge und er braucht ihn, um sich selbst an ihm zu steigern. Aber dahinter liegt, für jeden tastbar, ein höchst persönliches, höchst primitives Haß- und Rachegefühl.

Mag man dafür Erklärungen in seinem persönlichen Erleben suchen, mag man Hitler selbst als nach den Nürnberger Rassengesetzen nicht arisch bezeichnen, die Nachhaltigkeit seines Antisemitismus wird erst durch die mythische Uebersteigerung des Juden zu einem ewigen Prototyp des Menschen verständlich. Streng genommen irrt Hitler damit sogar nicht einmal. Von seiner geheimen Lehre aus muß er zum Juden einen geradezu metaphysischen Haß haben. Israel, das historische Volk des geistigen Gottes, mußte zum neuen deutschen auserwählten Volk, dem Volk der Gottnatur, des neuen Baals, des Stiers der Fruchtbarkeit abgründiger Feindschaft stehen. Ein Gott schloß den anderen aus. Hinter dem Hitler'schen Antisemitismus wird wirklich ein Kampf der Götter sichtbar. Nur Hitler sah das freilich so. Seine Parteigenossen hatten keine Ahnung von den phantastischen Perspektiven, in denen ihr Meister ihren handgreiflichen Kampf sah.

War nicht überdies der von seinen Vätern abgefallene Jude immer und überall der Vertreter des selbstbewußten Geistes, des Todfeindes des kommenden Zeitalters? War er nicht der Meister der verhaßten Ratio, der Beherrscher jener selbstherrlichen Wissenschaft, die nach Hitlers Ansicht das Leben zerstört anstatt ihm zu helfen? Und ging nicht das ganze, verhaßte Christentum, der Erlöserglaube, die Moral, das Gewissen, der Begriff der Sünde auf das Judentum zurück? War nicht im politischen Leben der Jude immer auf der Seite der zersetzenden, kritischen Tätigkeit? Hitler brachte viele Gründe vor, um seinen Haß zu rechtfertigen.

Wie sehr Hitler von seinem Judenhaß besessen war, beweist, daß er kaum ein Gespräch beenden konnte, ohne daß er in ihm nicht wenigstens auf die Juden exemplifiziert hätte. Einmal hat er mir seine intimeren Gedanken im Zusammenhang entwickelt.

Gewiß sei der Antisemitismus ein gutes revolutionäres Hilfsmittel. Er habe es wiederholt mit Erfolg angewandt und dächte es noch oft anzuwenden. Sowohl als kräftige Bedrohung der allzu selbstsicheren deutschen Spießbürger als auch zur Warnung der bornierten Demokratien. »Meine Juden sind mir ein kostbares Pfand, das ich von den Demokratien besitze. Die Propaganda des Antisemitismus ist in allen Ländern das geradezu unentbehrliche Hilfsmittel für die Verbreitung unseres politischen Kampfes. Sie werden sehen, in wie kurzer Zeit wir die Begriffe und Maßstäbe der ganzen Welt einzig und allein mit dem Kampf gegen das Judentum umstürzen werden. Uebrigens unterstützen uns die Juden am meisten dabei. Sie mischen sich trotz der für sie gefährlichen Lage immer in die Reihen der Ordnungsfeinde und Aufwiegler, sofern sie arm sind, und sie sind die weithin sichtbaren Inhaber der Riesenvermögen, die man beneidet. So ist es ein leichtes, dem Kampf gegen das Judentum überall durch populäre und sinnfällige Beispiele aus der nächsten Umgebung seine handgreifliche Berechtigung nachzuweisen. Ist aber erst einmal dem Grundsatz der Rasse durch die besondere Bloßstellung der Juden Einlaß verschafft, dann folgt alles andere sehr schnell. Schritt für Schritt ist man dann gezwungen, die politische und wirtschaftliche Ordnung abzutragen und sich den neuen Ideen der biologischen Politik zu nähern.«

Der Antisemitismus sei fraglos das bedeutungsvollste Stück seines propagandistischen Arsenals und fast überall von todsicherer Wirkung. Darum habe er auch dem Streicher freie Hand bei seiner Arbeit gelassen. Es sei zudem eine amüsante Weise und sehr geschickt. Wo der Streicher bloß immer wieder das neue Material hernähme. Er sei auf jede neue Nummer des »Stürmers« geradezu gespannt. Es sei das einzige Blatt, das er gerne und von der ersten bis zur letzten Zeile läse.

Aber damit dürften wir uns nicht beruhigen. Das sei alles erst der Anfang eines erbarmungslosen Kampfes um die Weltherrschaft. »Denn nur zwischen uns beiden wird der Kampf um die Weltherrschaft ausgefochten, zwischen Deutschen und Juden. Alles andere ist trügerischer Schein. Hinter England steckt Israel, hinter Frankreich, und hinter USA. Auch wenn wir den Juden aus Deutschland vertrieben haben, bleibt er immer noch unser Weltfeind.«

Ich fragte, ob das etwa bedeute, daß der Jude überhaupt vernichtet werden solle.

»Nein«, erwiderte Hitler. »Dann müßten wir ihn erfinden. Man braucht einen sichtbaren Feind, nicht bloß einen unsichtbaren.« Die katholische Kirche gebe sich auch nicht bloß mit dem Teufel zufrieden. Auch sie bedürfe der sichtbaren Feinde, um nicht im Kampf zu erschlaffen. »Der Jude sitzt immer in uns. Aber es ist leichter ihn in leiblicher Gestalt zu bekämpfen, als den unsichtbaren Dämon. Der Jude war schon der Feind des römischen Reiches. Er war sogar schon der Feind Aegyptens und Babylons. Aber erst ich mache mit dem Kampf vollen Ernst.

Uebrigens sind die Juden bereit gewesen, mir in meinem politischen Kampf zu helfen. In den Anfängen unserer Bewegung haben mich sogar einige Juden finanziell unterstützt. Ich brauchte nur den kleinen Finger auszustrecken und sie hätten sich alle um mich gedrängt. Sie wußten schon, wo etwas Neues und Lebendiges war. Der Jude ist es doch gewesen, der diese Wirtschaft der dauernden Bewegung und Steigerung erfunden hat, die man Kapitalismus nennt. Diese geniale Schöpfung mit einem raffinierten und doch simplen selbsttätigen Mechanismus. Machen wir uns nichts vor, es ist genial, es ist teuflisch genial.

Die moderne Wirtschaft ist eine Schöpfung der Juden. Sie wird von ihnen ausschließlich beherrscht. Das ist ihr Ueberreich, das sie über alle Reiche der Welt und ihre Herrlichkeit ausgespannt haben. Aber nun sind wir es, die mit der Weltanschauung der ewigen Revolution ihnen Konkurrenz machen. Ist Ihnen nicht aufgefallen, wie der Jude in allem und jedem das genaue Gegenspiel des Deutschen ist und ihm doch wieder so verwandt ist, wie es nur zwei Brüder sein können?

Ich habe seinerzeit mit wahrer Erschütterung die »Protokolle der Weisen von Zion« gelesen. Diese gefährliche Verborgenheit des Feindes, seine Allgegenwärtigkeit! Ich erkannte sofort, daß wir dies nachbilden müßten, auf unsere Weise natürlich. Denken Sie diese ewig beweglichen Menschen und wir mit unserem neuen Glauben an die ewige Bewegung, wie so verwandt, und im anderen völlig verschieden. Es gilt wahrhaftig den Entscheidungskampf über das Schicksal der Welt!«

Ich warf ein, ob Hitler nicht den Juden überschätze.

»Nein, nein«, schrie er, »der Jude ist als Feind gar nicht zu überschätzen.«

Aber die Protokolle der Weisen von Zion wären doch offensichtlich gefälscht. Ich hätte sie schon im Jahre 1920 von einem gewissen Müller von Hausen kennen gelernt. Und es wäre mir schon damals klar gewesen, daß das nicht echt sein könnte.

»Warum nicht«, erboste sich Hitler. Ob das nun im historischen Sinne echt sei, das berühre ihn gar nicht. Die innere Wahrheit sei für ihn um so überzeugender. »Wir müssen den Juden mit seinen Waffen schlagen. Das stand für mich sofort fest, als ich das Buch gelesen hatte.«

»Sie haben sich von den Protokollen für Ihren Kampf anregen lassen«, fragte ich.

»Bis in das Detail hinein, jawohl. Ich habe aus diesen Protokollen enorm gelernt. Ich habe immer sehr viel von meinen Gegnern gelernt. Ich habe die revolutionäre Technik bei Lenin und Trotzki und anderen Marxisten studiert. Und ich habe bei der katholischen Kirche wie bei den Freimaurern Einsichten gewonnen, die ich nirgendwo anders hätte erfahren können. Ein Narr, der nicht gerade von seinen Feinden lernt. Nur der Schwächling fürchtet dabei seine eigenen Einfälle zu verlieren.«

»Auch von den Freimaurern und der katholischen Kirche«, warf ich ein. Das scheine mir doch etwas weit hergeholt.

»Im Gegenteil. Nichts lag näher. Vor allem habe ich von dem Jesuitenorden gelernt. Uebrigens tat das Lenin auch, soviel ich mich erinnere. Etwas Großartigeres als die hierarchische Ordnung der katholischen Kirche hat es bisher auf der Welt noch nicht gegeben. Ich habe vieles unmittelbar auf die Ordnung meiner Partei übertragen. Fast zweitausend Jahre Bestand unter den wechselnden Schicksalen, das will etwas bedeuten.«

»Ich erinnere mich, etwas Aehnliches bereits einmal von Ihnen gehört zu haben«, warf ich ein. Hitler fuhr fort. »Die katholische Kirche ist vor allem vorbildlich wegen ihrer ungemein klugen Taktik und Menschenkenntnis, wegen ihrer weisen Einbeziehung menschlicher Schwächen in die Führung der Gläubigen. So habe ich mich bei der Behandlung unseres Programmes als der ein für allemal gültigen Verfassungsurkunde unserer Partei strikte an die Art gehalten, wie die Kirche ihre ehrwürdige Bekenntnisurkunde behandelt hat. Sie hat nie daran herummodeln lassen. Sie hat alle Wünsche der wechselnden Zeit, alle Angriffe logischer Kritik gegen die einmal gültige Formulierung über anderthalb Jahrtausende zurückzuweisen vermocht. Sie wußte, daß man alles einer solchen Urkunde anhängen kann, das Widerspruchsvollste und Entgegengesetzteste. Das verträgt das Volk der Gläubigen, das niemals Widersprüche auf logische Weise hinnimmt. Aber durch eins werden die Anhänger verwirrt, durch die Abänderung eines feierlichen Bekenntnisses, und zwar selbst wenn nichts mehr davon im praktischen Leben gelten kann, wenn es nur noch ein ehrwürdiges Monument ist.«

Aber es sollte mich doch wundern, was von den Freimaurern übernommen worden sei, fragte ich.

»Das ist sehr einfach. Ich glaube natürlich nicht im Ernst an die abgrundtiefe Bosheit und Schädlichkeit dieser inzwischen verspießerten und in Deutschland immer harmlos gewesenen Vereinigung zur gegenseitigen Beförderung der eigenen Interessen. Ich habe mir sehr genau Bericht erstatten lassen. Ich habe Major Buch die Untersuchung und den zusammenfassenden Bericht übertragen. Nun was da von angeblichen Greueln zutage kam, von Skeletten und Totenköpfen, Särgen und geheimnisvollen Zeremonien, das ist alles Kinderschreck. Aber eins ist das Gefährliche und ist auch dasjenige, was ich von den Freimaurern übernommen habe. Sie bilden eine Art Priesteradel. Sie schließen sich durch besondere Bräuche ab. Sie haben eine Geheimlehre entwickelt, die keine einfach formulierte Lehre ist, sondern in Symbolen und geheimnisvollen Riten stufenweise höhere Einsicht gewährt. Der hierarchische Aufbau und die Erziehung durch Symbole und Riten, das heißt ohne den Verstand zu behelligen, sondern durch Befruchtung der Phantasie, durch magische Einwirkung von kultischen Symbolen: das ist das Gefährliche und Große und von mir Uebernommene. Sehen Sie nicht, daß unsere Partei etwas ganz Aehnliches sein muß? Ein Orden, die hierarchische Ordnung eines weltlichen Priestertums. Aber das bedeutet natürlich, daß es nicht etwas Aehnliches von anderer Seite geben darf. Entweder wir oder die Freimaurer oder die Kirche. Aber niemals zwei nebeneinander. Das schließt sich aus, und die katholische Kirche hat, wenigstens was die Freimaurer anlangt, ihre Lage begriffen. Nun sind wir die stärksten, und darum werden wir beide beseitigen, die Kirche und die Freimaurer.«

»Von der Kirche haben Sie die hierarchische Ordnung übernommen, von der Freimaurerei den Ordensgedanken mit dem unverbrüchlichen Gelübde des Gehorsams und der Verschwiegenheit und mit der stufenweise in Symbolen zu offenbarenden Geheimlehre. Und was haben Sie von den Protokollen der Weisen von Zion übernommen?«, fragte ich.

»Die politische Intrige, die Technik, die Konspiration, die revolutionäre Zersetzung, die Verschleierung und Irreführung, die Organisation. Ist es nicht genug?«

Das wäre allerdings allerhand, erwiderte ich.

»Aber wir sprachen bisher nur von dem Juden als Herrn im Wirtschaftsweltreich. Wir sprachen von unserem politischen Gegner. Und was ist der Jude im tieferen Kampf um ein neues Weltzeitalter?«

Ich bekannte, mir das nicht vorstellen zu können.

»Es kann nicht zwei auserwählte Völker geben. Wir sind das Volk Gottes. Besagt das nicht alles?«

Das sei doch wohl mehr als Symbol aufzufassen.

»Nein, es ist die einfältige Wirklichkeit, an der nicht herumzudeuten ist. Zwei Welten stehen einander gegenüber! Der Gottesmensch und der Satansmensch! Der Jude ist der Gegenmensch, der Antimensch. Der Jude ist das Geschöpf eines anderen Gottes. Er muß einer anderen Wurzel des menschlichen Stammes entwachsen sein. Der Arier und der Jude, stelle ich sie einander gegenüber und nenne den einen Mensch, so muß ich den anderen anders nennen. Sie sind so weit von einander wie das Tier vom Menschen. Nicht daß ich den Juden ein Tier nenne. Er steht dem Tier viel ferner als wir Arier. Es ist ein naturfremdes und naturfernes Wesen.«

Hitler wollte noch etwas sagen. Aber es war, als versagte ihm in der Fülle der ihn überstürzenden Gesichte die Sprache. Sein Gesicht war krampfhaft verzerrt. Er knackte in der Erregung mit den Fingern. »Hie lernen wir nie aus«, stammelte er noch.

XVI.

Der Mensch im Wendekreis

Ein katholischer Geistlicher und ein jüdischer Rabbi müssen im Konzentrationslager die Latrine ausräumen. Bis an die Hüften im Dreck stehend, werden sie vom wachthabenden SS.-Mann angepöbelt, wo nun ihr Gott sei. Der Priester antwortet: »Wo Gott ist, das wissen wir nicht. Aber wer ihn sucht, der findet ihn.« Der Rabbi aber spricht: »Gott ist hier. Gott ist auch hier.«

Wo aber ist der Gott, den Hitler manchesmal in seinen Reden anspricht, den er Vorsehung und Allmächtigen nennt? Gott ist der schöne Mensch, der Gottmensch, der als Bildwerk in den Ordensburgen steht. Gott ist Hitler selbst.

Bevor Hitler sich ganz der Außenpolitik und seinen militärischen Plänen verschworen hatte, brach er einmal leidenschaftlich in den Wunsch aus, bauen zu dürfen, als Staatsmann und Gesetzgeber schaffen zu dürfen. Er stecke voller riesiger Pläne. Die Welt würde in ihm den größten Schöpfergenius aller Zeiten sehen. »Mir bleibt nur wenige Zeit. Mir bleibt zu wenig Zeit!« Wir wüßten nur das Geringste von ihm. Seine intimsten Parteigenossen ahnten nicht, was er im Sinne habe und wenigstens im Fundament begründen müsse. Eine furchtbare nervöse Angst, nicht mehr zum Ziele zu kommen, trieb ihn von Zeit zu Zeit rastlos herum. Dann wieder verlor er sich an technische Spielereien. Er beschäftigte sich mit Motoren und neuen Erfindungen. In solchen unruhigen Zeiten wurde er seiner Umgebung zur ausgesprochenen Qual.

Weltwende sei nun, das war ein Thema, das immer wieder in seinen Gesprächen anklang. Eine von uns Nichtwissenden in ihrem Ausmaß gar nicht zu erfassende Umwälzung des ganzen Lebens. Hitler sprach dann wie ein Seher und Eingeweihter. Es war eine biologische Mystik, oder soll man sagen eine mystische Biologie, die das Fundament seiner Eingebungen bildete. »Der Irrweg des Geistes« erschien als der eigentliche Abfall des Menschen von seiner göttlichen Berufung. »Magisch sichtig« zu werden, das schien ihm als das Ziel einer menschlichen Fortentwicklung. Er selbst fühlte sich bereits an der Schwelle dieses magischen Wissens, und schrieb ihm seine Erfolge und seine künftige Bedeutung zu. Da hatte ein Münchener Gelehrter neben fachwissenschaftlichen Büchern ein paar merkwürdige Sachen geschrieben über Urwelt, Sage und Menschheit, über die Traumsichtigkeit der früheren Menschheit, über eine Erkenntnisform und eine uns übernatürliche Macht über die rationalen Naturgesetze. Da gab es das Auge des Zyklopen, das Scheitelauge mitten auf dem Haupt, das jetzt zur Zirbeldrüse verkümmerte Organ einer magischen Einfühlung in das All. Solche Ideen faszinierten Hitler. Er liebte es zu Zeiten, sich damit leidenschaftlich zu beschäftigen. Er sah sein eigenes, wundersames Leben als eine Bestätigung verborgener Kräfte. Er steigerte den Sinn seiner Berufung zu der übermenschlichen Aufgabe, der Menschheit die Wiedergeburt zu einer neuen Gestalt zu verkünden.

Der Mensch befände sich in einer ungeheuren Wandlung. Buchstäblich, über Jahrtausende hinweg vollziehe sich ein Umwandlungsprozeß mit ihm, verkündete er. Die solare Periode des Menschen neige sich ihrem Ende zu. In ersten großen Menschengestalten einer neuen Art künde sich das Kommende heute schon an. Wie sich nach der unvergänglichen Weisheit der alten nordischen Völker die Welt immer wieder verjüngen müsse, indem das Alte mit seinen Göttern untergehe, wie die Wendepunkte der Sonne ihnen als Sinnbild des Lebensrhythmus galten, nicht in der graden Linie eines ewigen Fortschritts, sondern in der Spirallinie, so wende sich nun der Mensch scheinbar zurück, um sich wiederum eine Stufe höher zu heben.

Glaubte Hitler so etwas? War es nicht nur eine Art Propaganda, mit der er sich in gewissen Kreisen Ansehen und Anhänger schuf? Es waren einige wenige, es waren meist Frauen, in deren Kreis er sich so zu äußern pflegte. Vielleicht nur deswegen, weil seine rauhen politischen Kampfgenossen für solche Weisheit nur Spott übrig gehabt hätten. Aber wie kam dieser Revolutionär und Propagandist überhaupt zu solchen Ideen? Vielleicht war dies die weiße Magie, von der jene warnende Frau gesprochen hatte. Aber vielleicht glaubte Hitler doch daran. Er ist imstande, das Widerspruchsvollste zu verbinden. Eins ist gewiß: Hitler ist Prophet. Weit über die Bedeutung eines Politikers strebt er in die Gefilde eines übermenschlichen Daseins als der Prophet einer neuen Menschheit.

Mir gegenüber kleidete er diese Ideen in eine etwas materialistischere Fassung.

»Die Schöpfung ist nicht am Ende, wenigstens was dieses Lebewesen Mensch anlangt. Der Mensch steht biologisch gesehen deutlich an einem Scheidepunkt. Eine neue Menschenspielart beginnt sich abzuzeichnen. Durchaus im naturwissenschaftlichen Sinne einer Mutation. Die alte bisherige Gattung Mensch gerät damit unweigerlich in das biologische Stadium der Verkümmerung. Der Altmensch wird sein Leben nur noch in Kümmerformen fristen. Die ganze Schöpferkraft aber wird sich in der neuen Menschenspielart konzentrieren. Die beiden Spielarten werden sich sehr schnell von einander fort in entgegengesetzter Richtung entwickeln. Die eine wird unter den Menschen heruntersinken, die andere wird weit über den heutigen Menschen hinaussteigen. Gottmensch und Massentier möchte ich die beiden Spielarten nennen.«

Ich erwiderte, daß das sehr an Nietzsche und seinen Uebermenschen erinnere. Aber ich hätte das bisher im geistig übertragenen Sinne aufgefaßt.

»Ja, der Mensch ist etwas, das überwunden werden muß. Nietzsche hat davon auf seine Weise allerdings bereits etwas gewußt. Er hat den Uebermenschen sogar schon als eine biologisch neue Spielart gesehen. Obwohl das bei ihm noch schwankt. Der Mensch wird Gott, das ist der einfache Sinn. Der Mensch ist der werdende Gott. Der Mensch muß über seine Grenzen ewig hinausstreben. Sobald er beharrt und sich abschließt, verkümmert er und sinkt unter die Schwelle des Menschentums herunter. Er wird zum Halbtier. Götter und Tiere, so steht die Welt heute vor uns. Und wie elementar einfach wird alles. Es ist immer dieselbe Entscheidung, ob ich in der Politik meine Entschlüsse zu fassen habe, ob ich unseren sozialen Körper neu ordne. Was sich von der Bewegung abschließt, was beharren will, was an Altem hängt, das verkümmert und ist bestimmt, herabzusinken. Was aber die Urstimme des Menschen hört, was sich der ewigen Bewegung weiht, das trägt die Berufung zu einem neuen Menschentum. Verstehen Sie nun die Tiefe unserer nationalsozialistischen Bewegung? Kann es etwas geben, das größer und umfassender ist. Wer den Nationalsozialismus nur als politische Bewegung versteht, weiß fast nichts von ihm. Er ist mehr noch als Religion: er ist der Wille zur neuen Menschenschöpfung.«

Jetzt begriffe ich erst den tieferen Sinn seines Sozialismus. Er sei die Vorwegnahme einer Scheidung zwischen den neuen Herrenmenschen und den Herdenmenschen. Der neue Massenmensch sei die politische Vorform jener, von Hitler genannten Verkümmerungsform des Menschen.

Hitler bejahte. »Politik ist buchstäblich heute die Form des Schicksals. Glauben Sie nicht, daß man diesen Prozeß der Auslese durch politische Mittel beschleunigen kann?«

Züchten könne man den Uebermenschen bestimmt nicht, erwiderte ich. Aber was heiße denn streng genommen züchten. Nichts anderes als auslesen. Wir Landwirte täten schließlich nur dies eine. Wenn eine Spielart da sei, sie vor dem Untergang bewahren, sie durch planmäßige Auslese befestigen, den natürlichen Vorgang beschleunigen, oder, wie man wissenschaftlich sagen würde, die homozygote

Plusvariante herausfinden und vermehren, — das sei schließlich züchten, und ich könnte mir denken, daß eine gewisse politische Ordnung für den Menschen ein Ausleseverfahren ermöglichen würde.

»Gerade das ist es«, fiel Hitler lebhaft ein. »Sie drücken das richtig aus. Die Politik ist heute, ohne biologische Begründung und ohne biologische Ziele völlig blind. Nur der Nationalsozialismus hat die volle Erkenntnis der notwendigen Aufgaben. Meine Politik ist nicht im landläufigen Sinne eine nationale Politik. Ihre Maßstäbe und Ziele nimmt sie von einer allseitigen und umfassenden Erkenntnis vom Wesen des Lebens.«

»Aber Sie können der Natur nur helfen, ihren Weg abkürzen, wenn sie Ihnen die neue Spielart freiwillig beschert. Es ist dem Züchter bisher nur in wenigen Fällen mehr gelungen als Mutationen zu entwickeln, das heißt sie zu erzeugen.«

»Der neue Mensch lebt unter uns. Er ist da!« rief Hitler triumphierend. »Genügt Ihnen das? Ich sage ein Geheimnis. Ich sah den neuen Menschen, furchtlos und grausam. Ich erschrak vor ihm.«

Mir fiel plötzlich unser deutscher Dichter Stefan George ein. Hatte auch Hitler »Maximin« gesehen? Ich spürte etwas wie die Verzückung eines Liebenden an ihm.

Geheimlehre

»Ich will Ihnen ein Geheimnis sagen. Ich gründe einen Orden.«

Mir war dieser Gedanke nicht unbekannt. Er ging wohl auf Rosenberg zurück. Wenigstens hat Rosenberg ihn mir als erster gesagt. Er hatte in den Räumen der Marienburg des deutschen Ritterordens vor einem kleinen Kreise einen Vortrag gehalten. Scheinbar nur eine geschichtliche Erinnerung an den Orden und sein Wirken in Preußen war doch die eigentliche Tendenz, den Nationalsozialismus zu einem solchen Orden zu schaffen. Wehrhafte Ritter, kluge Verwaltungsmänner, zugleich aber geistliche Leute, die ihre »Heimlichkeit« haben, ein der profanen Welt verborgenes Wissen, eine hierarchische Ordnung, die besondere Art der Führung — — alles dies schien eine beispielhafte Bedeutung zu besitzen.

Nach dem Vortrag saßen wir in dem Ratskeller des mittelalterlichen Rathauses der Stadt. Rosenberg führte seinen Gedanken weiter fort. Der ostpreußische Gauleiter Koch war da; intimere Mitarbeiter beider.

Es sei Zeit, den Charakter der Partei zu ändern, sagte Rosenberg. Sie müsse als Massenpartei überwunden werden. Nachdem man den Zweck, nämlich die Erringung der Macht auf legalem, parlamentarischem Boden erreicht habe, müsse ihr parlamentarischer Ursprung beseitigt werden. Die Partei habe jetzt eine andere Funktion und müsse auch in einem anderen Sinne geführt werden. Hitler wolle allerdings, es solle alles beim Alten bleiben. Erst mit dem Heraufwachsen der jungen Generation könnten auch Form und Inhalt der Partei sich ändern. Er, Rosenberg, aber sei der Meinung, daß es der künftigen Entwicklung höchst abträglich sei, wenn man an dem bisherigen Massencharakter der Partei festhalte. Für die Masse der Parteimitglieder und Amtswalter könne ja alles wie bisher bleiben. Aber es bilde sich ja heute schon in allen Formationen ein engerer Kreis der wirklich Eingeweihten und scheide sich von der Masse. Diese Tendenz müsse planmäßig entwickelt werden. Die alte politische Weltanschauung des Nationalsozialismus könne für die Masse ruhig weiter Geltung behalten. Aber für den Kreis der wissenden Parteigenossen gelte es einen Ring innerhalb der Partei zu schaffen. So käme man nicht bloß allmählich zu einer klaren Form der Partei, sondern gewänne auch den Charakter des Ordens, in dem es Stufen der Einweihung, der Verantwortung und der Mitarbeit gebe. Er wolle keineswegs eine Partei innerhalb der Partei schaffen. Aber es gelte nun endlich die Männer entsprechend ihrem Verständnis und ihrer Hingabe zu sammeln, um die eigentlichen großen, über die Tagespolitik hinwegreichenden Aufgaben in Bearbeitung zu nehmen.

Es könne, so schloß er, sehr wohl sein, daß wir außenpolitisch oder wirtschaftlich schwere Rückschläge erlitten, dann müsse der wissende Personenkreis immer da sein als eine geheime Priesterschaft, die auch ohne das Hilfsmittel einer äußerlich sichtbaren Organisation die großen Kulturideen des Nationalsozialismus in eine günstigere Zeit hinüberrettete.

Koch meinte, von einem Rückschlage wolle er lieber nicht ausgehen. Aber es sei klar, daß etwas geschehen müsse. Hitler habe seine Zustimmung gegeben, daß der Ordensgedanke wenigstens bei der Erziehung des Nachwuchses zum Durchbruch käme. Aber auch er sei der Ansicht, daß man so bald als möglich von dieser Fiktion hinwegkäme, als ob wir noch eine aus der Weimarer Republik übrig gebliebene Restpartei wären.

Ich erwähne dies Gespräch. Es blieb vorläufig ohne sichtbare Wirkung. Hitler kannte die Widerstände seiner tatkräftigsten Gauleiter und SA.-Führer gegenüber allem, was nach Hirngespinsten und Literatur aussah. Ihn selbst beschäftigte der Gedanke des Ordens offenbar stärker. Aber erst über Ley begann er ihn vorsichtig in den nationalsozialistischen »Junkerschulen« durchzuführen. In diesen Schulen galt es nicht bloß den neuen Nachwuchs heranzuziehen. Man schuf vielmehr, schon durch den Namen andeutend, einen jungen neuen Adel, der sich als ein verschworener Bund zusammenfügen sollte.

Hitler kannte die Schwächen seiner Gauleiter und hohen SA.- und SS.-Führer sehr genau. Er machte mir gegenüber einmal, als ich mich über die Verständnislosigkeit gewisser Parteimänner in Danzig beklagte, die Bemerkung, er habe sich seine Leute nicht aussuchen können, sondern das nehmen müssen, was sich ihm freiwillig angeboten habe. Es habe ja nur an den besser informierten Leuten gelegen, früher zu ihm zu kommen, als der Kampf der Partei noch ein Opfer für jedes Mitglied bedeutet habe. Nun könne und werde er die Leute, die ihm treu gedient hätten, nicht vors Tor jagen. Er müsse sie verbrauchen, so wie sie wären. Und wenn es auch mitunter eine schwere Arbeit für ihn sei, alle diese Männer mitzuschleppen, so täte er es doch im Hinblick auf die Geschlossenheit der Partei. Treuere Mitarbeiter könne er jedenfalls nicht finden, intelligentere vielleicht schon. Intelligenz und Treue wohnten leider niemals sehr eng beieinander. Hitler wußte, daß diese Männer zu einem höheren Schwung der Ideen nicht zu gewinnen waren. Es waren politische Haudegen, im zermürbenden Tageskampf groß geworden. Ihre Gedanken reichten nicht über die einmal gelernte »Weltanschauung« des Nationalsozialismus hinaus. Das meiste hatte sich ihnen im Kampfe verflüchtigt. Es waren ein paar praktische Regeln übrig geblieben. Aber sie hatten gelernt, die Masse in Disziplin und sich selbst an der Macht zu halten. Diese Generation mußte erst einmal verbraucht werden, ehe aus der Partei das neue fremdartige Gebilde eines weltlichen Priesterstaates herauswuchs. Für sie konnte es nicht die tieferen Gedanken geben, die mehr und mehr Hitler beschäftigten: die neue Menschheitsreligion, die Schaffung einer neuen Menschheit.

Hitler schüttelte die Versuchung ab, mit seinen tieferen Absichten vorzeitig hervorzutreten. Der Nationalsozialismus stand immer noch am Anfang seines Aufstieges. Es galt den politischen Kampf zu Ende zu führen und sich auf den entscheidenden Krieg vorzubereiten, der unweigerlich kommen mußte. Erst nachdem er, wie der alte Fritz, der Preußenkönig, sein bewundertes Vorbild, seine Kriege hinter sich hatte, konnte er an den eigentlichen Aufbau Deutschlands herangehen. Wiederholt hat er solche Gedanken in Gesprächen berührt. Und man spürte die verzehrende Ungeduld, die sich hinter dieser Resignation verbarg, endlich zu seinem eigentlichen Gebiet zu kommen, dem des schöpferischen Staatsmannes und Gesetzgebers, des wegweisenden Künstlers und Städtebauers, dem des Propheten und Religionsstifters.

»Mit der Jugend beginne ich mein großes Erziehungswerk«, sagte

Hitler. »Wir Alten sind verbraucht. Ja, wir sind schon alt. Wir sind bis ins Mark verdorben. Wir haben keine ungebrochenen Instinkte mehr. Wir sind feige, wir sind sentimental. Wir tragen die Last einer erniedrigenden Geschichte und das dumpfe Erinnern an Hörigkeit und Kriechertum im Blut. Aber meine herrliche Jugend! Gibt es eine schönere in der ganzen Welt? Sehen Sie sich diese jungen Männer und Knaben an! Welch Material. Daraus kann ich eine neue Welt formen.

Meine Pädagogik ist hart. Das Schwache muß weggehämmert werden. In meinen Ordensburgen wird eine Jugend heranwachsen, vor der sich die Welt erschrecken wird. Eine gewalttätige, herrische, unerschrockene, grausame Jugend will ich. Jugend muß das alles sein. Schmerzen muß sie ertragen. Es darf nichts Schwaches und Zärtliches an ihr sein. Das freie, herrliche Raubtier muß erst wieder aus ihren Augen blitzen. Stark und schön will ich meine Jugend. Ich werde sie in allen Leibesübungen ausbilden lassen. Ich will eine athletische Jugend. Das ist das erste und wichtigste. So merze ich die tausende von Jahren der menschlichen Domestikation aus. So habe ich das reine, edle Material der Natur vor mir. So kann ich das Neue schaffen.

Ich will keine intellektuelle Erziehung. Mit Wissen verderbe ich mir die Jugend. Am liebsten ließe ich sie nur das lernen, was sie ihrem Spieltriebe folgend sich freiwillig aneignen. Aber Beherrschung müssen sie lernen. Sie sollen mir in den schwierigsten Proben die Todesfurcht besiegen lernen. Das ist die Stufe der heroischen Jugend. Aus ihr wächst die Stufe des Freien, des Menschen, der Maß und Mitte der Welt ist, des schaffenden Menschen, des Gottmenschen. In meinen Ordensburgen wird der schöne, sich selbst gebietende Gottmensch als kultisches Bild stehen und die Jugend auf die kommende Stufe der männlichen Reife vorbereiten.«

Aber er könne darüber nicht weiter reden, brach Hitler ab. Es gäbe noch Stufen, von denen er nicht sprechen dürfe, auch er nicht.

Und im übrigen denke er dies erst als sein Geheimnis weiter zu reichen, wenn er nicht mehr am Leben sei. Etwas ganz Großes werde dann erfolgen. Eine überwältigende Offenbarung. Um seine Mission ganz erfüllen zu können, müsse er den Opfertod gestorben sein.

»Ja«, wiederholte er, »ich muß mich dem Volk in der Stunde der höchsten Gefahr zum Opfer geben.«

Ewige Revolution

Ich muß noch ein paar Worte zu dieser Lehre Hitlers sagen. Nur wenige wissen davon. Und doch versteht man Hitlers politischen Willen nur auf diesem Hintergrund seiner Gedanken. Hitler ist nicht im üblichen Sinne abergläubisch. Seine Vorliebe für Horoskope und die Nachtseiten der Natur hängt mit seiner Ueberzeugung zusammen, daß der Mensch mit dem All in einer magischen Verbindung steht. Das Politische ist ihm nur der Vordergrund einer Umwälzung, die er in den allergrößten Maßstäben erlebt.

Lesefrüchte einer apokryphen Literatur geben ihm das Material zu seiner Lehre. Aber wichtiger als die Lehre ist der dahinter stehende Wille. Hitler wird nicht müde, in immer neuer Form auszusprechen, daß es eine ewige Bewegung, eine ewige Revolution ist, in die er das deutsche Volk und die Welt hineintreibt. Diese Revolution umfaßt das ganze menschliche Dasein. Es ist die Befreiung des Menschen, die, seiner Lehre nach, alle siebenhundert Jahre eine Stufe fortschreitet. Die Befreiung, die zugleich für den größten Teil der Menschheit die Bindung unter eine neue Form der Untertänigkeit bedeutet. Denn es geht um die Freiheit der Göttersöhne. Es ist die Revolution des neuen Adels gegen die Masse.

Ein weiter Weg, wenn man sich erinnert, wo Hitler begann. Vom Konspirateur und bezahlten Propagandisten bis zum Propheten einer neuen Religion. Ist es nur die Uebersteigerung eines kranken Menschen, oder steckt dahinter nicht doch eine folgerichtige Entwicklung?

Ein roter Faden läuft sichtbar durch das ganze zwiespältige, widerspruchsvolle Tun dieses höchst seltsamen Mannes. »Bewegung ist alles. Immer in der Aktion sein.« Die Rastlosigkeit seines Wesens prägt sich in allem aus. Aber nicht bloß seine eigene »jagende Hysterie«, wie er so bezeichnend selbst sagt, steht dahinter Eine Welt, die in voller Auflösung begriffen ist, ein Volk, nicht minder hysterisch, mußten dazu kommen, damit ein solcher Mann Führer wurde.

»Die Zeit wirkt für uns. Ich brauche nur anzustoßen, so fallen die Schranken einer überlebten Zeit. Was noch so fest schien, ist mürbe und brüchig.« In der Tat, alle Werte scheinen von innen zersetzt und lösen sich von selbst auf. In der Ratlosigkeit liefert der Mensch sich der Bewegung aus, der beständigen Veränderung. In ihr scheint ihm noch allein ein Sinn zu liegen. Sich dem unbezwingbaren Drange nach Zerstörung auszuliefern, das ist das eigentliche Motiv dieses wahnsinnigen Abenteurers. »Wir wissen noch nicht das Ziel in seiner ganzen Größe«, hat Hitler einmal über das andere gesprochen. »Aber wir haben es im Blut, und wir erleben es.« Das ist Literatur, es ist schlechte Literatur. Sie stammt aus der Zeit um die Jahrhundertwende. Damals gab es in Deutschland so etwas wie eine »hysterische Romantik«. Sie hatte ihren vornehmsten Sitz in Wien und München.

Es ist nicht das erste Mal, daß sich die kranken Dünste eines Landes, die Fieberphantasien ganzer Völker zu Gestalten verdichten, die noch nach Jahrhunderten das Grauen vermitteln, aus dem sie geboren wurden. Ganze Völker brachen plötzlich in eine unerklärliche Rastlosigkeit aus. Sie unternehmen Geißlerfahrten, eine hysterische Tanzwut ergreift sie. Dämonischer Drang und religiöser Wahn verbinden sich.

Dies hier ist derselben Art. Eine seelische Massenerkrankung, deren Hintergründe man wohl untersuchen kann, deren eigentliche Wurzel aber im Verborgenen bleibt. Der Nationalsozialismus ist der Veitstanz des zwanzigsten Jahrhunderts.

Von Frauen ist Hitler entdeckt worden, Damen der Gesellschaft haben nach dem Kriege den noch jungen Mann gefördert. Vor ihren Männern waren es die Frauen einiger Großindustrieller, die ihn finanziell unterstützten, ihm Geld, ihm in der Inflation Kunstgegenstände zusteckten. In einem Kreise gebildeter Frauen wurde aus dem bezahlten Propagandisten der politische Prophet. Wieviel sie an der Entwicklung seiner Gedankenwelt Anteil haben, mag dahingestellt bleiben. Aber sie waren es, die ihn verwöhnt, die sein Selbstgefühl durch unmäßige Vorschußlorbeeren übersteigert haben. Die bis zur pseudo-religiösen Ekstase gesteigerte begeisterte Hingabe der Frauen war das für ihn unentbehrliche Stimulans, um seine Lethargie zu überwinden. Eine merkwürdige Aehnlichkeit mit der weiblichen Verehrung, die der trockene, wenig anziehende Robespierre erfahren hat.

Uebrigens wußte Hitler, was er an den Frauen hatte. Er »pflegte« diese Beziehungen mit Bedacht und Berechnung. Er gab seinen Gauleitern die kühl-sachlichsten Anweisungen, sich mit besonderem Fleiß der Propaganda unter den Frauen anzunehmen. Im Kampf um die Macht waren es die Frauen, die mit ihrer Stimmabgabe schließlich Hitler so hoch emportrugen. Man muß in diesen Massenversammlungen die vordersten Bänke gesehen haben, die ständig und in allen Städten von einer bestimmten Art ältlicher Frauen und Mädchen besetzt waren. Man muß von oben, von der Rednertribüne aus diese vor Entzückung gebrochenen, feuchten und verschleierten Augen der Hörerinnen gesehen haben, um über den Charakter dieser Begeisterung nicht mehr im Zweifel zu sein. Die den Saalschutz bildende SS. hatte für diese begeisterten Frauen sehr bald einen derben Ausdruck geprägt; sie nannten sie die »Krampfader-Geschwader«. Man sollte sich nicht bloß mit der Rolle der Erotik in der männlichen Gesellschaft als einem bedeutenden politischen Faktor beschäftigen, sondern ebenso mit der Rolle der Erotik in der modernen Massenpropaganda, und mit der erotischen Wirkung von Rednerstimmen und der Tongebung und Melodie der Rede, die viel wichtiger sind als der Inhalt.

Hitler hat solche Faktoren berücksichtigt. Er verdankt ihrer zynischen Benutzung nicht wenig von seinen politischen Erfolgen. Wieviel an seinem Verhältnis zu Frauen echte Sublimierung erotischer Spannungen war, wieviel bloß kaltschnäuzige Berechnung, weiß ich nicht. Wie ich Hitler sehe, ist er eine so ausschließlich von sich selbst besessene Persönlichkeit, daß er einer echten Hingabe unfähig ist. Und so ist es auch eine bestimmte Auslese mehr oder minder morbider Frauen, die ihn anschwärmen, Frauen mit einem hysterischen Stich.

Später sah ich bei ihm öfter auffallend hübsche, blonde Mädchen. Sie saßen an seiner Seite bei Tisch. Er tätschelte ihre Hände. Er erlaubte sich kleine Vertraulichkeiten. Das Ganze war Schaustellung. Die ganze Verstiegenheit und Unnatur dieses Menschen prägt sich auch in den elementarsten Beziehungen des menschlichen Lebens aus. Ich möchte nicht an das dunkle Kapitel seiner Nichte rühren, dieses Mädchens, das angeblich Selbstmord verübt hat. Ich habe darüber von Persönlichkeiten berichten hören, die den Ereignissen nahestanden. Es würde in das Bild Hitlers richtig hineinpassen; aber es entzieht sich der Erzählung, und man mag dies auf sich beruhen lassen.

Es hat sich mir und anderen gegenüber mehr als ein junger Mann damit gebrüstet, der Liebling Hitlers gewesen zu sein. Auch das bleibe unerörtert. Es genügt, daß sich eine ganze, aus Krankheit und Verbrechen gemischte Atmosphäre um den »Führer« des Deutschen Reiches bilden konnte; es bedarf keines mehr oder weniger glaubwürdigen Details. Keinem Genie wird man die Dunkelheiten und Wunden seines Aufstieges moralpredigend vorhalten. Aber dieser Mann hat nichts von seiner Vergangenheit abgeschüttelt. Er trägt sie weiter mit sich herum, und sie lastet mit ihrer Unwahrheit, Unsauberkeit und Unnatur auf dem ganzen deutschen Volk.

Gewiß ist heute Hitler nicht mehr der junge Mann von 1923. Er war schon 1933 bei der Machtübernahme realistischer, zynischer, berechnender. Er hat seitdem wieder eine Wandlung durchgemacht. Die Byzantiniker des neuen deutschen Hofes sprechen von einem Prozeß ganz großer Reife. Sie rühmen Hitlers Aufstieg zum größten Staatsmann und zum künftigen größten Feldherrn. Aber Hitler ist innerlich derselbe geblieben. Er ist derselbe ungewandelte und ungereifte Mann mit denselben krankhaften Süchten geblieben. Seine Technik ist vielleicht reifer geworden, seine Routine. Dieser Mann, das ist vielmehr das traurige Fazit dieser Jahre, ist nicht um Haaresbreite ein anderer als er seit zwei Jahrzehnten war. Und so kann er sich denn auch mit gutem Fug rühmen, daß er die Grundlage seiner Weltanschauung bereits in Wien gelegt und seitdem nichts Grundlegendes mehr dazu gelernt habe.

Hitler kann seine Vergangenheit nicht abschütteln. Immer ist es dasselbe Gesicht, das aus seinen Aktionen heraussieht. Aber kann man sie überhaupt abschütteln? Man kann sie nur durch innere Wandlung überwinden. Und gerade zu dieser inneren Wandlung ist Hitler völlig unfähig. Dieser Mann der ewigen Revolution, der ständigen Bewegung und Wandlung ist in seine unselige Natur eingekapselt und schließt sich von jedem schöpferischen Hauch, der den Menschen reift, ab. Er bleibt er selbst.

Heute noch ist er der Agent, der sich den günstigsten Gelegenheiten verschreibt. Heute noch ist er der in seiner Eitelkeit verletzbare empfindliche Knabe der Pubertätsjahre. Heute noch ist er der exaltierte Revoluzzer der Inflationsjahre, der Hand aufs Herz Schwüre leistet, und dann, wenn er sie bricht, mit Tränen im Auge um Verzeihung und Verständnis bettelt, daß er dem höheren Gebot des Vaterlandes habe gehorchen müssen.

Hitler bleibt er selbst.

XVII.

Der Adlerhorst

Gewaltige Bauten hat Hitler aufführen lassen, staatliche, private und Parteibauten. Seine Bauwut ist der bleibende Ausdruck seines Geltungsbedürfnisses. Die Welt bewunderte sie oder erschrak vor ihren Ausmaßen und der Unbekümmertheit über die Kosten. Erst an diesen Bauten begann sich in der Masse und unter den Denkenden die Frage zu regen, wohin dies alles führe. Parteibauten von einer Größe, die alles erträgliche Maß weit überstiegen, mit ebenso immensen Kosten. Die Eigenwilligkeit des Bauherrn ging rücksichtslos über die Gegebenheiten des Ortes hinweg. Man erfuhr, was für Schwierigkeiten allein die Fundamentierung des Baugrundes der Nürnberger Parteibauten verursachte. Hitler verachtete jedes Bedenken.

Hitler ließ eine neue Reichskanzlei bauen, er baute eine Filiale in seinen Bergen. Er ließ Berlin umbauen und beschäftigte sich mit der Neugestaltung Wiens. Pläne, riesige Pläne, und das alles nebenbei, neben der fast hundert Milliarden verschlingenden Aufrüstung. Und was alles kommen sollte, Arbeiterhäuser, Gartenstädte. Das ganze Siedlungsnetz Deutschlands sollte völlig neu aufgebaut werden, weit zerstreut über das Land; nicht bloß künftiger Flugangriffe wegen, sondern um den Gegensatz von Stadt und Land aufzuheben und eine neue Art Verwurzelung und Heimatgefühl entstehen zu lassen.

Wenn er mit der Aufrüstung fertig sei, solle Deutschland auch äußerlich neu entstehen, äußerte sich Hitler wiederholt. Welches Ausmaß dies alles nehmen würde, mochte man sich an den neuen Parteibauten klarmachen. Es fehlte nicht an Bewunderern, einheimischen und ausländischen, die, einen Reichsparteitag erlebend, sich von den gigantischen Ausmaßen hinreißen ließen und den »Lichtdom« der in den nächtlichen Himmel strahlenden Scheinwerfer als den Beginn eines unerhörten neuen Kulturzeitalters empfanden. Was besagten demgegenüber unverständliche Reden und seltsame Proklamationen? Hier wurde der gewaltige Schöpferwille eines ganzen Volkes sichtbar.

In der Zeit meines Konfliktes mit der Partei hatte ich einmal Hitler meine Besorgnisse über die Bauvorhaben Forsters in Danzig geäußert. Wir, die wir während unserer Opposition die bescheidenen Bauten früherer Regierungen angegriffen hätten, im wesentlichen Zweckbauten, Krankenkassengebäude und Arbeitersiedlungen, wir bauten jetzt selbst Theater und Parteipaläste.

Hitler nahm diesen Einwand nicht freundlich auf. Ob ich glaubte, daß das Bauen ein Luxus sei. Und ob ich mir auch nur vorstellen könne, daß sich die heutige Zeit mit Zweckbauten, mit Kleinsiedlungen und Arbeiterhäusern begnügen solle? »In meinen Bauten stelle ich dem Volk meinen zum sichtbaren Zeichen gewordenen Ordnungswillen hin. Von den Bauten überträgt sich der Wille auf den Menschen selbst. Wir sind von den Räumen abhängig, in denen wir arbeiten und uns erholen. Nur an der Größe und Reinheit unserer Bauten ermißt das Volk die Größe unseres Willens. Es wäre das Falscheste, was ich hätte tun können, mit Siedlungen und Arbeiterhäusern zu beginnen. Alles dies wird kommen und versteht sich von selbst. Das hätte auch eine marxistische oder bürgerliche Regierung machen können. Aber nur wir, als Partei, können wieder frei und groß an dieser edelsten aller Künste schaffen. Seit den mittelalterlichen Domen sind wir es, die erstmalig wieder dem Künstler große, kühne Aufgaben stellen. Keine Heimstätten, keine kleinen Privatbauten, sondern das Gewaltigste, was es seit den Riesenbauten Aegyptens und Babylons gegeben hat. Wir schaffen die heiligen Bauten und Wahrzeichen einer neuen Hochkultur. Mit ihnen mußte ich beginnen.

Mit ihnen präge ich meinem Volk und meiner Zeit den unverwischbaren geistigen Stempel auf.«

Aber die Baupläne traten zurück hinter den großen Aufgaben, die die Außenpolitik und die militärische Lage Hitler auferlegten. Nur in Mußestunden arbeitet er noch an Städtebauplänen und -modellen. Jetzt saß er über Karten und Aufmarschpläne gebeugt, und er spielte an dem Spiel, das nie ein Ende kennt, an dem Vabanquespiel seiner Außenpolitik. Immer deutlicher entwickelt er sich zu dem Feldherrn des neuen Weltkrieges. Militärische Aufmärsche und politische Schachzüge und planvolle Beeinflussung der Gegner im psychologischen Ringen bilden nur noch Teilaufgaben an dem einen großen Bauplan eines neuen Riesenreiches, des neuen Weltimperiums.

Was Hitler in seinen Gesprächen noch als zukünftiges Ziel, vielleicht ein fernes sogar, angedeutet hatte, wird jetzt, wenige Jahre darnach, mit einer unheimlichen Zielsicherheit ins Werk gesetzt. Günstige Zufälle erleichtern ihm seine Verwirklichung. Aber es bleibt doch ein atemraubendes Schauspiel, wie diesem Manne alles entgegenkommt und ihn von Erfolg zu Erfolg trägt.

Besuche kommen und gehen, werden befohlen und mit Drohungen heranzitiert. Es ist ein merkwürdiger politischer Stil, der sich durchsetzt. Deutschland und die Welt nehmen es für selbstverständlich, daß da ein Mann alle Bräuche der Diplomatie umgestoßen hat, daß die leitende Persönlichkeit im äußersten Winkel Deutschlands in den Bergen sitzt und die Verwaltungsmaschine wie die fremden Diplomaten zwingt, sich mit dieser Erschwerung der Arbeit abzufinden.

Ein merkwürdiger Bau entsteht, Knabenträume oder die Phantasie von Kriminalromanen gewinnen leibhaftige Gestalt. In Bayern liegt es nahe, an den romantischen Märchenkönig Ludwig II. zu denken, mit seinen feenhaften Schlössern, mit seiner Einsamkeit und seinem Wahnsinn. In einem Felsenschacht, verborgen und vor aller Welt abgeschlossen, fährt ein Fahrstuhl mehrere hundert Meter hoch. Er mündet in einem Kristallhaus, unsichtbar, mitten in der Felswildnis der bayrischen Berge, im Antlitz des Watzmanns. Hier über aller Welt erhaben, unerreichbar, thront der deutsche Führer. Es ist sein Adlerhorst. Hier steht er der Ewigkeit gegenüber. Hier fordert er sein Jahrhundert in die Schranken.

Träume werden Wirklichkeit. Aber auch die lästigen Träume der Vergangenheit und die quälenden Zweifel der Zukunft werden immer wieder lebendig. Immer mal wieder kommen Anfälle, die Hitler bis in den Wahnsinn erschüttern. Unruhe läßt ihn keinen Schlaf finden. Aber jetzt ist er nicht mehr einsam, wenn er es nicht sein will. Er drückt auf den Knopf und Adjutanten jagen heran. Mit Flugzeugen und Autos wird herangeholt, wen der Führer gerade zu sprechen wünscht. Oft sind es nur junge Männer, die nachts aus den Betten geholt ihren Herrn vergessen lassen müssen, daß Furcht, Sorge und Einsamkeit ihn foltern. Um den Kamin, in dem riesigen Raum sitzen und stehen diese unwissenden und nicht verstehenden fühllosen Männer herum, plaudern gezwungen zwanglos, erzählen einander banale Witze und Unanständigkeiten. Sie sollen Hitler ablenken, sie sollen ihn vergessen machen, was er denkt und sorgt. Und Hitler selbst geht ruhelos wie John Gabriel Borkmann auf und ab.

Er ist auch nicht schwindelfrei, dieser Baumeister Solneß. Angstvoll sieht ein ganzes Volk, wie er Schritt für Schritt die Leiter seines Baues hochsteigt, um die höchste Spitze mit dem Kranz zu krönen. Und es wartet auf den Augenblick, wo er, vom Schwindel erfaßt, stürzen und zerschmettert am Boden liegen wird.

Aber noch ist jeder seiner Wünsche erfüllbar. Jeder Einfall wird im Entstehen verwirklicht. Nur mit den Erfindungen will es nicht so gehen, wie er brennend gerne möchte. Hier läßt sich nichts kommandieren, hier muß alles Punkt für Punkt erarbeitet werden.

Hitler ist auch unter die Erfinder gegangen. Er erfindet, wie große Herren das machten, mit Hilfe anderer. Und fast ist es wie zur Zeit der Goldmacher, wo goldhungrige Fürsten ihre Adepten in einsamen Türmen einschließen ließen, bis die Formel gefunden und das Gold da war. Jetzt aber geht es um geheimnisvolle Kriegserfindungen, Lufttorpedos und elektrische Strahlen. Hitler hat sich immer für technische Fragen interessiert. Er konnte seinen staunenden Gauleitern die Vorzüge und Nachteile jedes Automotors zeigen und zeichnen. Es macht ihm besonderes Vergnügen, seine Mitarbeiter technisch zu beraten. Wie sich früher die Grandseigneurs über ihre Pferde und ihre Zuchten unterhielten, so sprechen diese neuen Adelsherren stundenlang über ihre Motore, über ihre Autos und Privatflugzeuge. Aber Hitler ist ihnen über. Er entwirft, er verbessert, er zeichnet. Er ist ja Modellzeichner gewesen. Er hat ein unleugbares Geschick. Und in den Augen seiner Bewunderer vermag er alles. Er ist das Universalgenie. Er regt alle Welt an: Baumeister und Generäle, Gelehrte und Dichter, Staatsmänner und Wirtschafter, alle empfangen von ihm den entscheidenden Gedanken, der ihre Arbeit glücken läßt. Keiner geht von ihm, der nicht, wie Hjalmar Schacht bekennt, befreit und mutvoll wieder zu seiner Arbeit zurückkehrt.

So fühlt er sich, in seinem Sanssouci, wie der preußische König Friedrich, der zwischen seinen Kriegen und vor dem letzten, schwersten das Leben eines Freigeistes, eines Dichters und Musikers mit dem des Staatsmannes und Militärs zu verbinden wußte und die Grundlagen seines Sieges und seines Aufbaus legte. Wie Friedrichs Gedanken, so kreisen seine, Hitlers Gedanken um den unabwendbaren Krieg, den er herbeisehnt und den er doch fürchtet. Denn das Horoskop warnt ihn vor dem Kriege. In ihm würde er alles verlieren, was er bisher gewonnen habe. Aber sein Ehrgeiz zieht ihn immer wieder zur Beschäftigung mit militärischen Problemen. Ihn hat längst die Leidenschaft der hohen Kunst der Strategie gepackt. Er befaßt sich nur mit der einen, mit der reizvollen Seite, wo es auf Kombination, auf Einfälle ankommt. Die mühselige Arbeit der Berechnung, der allseitigen Prüfung des Details ist nicht nach seinem Geschmack. Da wird er ungeduldig, da ermüdet er. Mit ein paar Strichen geniale Skizzen hinzuwerfen, das befriedigt ihn aufs höchste.

Aber mit Ernst und einer verbissenen Zähigkeit beschäftigt er sich Tag und Nacht mit den außenpolitischen Plänen. Einfälle auf Einfälle werden erwogen und fallen gelassen. Ein kompliziertes Spiel ist das. Alle Fäden laufen in seinen Händen zusammen. Er hat seine eigenen Nachrichtenquellen. Er gebietet über einen ungeheuren Apparat. Ueber jede Frage ist sofort Material greifbar. Seine Aufmerksamkeit umfaßt das ganze Erdenrund. Längst ist er der einfältigen kontinentalen Ostpolitik entwachsen. Es gibt keine isolierten politischen Probleme. Das Fernste beeinflußt seine Lage. Und seine eigenen Schachzüge wirken auf die gesamte Welt zurück.

Einfluß gewinnen auf die entscheidenden Persönlichkeiten. Ueber diese Persönlichkeiten Bescheid wissen, über ihre Passionen, ihren Geschmack, ihren Umgang: das ist Politik. Frauen sind seine Spioninnen, phantastisch schöne Frauen spielen eine entscheidende Rolle in seinen politischen Berechnungen. Welchen Typ Frau liebt der, welchen jener? Das sind wichtige Probleme, so wichtig wie die Zahl der Flugzeuge, der U-Boote. Mit ungeheurem Raffinement wird jedem sein Frauentypus zugeführt. Das geschieht mit Delikatesse, mit großer Behutsamkeit. Es sind nicht immer Staatsoberhäupter und Diktatoren, es sind entscheidende Bankmänner, es sind fremde Politiker, es sind wohl auch Generäle. Man erfährt Staatsgeheimnisse, man gewinnt Einfluß. Und alles dies sind keine Fieberphantasien, nicht Plagiate aus Spionageromanen, sondern historische Wirklichkeit. Ein Mann kommandiert diese Frauen. Sie tun es für ihn, für die Größe seines Werkes.

Wahrhaftig, diese Zeitläufte sind nicht mehr bürgerlich. Sie mischen die Methoden der Renaissance mit den Bräuchen des zusammenbrechenden Römischen Imperiums, mit den Gepflogenheiten in Byzanz oder auch am Merovinger Hof. Und es ist Hitler, der im Mittelpunkt dieses ganzen Treibens sitzt, Hitler, der sich den größten Schüler Machiavellis nennt, und der doch niemals den linkischen Kleinbürger mit allem Ressentiment eines solchen verleugnen wird.

Es ist absurd, es ist lächerlich. Und doch ist es Wirklichkeit, und doch sollte man es ernst nehmen.

Der neue Machiavelli

Hitler behauptete mir gegenüber, den »Principe« des Florentiners nicht bloß einmal gelesen zu haben. Das Buch sei schlechthin unentbehrlich für jeden Politiker. Er habe es eine Zeitlang ständig auf seinem Nachttisch liegen gehabt. Die Lektüre habe auf ihn eine reinigende und befreiende Wirkung sondergleichen ausgeübt. Sie habe ihm schiefe, sentimentale Vorstellungen weggeräumt. So habe er erst wahrgenommen, von wieviel Vorurteilen wir abhingen. Erst durch die Lektüre sei ihm klar geworden, daß wir lernen müßten, was Politik im eigentlichen Sinne überhaupt sei.

»Ich habe mich,« sagte er mir im Laufe des Gesprächs, das ich nach meiner Rückkehr aus Genf mit ihm hatte, »geradezu mit einer Lehre von den menschlichen Schwächen beschäftigt. Wir tun gut, lieber auf die Laster der Menschen zu spekulieren als auf ihre Tugenden. Mag die französische Revolution an die Tugend appelliert haben, wir werden besser das Gegenteil tun. Es ist auch nicht damit getan, die Massen bei ihren Schwächen zu nehmen, wichtiger sind die der führenden Persönlichkeiten. Ich kann keine Politik machen, ohne sie zu kennen. Die umfassende Kenntnis der Schwächen und Laster meiner einzelnen Gegner ist die Voraussetzung einer jeden erfolgreichen Politik.«

Hitler beschwerte sich über die altjüngferlichen Methoden in der deutschen Außenpolitik und Diplomatie. Man erfahre überhaupt nichts, man tappe über alles und jedes im Dunkel. Die Leute hätten überhaupt keinen Apparat. Die ledernen Gesandtschaftsberichte wären beiläufig das Einzige. Feuilletons oder wissenschaftliche Abhandlungen, was so als Berichte hereinkäme, interessierten ihn nicht. Damit machten sich diese Männer nur wichtig. Ihn interessiere vielmehr, welchen Angelplatz der Lord Sowieso bevorzuge und wie das Verhältnis des Generaldirektors der X-Gesellschaft aussehe. »Das ganze Auswärtige Amt erstickt in Bürokratie und Formalismus.«

Ich warf ein, im Kriege habe dasselbe auch von der militärischen Spionage und Gegenspionage gegolten. Ich sei, als ich nicht mehr kriegsverwendungsfähig gewesen sei, eine Zeitlang bei der Spionageabwehr verwandt worden. Das wäre damals ein geradezu lächerlicher Apparat gewesen.

Das sei nun allerdings besser geworden, erwiderte Hitler. Die militärische Spionage arbeite ausgezeichnet. Aber die politischen Informationen wären umso miserabler; sie bestünden schlechterdings überhaupt nicht. »Ich tue alles, um das Versäumte nachzuholen. Ich brauche eine Sache wie den englischen Geheimdienst, einen Orden, der seine Sache aus Passion tut.«

Passion allein scheine mir nicht auszureichen, gab ich zu bedenken. Es gehörte ein großes Kapital von Erfahrung dazu, das man nicht so schnell erwerbe.

»Immerhin werden wir ohne einen Personenkreis, der mit Lust und Liebe an die Sache herangeht, nichts erreichen. Den Bürokraten ist diese Aufgabe lästig; sie ist ihnen zu unsauber. In Wirklichkeit sind sie zu feige und zu dumm dazu. Aber denken wir an Frauen, an abenteuerlustige Damen der Gesellschaft, überdrüssig ihres unnützen Daseins, denen Liebschaften nicht mehr als Sensation genügen. Ich werde mich nicht scheuen, anormale Männer zu verwenden, Abenteurer aus Lust am Metier. Es gibt unzählige solcher Menschen, die im bürgerlichen Leben zu nichts zu gebrauchen, hier aber einen hervorragenden Platz ausfüllen können. Ich habe diesen Weihnachtsmännern in der Wilhelmstraße gesagt, was sie machten, damit könne man in ruhigen Zeiten weiter schlafen, aber nicht ein neues Reich schaffen. Man müsse sich schon etwas modernerer Methoden befleißigen. Der Neurath ist schwerfällig. Er ist verschmitzt wie ein

Bauer, aber ohne Einfälle. Vorläufig nützt mir sein wohlwollendes Gesicht mehr als alles andere. Solchem Manne kann man keine revolutionäre Politik zutrauen, werden sie drüben in England sagen.«

Neurath sei gutwillig, aber er gebe sich immer den Anschein, uns protegieren zu müssen, warf ich ein. Wollen wir mal die jungen Leute etwas am Metier riechen lassen: so hätte ich den Eindruck.

»Ja, die Ueberheblichkeit und der Dünkel dieser Leute ist groß. Sie denken wunder was von den Geheimnissen ihres Betriebes. Ein tüchtiger Botschafter muß Vergnügungsdirektor sein können; er muß jedenfalls kuppeln und fälschen können. Was er am wenigsten sein sollte, ist korrekter Beamter!

Uebrigens«, fuhr Hitler fort, »werde ich nicht erst abwarten, bis es diesen Herren einfällt, umzulernen. Ich ziehe mir einen eigenen Apparat groß. Das kostet zwar viel Geld, aber ich komme schneller vorwärts. Ich habe einen Fragebogen zusammengestellt, nach dem mir über die mich interessierenden Persönlichkeiten zu berichten ist. Ich lasse eine umfassende Kartothek aller einflußreichen Persönlichkeiten in allen Ländern herstellen. Diese Kartenblätter werden alles Wichtige enthalten. Nimmt er Geld? Ist er anders zu kaufen? Ist er eitel? Ist er stark erotisch veranlagt? Welcher Typ? Ist er homosexuell? Das letztere ist besonders zu bevorzugen, weil es enge, nie mehr zu lösende Verbindungen gibt. Hat er in der Vergangenheit etwas zu verbergen? Kann man ihn erpressen? Welche Geschäfte treibt er? Besondere Liebhabereien, Sport, Marotten und Spleen. Reist er gern? Und so weiter.

Nach diesen Berichten suche ich mir meine Leute aus. Damit mache ich wirkliche Politik. Nämlich ich gewinne mir Menschen, die für mich arbeiten. Ich schaffe mir eine Macht in jedem einzelnen Lande.«

Das würde eine immense Arbeit und große Kosten bedeuten, meinte ich.

»Haben wir uns jemals vor einer Aufgabe gefürchtet? Eine Propaganda mit unzulänglichen Mitteln hat überhaupt keine Bedeutung. Im Gegenteil, sie ruft nur Abwehrkräfte hervor, ohne selbst etwas zu vermögen. Die Leute stellen sich unter Propaganda etwas ganz Falsches vor. Die öffentliche Massenbeeinflussung ist nichts weiter als die eine, und zwar recht harmlose Seite. Die Masse bearbeiten bedeutet immer, den Boden vorbereiten. Aber der eigentliche Kampf geht um die Gewinnung von Persönlichkeiten und ganzen Kreisen. Ich dachte, das sei gar nicht so schwer zu begreifen. Ich schaffe mir eine Einflußsphäre. Das ist alles, aber das ist auch genug. Politische Erfolge, wie ich sie erstreben muß, gelingen immer nur durch eine planmäßige Korruption der Besitzenden und Beherrschenden. Wirtschaftliche Vorteile, Liebesgenuß und Ehrgeiz, das heißt Machtwille, sind die drei Hauptregister in unserer Propaganda. Die Früchte meiner Tätigkeit werden wir erst im kommenden Kriege sehen. Denn keiner meiner Gegner wird auch nur annähernd etwas Aehnliches mir gegenüberstellen können. Die Franzosen, die früher einen Talleyrand und Fouché hervorgebracht haben, sind heute kleine, bedächtige Spießer und trockene Amtsseelen geworden. Sie wagen nur noch ein Spiel um halbe Pfennige, aber nicht mehr um einen großen Wurf.«

Mir schienen diese Aeußerungen damals reichlich großsprecherisch zu sein, und ich machte eine Bemerkung der Art, daß man die Möglichkeiten einer solchen dunklen politischen Beeinflussung auch nicht gerade überschätzen dürfe.

Hitler erwiderte scharf, diese Möglichkeiten wären gar nicht zu überschätzen. »Wenn diese Herren von gestern ihre Politik glauben führen zu können wie der ehrbare Kaufmann seine Geschäfte, nach Herkommen und gutem Brauch, dann mögen sie das tun. Ich aber treibe Machtpolitik, das heißt, ich bediene mich jedes Mittels, das mir dienlich erscheint, ohne die geringste Rücksichtnahme auf einen Komment oder Ehrenkodex. Und wer mir wie dieser Hugenberg mit seiner Sippe entgegenzetert, daß ich mein Wort breche, daß ich Verträge nicht halte, daß ich List, Betrug und Verstellung übe, dem antworte ich: bitte! tue desgleichen. Niemand hindert dich. Die Herren werden begreifen müssen, daß ich nicht mehr Politik im Stile der bürgerlichen Demokratien und Monarchien des 19. Jahrhunderts treiben kann, die sich an abgeschmackte Regeln und Konventionen hielten. Darüber sollte man sich doch wenigstens im klaren sein, daß revolutionäre Regimes sich von jeher über die Schranken des Herkömmlichen hinwegzusetzen pflegen. Ich werde den Machtkampf aller zufälligen Konventionen entkleiden, und ich wüßte nicht, was mich hindern könnte, ihn in seiner nackten, erbarmungslosen Härte zu führen. Ich kann es nicht im geringsten einsehen, was für ein Unterschied darin liegen soll, alle Mittel der List und der Verstellung zu benutzen oder meine Armeen marschieren zu lassen. Das eine gilt als anständig und unter gesitteten Menschen ab und zu leider doch immer wieder für unvermeidlich, das andere aber ist verwerflich. Warum? Solche Unterschiede sind Hirngespinste, sind Altweibermoral. Gewiß bin ich heute im Vorteil vor diesen Bürgern und Demokraten, weil mich keine pedantischen und sentimentalen Rücksichten hindern. Soll ich edelmütig diesen Vorteil meiner Position verschmähen, nur weil meine Gegner noch nicht so weit sind? Wer sich betrügen läßt, braucht sich nicht wundern, daß man ihn betrügt.«

List fordere Gegenlist heraus. Die Vorteile schienen mir doch sehr bald durch Nachteile einer solchen Politik überwogen zu werden, versuchte ich zu erwidern.

»Möglich,« entgegnete Hitler, »aber ich habe wenigstens einen Vorsprung. Meine große politische Chance ist, daß ich mit dem Machtkampf in einer Zeit Ernst mache, die sich noch Illusionen darüber macht, von welchen Kräften die Geschichte gestaltet wird.«

Das sei allerdings eine Renaissance der Lehre Machiavellis, meinte ich.

»Ich lehne es nicht ab, mich einen Schüler Machiavellis zu nennen,« bejahte Hitler. »Aber ich meine, daß erst wir, die wir die biologischen Grundlagen der Politik kennen, imstande sind, die wirklichen Konsequenzen zu ziehen.«

List, Betrug, Verrat, Verstellung, Schmeichelei, Mord — diese ganzen politischen Hilfsmittel hätten doch aber sehr bald ihre Wirkung eingebüßt, warf ich ein. Die Geschichte der italienischen Stadtstaaten scheine mir gerade zu beweisen, daß eine solche Politik keine langanhaltende Wirkung haben könne.

Das solle sie auch nicht. Ihm genüge es, wenn es ihm damit gelänge, durch die politischen Mauern um Deutschland durchzustoßen. »Im übrigen sollen mir meine Gegner nur dankbar sein, daß ich ihrem Pazifismus entgegenkomme und lieber mit politischen Mitteln zu erreichen versuche, was andere vor mir nur mit den Waffen erkämpft haben. Machen wir uns nichts vor. Man will uns ja gar nicht mehr Widerstand leisten. Das Bedürfnis, mit uns zu paktieren, schreit einem aus jedem Wort, was aus jenem Lager kommt, entgegen. Es wäre ihnen allen, diesen Demokratien und abdankenden Klassen am liebsten, wenn sie die lästige Verantwortung vom Halse und den Frieden hätten, den ich ihnen garantiere. Das sind ja alles keine Männer, die Macht begehren und Genuß im Besitz der Macht verspüren. Sie reden nur von Pflicht und Verantwortung, und sie wären hochbeglückt, wenn sie in Ruhe ihre Blumen pflegen, wenn sie zur gewohnten Stunde angeln gehen und im übrigen ihr Leben in frommer Betrachtung verbringen könnten.«

Das träfe auf unsere liberalen und konservativen Kreise allerdings wohl zu, gab ich zu. Aber was England und Frankreich anlange, so spräche manches dagegen.

Hitler beachtete meinen Einwurf nicht. »Wir aber, mein Herr,« betonte er leidenschaftlich, »wir fiebern vor Begier nach der Macht und scheuen uns keineswegs, dies einzugestehen. Wir sind besessen nach diesem höchsten Gut. Wir sind fanatisch in unserem Willen zur Macht. Für uns ist dies nicht bloß eine blutlose Lehre: dieser *Wille zur Macht,* sondern buchstäblich der Sinn und Inhalt dieses Lebens.

Wir leben, jawohl wir leben,« schrie er triumphierend. »Lassen wir die anderen unterdessen schlafen. Fafnir, der wilde Wurm; ich lieg und besitz, laßt mich schlafen.« Dröhnend lachte er auf.

»Heute,« nahm er das Gespräch wieder auf, »heute krähen die literarischen Weiber der Welt ‚Verrat am Geist' über mich. Und eben noch haben sie selbst über den Verrat des Geistes am Leben in Worten geschwelgt. Solange es eine literarische Köstlichkeit war, haben sie sich damit wichtig gemacht. Jetzt, da wir Ernst machen, markieren sie erstaunte Kinderaugen.«

»Aber ist nicht das Leben überhaupt erst durch Konventionen möglich?« fragte ich.

»Davon ist nicht die Rede. Aber wenn die Hoch-Zeiten der Geschichte sind, dann fällt aller Flitter ab und der große Rhythmus des Lebens regiert allein die Stunde. Ich gebe der Gewalt ihre angestammte Würde wieder, die Quelle alles Großen und die Mutter der Ordnung zu sein.« Hitler verlor sich in begeisterten Sätzen über die Großartigkeit der neuen Politik.

»Es gehört die ganze Borniertheit dieser überlebten Klassen dazu, um sich darüber zu entrüsten, daß wir uns nicht an die bisherigen Gepflogenheiten und Uebereinkünfte des politischen Lebens halten,« nahm er das Thema noch einmal auf. »Ich erkenne kein Moralgesetz in der Politik an. Politik ist ein Spiel, in dem jeder Trick erlaubt ist und in dem die Spielregeln sich je nach Geschicklichkeit der Spieler ständig ändern.« Er kam dann auf die Enttäuschung der Deutschnationalen zu sprechen, die von ihm früher etwas ganz anderes erwartet hätten.

»Es ist nicht meine Schuld, wenn mich die Leute für einfältig halten und nachher feststellen, daß sie selbst die Dummen waren.« Er wies die seiner Meinung nach törichten Vorwürfe zurück, als ob er Diktator sei. »Man will mich zum blutdürstigen Tyrannen stempeln. Herrschaft ist in ihrer Wurzel Tyrannei. Anders kann sie gar nicht entstehen. Wenn das nicht in die Köpfe der Hugenberger oder meiner wohlwollenden englischen Freunde geht, so müssen sie warten, bis sie den neuen Zustand gewohnt sind. Jedes neue Regime erscheint nur deshalb als Tyrannei, weil die Art seines Zwanges ungewohnt ist. Herrschaft und Ordnung sind ohne Zwang unvorstellbar.«

Dann kam er noch einmal auf die Vorwürfe zu sprechen, die man ihm ständig wegen seiner besten Mitarbeiter mache. »Man wirft mir vor, daß ich mich mit ehrgeizigen und streberischen Elementen umgebe. Welche Albernheiten! Soll ich mit Betschwestern mein Reich bauen? Männer, die nicht ehrgeizig sind, sollen mir vom Leibe bleiben. Nur wer sein eigenes Fortkommen mit der allgemeinen Sache so verknüpft, daß keins mehr vom anderen zu trennen ist, nur auf den kann ich mich verlassen. Leute, die von Patriotismus nicht bloß reden, sondern ihn zum einzigen Motiv ihres Handelns machen, sind suspekt. Uebrigens ist es nicht meine Aufgabe, die Menschheit zu bessern, sondern mich ihrer Schwächen zu bedienen. Ich will Menschen um mich haben, die gleich mir in der Gewalt den Motor der Geschichte sehen und daraus die Konsequenzen ziehen. Aber ich habe durchaus nicht den Ehrgeiz, als besonderer Verächter der Moral zu erscheinen. Wozu es den Leuten leicht machen. Es wird mir nicht schwer fallen, meiner Politik einen moralischen Anstrich zu geben und die Motive meiner Gegner als Heuchelei zu entlarven. Für die Masse sind moralische Gemeinplätze unentbehrlich und nichts ist verkehrter, als wenn ein Politiker auch nach außen als der amoralische Uebermensch erscheinen will. Das ist ein dummes Spiel, und die es betreiben, sind meist behütete Bürgersöhne, die ihre Degeneration zur Stärke falschmünzen wollen. Ich werde es bestimmt nicht darauf anlegen, besonders unmoralisch, im Sinne der Bürger, zu handeln. Ich fürchte mich lediglich vor keiner Konsequenz.«

Hitler sprach von der Notwendigkeit des Terrors und der Grausamkeit. Er habe durchaus keinen Gefallen an all diesen Veranstaltungen wie Konzentrationslager und Geheimpolizei, aber das wären nun einmal Notwendigkeiten, die nicht zu umgehen wären. »Ohne den Willen zur Grausamkeit geht es nicht. Uebrigens fehlt er unseren Gegnern nur, weil sie zu schwächlich sind, nicht etwa, weil sie human sind. Herrschaft wird nie durch Humanität begründet, sondern, vom bürgerlichen Winkel aus betrachtet, durch Verbrechen. Der Terror ist absolut unentbehrlich bei jeder Begründung einer neuen Macht. Die Bolschewisten haben das noch auf alte Weise gemacht. Sie haben die ganze frühere Herrschaftsklasse getötet. Das ist das alte, klassische Mittel. Wenn ich mich recht entsinne, empfiehlt es auch noch Machiavelli, oder er empfiehlt doch mindestens, erst die zweite Schicht durch Wohlwollen zu gewinnen, die unmittelbar unter den Herrschenden saßen. Ich gehe weiter. Ich bediene mich der alten herrschenden Klasse selbst. Ich halte sie in Furcht und Abhängigkeit. Ich bin überzeugt, ich werde keine willigeren Helfer haben. Und werden sie aufsässig, dann steht mir das alte, klassische Mittel immer noch zu Gebote.

Zuviel Grausamkeit ist von Uebel. Das stumpft ab. Wichtiger noch als der Terror ist die systematische Umwandlung der Begriffswelt und der Empfindungsschemata der Masse. Man muß sich auch noch die Gedanken und Gefühle der Menschen unterwerfen. Das wird uns heute in der Zeit des Radios unvergleichlich nachhaltiger glücken, als das in früheren Zeiten möglich war.«

Ich machte Bedenken geltend, daß dies auch eine große Verantwortung nach sich zöge. Mit der modernen Technik der Massenbeeinflussung habe man es geradezu in der Hand, jedes Beliebige zu zerstören oder auch glauben zu machen.

Ja, erwiderte Hitler, die vor der Geschichte Verantwortlichen wüchsen immer sichtbarer in die Rolle des Schicksals und einer die irdischen Grenzen fast schon überschreitenden Allmacht hinein. Sie selbst, an der vordersten Spitze der Geschichte, hätten daher, gleichsam wie die Götter, ungerührt von den Begriffen der Masse zu sein. Die Aufrechterhaltung der Macht müsse für sie das oberste und einzige Gesetz des Handelns sein. »Unser Weg ist nicht sauber,« fügte Hitler hinzu. »Ich kenne niemanden, der sich nicht die Füße beschmutzt hat auf dem Wege zur Größe. Auf reine Westen etwas zu geben, wollen wir unseren Nachfolgern überlassen.«

Es war leicht, die geistesgeschichtlichen Zusammenhänge zu sehen, die bis zu Hitlers radikalen Anschauungen führten. Ich stellte Hitler die Frage, ob er Sorels Versuch über die Gewaltsamkeit kenne, ob er von Paretos Kreislauf der Eliten gehört habe. Er liebte solche Fragen nicht. Er antwortete ausweichend, er habe sich viel mit der einschlägigen Literatur beschäftigt. Aber er habe dies alles in sich verarbeitet und wisse und wolle auch nicht wissen, durch was er angeregt sei und was sich ihm selbst durch Nachdenken ergeben habe. Jedenfalls was und wer es immer gedacht habe, er selbst sei zumindest derjenige, der zuerst im großen Stil und konsequent darnach gehandelt habe. Und das entscheide allein. Die Bolschewisten kämen erst nach langen Umwegen und nachdem sie ihre marxistische Heilslehre vollends beiseite gepackt hätten, zu der Klarheit seiner eigenen Politik. Und was Mussolini anlange, so fehle dem die Größe und Voraussetzungslosigkeit der Anschauung. Er komme nie über das völlig falsche Vorbild des Imperium romanum heraus.

Es lag nahe, an die Verführungen des Intellekts zu denken, denen wir in den hinter uns liegenden Jahren ausgeliefert waren und die wir überwunden hatten. Was sich hier in riesenhafter Verzerrung vor unserem Volk auftat, waren die Versuchungen der Gewaltsamkeit. Damals, als ich dieses Gespräch hatte, bestand noch die Hoffnung, daß unser Volk diese Versuchungen überstehen würde. Aber nur dann, wenn Hitler gezwungen würde, abzutreten, wenn an seiner Statt der »Versöhner-Gesetzgeber« auftreten wüde. Aber war Hitler zu stürzen?

Das Horoskop sprach von einem gewaltigen Aufstieg, von Siegen über Siegen. Dann wurde es verworren. Es wurde zweideutig. Eine Prophezeiung sprach von einer unerhörten Niederlage. Zweite Gesichte verkündeten von einer Birke im Felde, vom Birkenfeld. Man sucht es oben, im Norden Deutschlands, im Westfälischen. Aber gibt es nicht auch ein Birkenfeld im Saargebiet? Eine alte brandenburgische Prophezeiung, immer bestätigt, kündet vom Ende Deutschlands.

Man ist wieder im Mittelalter. Kometen und dunkle Prophezeiungen müssen die Wahrheit ans Licht bringen, wo andere Ausdrucksmittel verpönt sind und nur dem politischen Kampf gelten. Es ist die Unruhe und Furcht einer ganzen mit Unwissenheit geschlagenen Nation, die sich an solchen Zeichen orientiert. Die »ernsten Bibelforscher« prüfen die heilige Schrift und finden im Buch Daniel das Gericht über den Tyrannen. »Er« ist das, flüstern sie, von dem geschrieben steht: »Er wird weder Frauenliebe noch irgendeines Gottes achten; denn er wird sich wider alles aufwerfen. Aber anstatt dessen wird er den Gott der Festungen ehren.« Sie büßen ihre Prophezeiungen mit Konzentrationslager und Tod. Aber durch die Masse klopft die Frage: wie lange dies alles noch?

Die Frage, wie man diesen Alptraum abschütteln und den Mann beseitigen könne, ohne das deutsche Volk in die Zerstörung eines blutigen Bürgerkrieges zu stürzen, hat seit dem Beginn des Jahres 1934 alle denkenden Männer Deutschlands bewegt. Die Fragenden sind seitdem an Zahl nicht geringer geworden. Sie sind sogar mitten in der Partei.

Hitler hat immer gedroht, ein ungeheures Blutvergießen zu veranlassen, wenn man etwa daran dächte, ihn mit Gewalt zu stürzen. Jede Ueberlegung über eine Aenderung der deutschen Verhältnisse mußte davon ausgehen, dieses Blutvergießen zu vermeiden. Konnte man die Partei in sich spalten? Das war 1932, das war noch 1934.

möglich. Aber dann für lange Zeit nicht mehr. Die Masse wurde stumpf und blind gläubig. Die Parteigenossen waren mit jeder Faser ihrer Existenz an dem Fortbestand des Regimes interessiert. Hitler war nur zu stürzen, wenn die Masse aufbegehrte, wenn die vielen kleinen Parteigenossen ihre Position durch einen drohenden Zusammenstoß gefährdet sahen und, noch ehe dies geschah, sich von der kompromittierenden Partei zu lösen begehrten. Offenbare Fehler und Niederlagen Hitlers, Zweifel an seiner überragenden Größe, bilden die Voraussetzung seines Sturzes. Nur wenn Hitler offensichtlich Deutschland ins Verderben führte, konnte ein Staatsstreich durchgeführt werden, ohne daß es zu blutigen Bürgerkriegen kam. Die zweite Voraussetzung war ein Machtzentrum, das den Kampf gegen die Partei aufnehmen konnte. Ohne ein solches müßten die bewaffneten Parteigruppen jedem Aufstand gewachsen sein. Die Zeit der Massenaufstände und Barrikadenkämpfe war vorüber. Dieses Machtzentrum konnte, nach Lage der Dinge, seinen Sitz nur in der Wehrmacht haben.

Die zweite Ueberlegung galt der Frage, ob man nicht den zerstörenden Prozeß des Hitlerregimes, das heißt seine Selbstzersetzung, beschleunigen könnte. Die wirtschaftliche Seite reichte nicht aus. Da konnte das Regime vielleicht noch Jahre hindurch vegetieren. Aber wenn man Hitler in völlig ausweglose außenpolitische Situationen brachte? Würde er dann nicht Fehler über Fehler begehen und, einmal unsicher geworden, schließlich völlig den Kopf verlieren? Dieser Mann war, seinem ganzen Temperament nach, nur imstande, seine Politik zu führen, solange er den unerschütterten Glauben an sich hatte. Man mußte den Sturz Hitlers damit beginnen, daß man sein Selbstgefühl zerstörte. Mit dem Nimbus mußte der Mann auch alles Ansehen und Gewicht bei der Partei und der Masse verlieren. Das ganze Regime könnte leicht wie ein Kartenhaus zusammenklappen.

Es hat ehrliche, offene Opponenten in Deutschland gegeben. Sie sind von der Partei sehr schnell herausgespielt worden. Es war eine zwecklose Aufopferung, sich offen zu exponieren. Es war nur noch ein »Grabenkampf« gegen Hitler möglich. Hitler zwang einen durch seine eigenen Methoden zu einem versteckten und — man muß es so nennen — hinterhältigen Verfahren. Es hat Gegner gegeben, die sich als besonders eifrige Förderer der extremen Hitler'schen Ideen gaben. Unter ihnen gibt es zwei Nationalsozialisten, die Hitler besonders nahe stehen. Sie sind, — und mit ihnen viele der besten Parteigenossen in den mittleren Rängen —, so überzeugt wie nur die entschlossensten der bürgerlichen Opposition, daß Hitler der deutschen Zukunft zum Opfer gebracht werden müßte. Es hat raffinierte Pläne gegeben, um Hitler dazu zu bringen, sich in einer nicht mehr gut zu machenden Weise zu kompromittieren. Aber diese Versuche, Hitler zum Stolpern zu bringen, scheiterten an zweierlei. Selbst die gewagtesten Unternehmungen Hitlers glückten und verschafften ihm darum seine größten Erfolge. Das andere war der Umstand, daß, wenn Hitler schon in Schwierigkeiten geriete, dies jedenfalls auch solche für Deutschland bedeuten würde. In der bürgerlichen Opposition schlug die Stimmung zeitweise um. Man sprach mit Goethe, als er Napoleon vor den deutschen Befreiungswünschen in Schutz nahm: »Der Mann ist euch zu groß«. Es bleibt nur noch eins übrig. Hitler die volle Verantwortung, die ausschließliche und persönliche dafür tragen zu lassen, was unweigerlich kommen muß, Krieg, Niederlage, und Zerstörung. Hitler wird versuchen, diese seine Verantwortung abzuwälzen. Er wird die ganze Partei damit belasten wollen. Er wird seine anderen Ratgeber sie teilen lassen. Er wird vor allem den militärischen Führern die Verantwortung für die Kriegshandlungen zuschieben. Und dann wird sich zeigen, daß mit Ausnahme von ein paar dieser ewigen Kadetten, die nicht zu Ende zu denken gelernt haben, keiner der führenden Männer der Wehrmacht oder der hohen Beamten eine andere Antwort haben wird als: Bitte, Herr Hitler, Ihre Angelegenheit! Sie waren es, der uns hineingeführt hat, führen Sie uns hinaus.

Aber wird es so sein, und werden nicht diese Leute wie Hjalmar Schacht hinter dem Sturz Hitlers den unverwindbaren Fall Deutschlands sehen und dann doch Hitlers Sache zu der gemeinsamen deutschen machen? Weniger kompliziert denkt die Partei.

Die alte Garde hatte von je ihre eigene Ansicht über Hitler gehabt. »Ahi« hatte immer einen Stich ins Lächerliche. Wenn er sein Tremolo in der Stimme bekam, wenn er die alten Gauner der SA. mit tränenerstickter Stimme beschwor, dann gab es Gelächter und Verachtung über den Hampelmann. Aber auch in den verstiegenen Kreisen der an Hitler wirklich Gläubigen war man mit seiner Politik nicht einverstanden. Eine im Vordergrund des politischen Lebens stehende Persönlichkeit aus einer der Nachbarprovinzen Danzigs sagte mir einmal: der Führer müsse sein Leben wie Christus für seine Partei opfern. Dann erst würde aller Welt bewußt werden, was er sei. Es könne bald der Zeitpunkt kommen, wo er verschwinden, wo er in die Einsamkeit gehen müsse. Niemand dürfe wissen, wo er sei. Ein Geheimnis müsse um ihn entstehen, eine Legende müsse er werden. Durch die Masse müsse ein Flüstern von etwas ganz Großem, Kommendem gehen. Die Spannung müsse unerträglich werden. Und dann schließlich müsse Hitler wieder erscheinen, gewandelt, ganz groß. Er dürfe nicht mehr die Politik führen. Darüber müsse er hinausgewachsen sein. Als der große Gesetzgeber, als der Prophet müsse er die neuen Tafeln vom heiligen Berge herabbringen. Dann aber, nachdem er dieses Letzte gegeben habe, müsse er für immer verschwinden. Aber man dürfe seine Leiche nicht finden. Er müsse für die gläubige Masse in einem Geheimnis enden.

So etwa phantasierte dieser Mann. Er stand nicht allein. Andere drückten sich primitiver aus. Aber es war dieselbe Meinung: einmal müsse Hitler abtreten. Er muß sich opfern. Der größte Dienst, den er einmal der Bewegung leisten kann, ist sein Märtyrertod. Gewisse führende Kreise benutzten diese Stimmung und förderten sie wohl auch. Hatte doch der getreue Rudolf Heß schon früh darüber geäußert, daß der neue Staat nicht auf das überragende Ausmaß des Führers zugeschnitten werden dürfe, sonst wanke das Ganze bei seinem Hinscheiden, wie der Staat Friedrichs und Bismarcks. »Neue, selbständige Persönlichkeiten, welche der wieder in den Sattel gehobenen Germania das Roß zukünftig führen, gedeihen unter dem Diktator nicht. Deshalb vollbringt er die letzte, große Tat: statt seine Macht bis zur Neige auszukosten, legt er sie nieder und steht als getreuer Eckart zur Seite.«

Verdächtige Prophezeiung, kürzlich erst wiederholt. Aber wer bestimmt darüber, daß Hitler als getreuer Eckard zur Seite tritt? Hitler selbst weiß es, daß er kein Diktator ist. Aber, sagen die Gauleiter und Reichsleiter, wie es Generalkonvente im Deutschen Ritterorden gegeben hat, die ihren Hochmeister absetzten, so kann es das Schicksal mit dem neuen Hochmeister des deutschen Ordensreiches im Sinne haben. Wurde nicht einer der größten jener Hochmeister abgesetzt, der zur Unzeit die Erneuerung eines Krieges mit Polen wollte? Das ist viele Jahrhunderte her, aber es könnten sich ähnliche Situationen ergeben. Wie jener Heinrich von Plauen, der bereit war, mit bürgerlichen und adligen Elementen außerhalb des Ordens eine neue Ordnung in Preußen zu schaffen, so könnte Hochmeister Hitler etwa bereit sein, die Partei preiszugeben, um Deutschland aus einer gefährlichen Situation herauszuführen. Es hat nicht an Versuchen gefehlt, eine Lösung vorzuschlagen mit der Parole »mit Hitler wohl, aber ohne die Partei«. Aber über das Leben des Führers hinaus ist wichtig der Fortbestand der Partei. So dachte wenigstens die höchste Clique. »Adolf ist zu ersetzen«, raunte die SA. und SS. Und es konnte sehr wohl auch sein, daß Hitler für Deutschland unmöglich wurde. Es konnte der Fall eintreten, daß an der Spitze des Reichs ein »willensschwacher« Führer stand, entschlußlos, apathisch. Es wäre nicht zum erstenmal. Mit Sorge nehmen Gauleiter und Reichsleiter seine an Wahnsinn mindestens grenzende Exaltation wahr. Wann würde die Grenze des eben noch Erträglichen überschritten?

Und konnte nicht der Umstand eintreten, daß Hitler zum Hemmnis einer dauernden Ordnung wurde? Dann galt es als eisernes Ziel: »Die Partei muß fortleben, Hitler mag fallen«.

Hitler fühlt es längst, was um ihn herum aufwächst. Todesschatten sind um ihn. Wird er mit freiem Entschluß gehen können, um größer wiederzukehren? Wird es sich nicht bald erweisen, daß ohne ihn diese Ordnung nicht lebensfähig ist? Und wird nicht der Triumph seiner Wiederkehr der größte seines Lebens werden? Oder wird er sterben, von einer Kugel seiner Vertrautesten erreicht, wird nicht das so lange Gefürchtete gerade in dem Augenblick eintreten, in dem er allein den rettenden Ausweg aus Deutschlands schwerster Prüfung weiß?

Es war der alte Hugenberg, der Hitler ins Gesicht sagte: »Sie fallen nur durch die Kugel Ihrer eigenen Leute!« Es sind Kräfte am Werk, die den toten Hitler für stärker halten, als den lebendigen. Die den lebendigen für eine Gefahr halten und den toten für die starke Macht, mit der sie die auseinanderbrechende Partei in der unabwendbar kommenden größten Krise zusammenhalten können. Die ewige deutsche Sentimentalität und verworrene Mystik, die stupide Treue einem Traumbild gegenüber würden der Parteiführung helfen.

So wünschen die einen, daß der lebendige Hitler bis in das bittere Ende die Verantwortung dafür zu tragen habe, was mit Riesenschritten als künftiges Schicksal Deutschlands am Horizont aufsteigt. Das sei, so meinen sie, das einzige Mittel, diesen Mann mitsamt seinem Teufelszeug von Ideen zu vernichten. Die anderen aber möchten den Mythos Hitler retten. Sie möchten Hitler heute auf dem Scheitelpunkt seines Erfolges verschwinden lassen, damit die Verantwortung für die unausbleiblichen Rückschläge andere zu tragen haben. Der unsichtbare Hitler aber wird unberührt bleiben. Seine gewaltige, legendenbildende Kraft wird sich umso stärker offenbaren, je schwerer die Niederlage sein wird, die andere zu verantworten haben werden. Der Mythos Hitler wird über die Jahrhunderte dauern und Kräfte wecken, die einmal die Niederlage in den größten Triumph wandeln werden.

So muß das Verhängnis seinen Weg bis zum Ende gehen. So bleibt der Krieg unvermeidlich.

Hitler hat seine Leute nie im Zweifel darüber gelassen, daß der Krieg kommen müsse, auch wenn er ihn noch so sehr vermeiden möchte. »Die große Probe wird uns nicht erspart«, sagte er in meiner Gegenwart an einer Führertagung. »Wir müssen auf den härtesten Kampf gefaßt sein, den ein Volk je zu bestehen gehabt hat. Nur über diese Willensprobe können wir für die Herrschaft reif werden, zu der wir berufen sind. Es wird meine Pflicht sein, diesen Krieg ohne Rücksicht auf Verluste zu führen. Die Blutopfer werden ungeheuerlich sein. Jeder von uns weiß, was der totale Krieg bedeutet. Wir werden als Volk zur Stahlhärte geschmiedet werden. Alles Weichliche wird von uns abfallen. Aber der gehämmerte Kern wird ewig dauern. Ich fürchte keine Zerstörungen. Wir werden viel daran geben müssen, was uns lieb und heute unersetzlich erscheint. Städte werden in Trümmer zerfallen; edle Bauwerke werden für immer verschwinden. Diesmal wird unser heiliger Boden nicht verschont bleiben. Aber ich fürchte dies nicht. Wir werden die Zähne zusammenbeißen, wir werden weiter kämpfen. Deutschland wird schöner und größer als jemals ein Land der Welt aus diesen Trümmern erstehen.«

So phantasierte er in begeisterten Worten, so suchte er seinen engern Mitarbeitern die Sorge fortzureden. Und er sprach weiter von der rücksichtslosen Art, wie er den Krieg werde führen müssen. Jedes Mittel werde ihm recht sein müssen. Denn jeder werde wissen, daß es dann um Sein oder Nichtsein Deutschlands gehen würde. Siege Deutschland nicht, dann würde es kein Deutschland mehr geben. Es sei gut so, daß dieses Bewußtsein seine Truppen zur Tollkühnheit und zum äußersten Wagemut stählen würde. Und mit demselben

Wagemut müsse er zu jedem Mittel greifen, und sei es in den Augen der Mitwelt das verwerflichste und verzweifeltste. Er würde nicht die Blutopfer scheuen, um die Maginotlinie zu durchbrechen. Er würde sich an keine Neutralität halten. Giftgase und Bakterien würde er nicht als Waffen verschmähen, wenn sie ihm Erfolg versprächen. Mit dem unerhörtesten Einsatz aller ihm zu Gebote stehender Mittel, mit dem rücksichtslosesten Nachschub aller Reserven würde er in einem riesigen, entscheidenden Schlage den Sieg an seine Fahne heften.

Delirierend fühlt Hitler sich in seltenen, unerhörten Stunden auf seinem Bergsitz als den größten Genius seines Volkes und den größten Gesetzgeber der kommenden Menschheit. Hat es je einen Mann auf Erden gegeben, der in so knapper Zeitspanne von sieben Jahren so Unerhörtes hat schaffen dürfen, so phantasiert er vor sich hin. Recht betrachtet, hat es sich heute schon erfüllt. In *dem* Sinne wenigstens, überall den Grundstein gelegt zu haben. Und er zählt vor sich auf, mit dem »unbändigen« Stolz, den er auch in der größten Erniedrigung gehabt hat: Schöpfer einer neuen Machtordnung, eines neuen großen Reiches, wie es niemals in der deutschen Geschichte Wirklichkeit war. Die neue Wehrmacht, die neue Sozialordnung. Ist *er* es nicht, der das soziale Problem zu lösen im Begriffe steht, ist nicht die neue Wirtschaftsordnung das ökonomische Fundament einer neuen Zeitepoche? Und die neuartige Verfassung seines Ordens, die Reichsgliederung, die neue Strategie, die Bevölkerungspolitik, die neue Kunst! Gibt es ein einziges Gebiet menschlicher Betätigung, auf dem er nicht die umwälzendsten Ideen gegeben hat. Er, größer als Friedrich, größer als Napoleon, größer als Cäsar!

Noch die nächsten sieben Jahre möchte er um die äußere Größe und die bleibende Gestalt des germanischen Großreiches ringen, und dann abermals sieben Jahre dem Letzten, Höchsten widmen, der Prophetie, der Verkündung des neuen Glaubens, mit dem er erst sein Werk vollenden würde. Denn wenn dem christlichen Zeitalter nun die Jahrtausende des künftigen Hitler'schen Zeitalters folgen sollen, so geschieht dies nicht um einer äußeren, politischen Ordnung willen, sondern aus der Verkündigung der neuen Heilslehre, auf die die Menschheit wartet. Woran Nietzsche zu Grunde ging, was in seiner Lehre den schrillen Widerspruch gab: die Verkündung des Willens zur Macht zusammen mit der dionysischen Lebensfreude: das wird Hitler zu Wege bringen.

Dreimal sieben Jahre, die beiden heiligen Zahlen verbunden, das wird seinem Leben die Erfüllung geben.

Aber indem er an die künftigen Kämpfe denkt, die unvermeidliche Arbeit der Durchführung, beginnen seine Hände nervös zu zittern. Schon der Gedanke an die Tageslast schafft ihm eine körperliche Uebelkeit. Er kann sie nicht mehr riechen, diese Menschen seiner Umgebung, diese immer gleichen stupiden Gesichter. Er wird immer empfindlicher. Seine Nerven reagieren auf die geringste Kleinigkeit. Jeden Geruch nimmt er mit aufdringlicher Klarheit in sich auf. Es irritiert ihn. Diese Verständnislosigkeit seiner Mitarbeiter, diese Rechthaberei, Kleinlichkeit, diese kleinbürgerliche Aufdringlichkeit. Sie wahren nicht den Abstand zu ihm. Sie nehmen sich Vertraulichkeiten heraus, die er nicht duldet. Von hier müßte er niemals fortmüssen. Hier, aus der Einsamkeit müßte er seine Befehle, wie ein Gott in den Wolken geben. Hier, wo ihn niemand stört, in seinem Kristallhaus, in den Bergen, auf seinem Adlerhorst. Hierher müßten ihm die Auskünfte übermittelt werden, die er braucht. Von hier würde er regieren.

Aber muß er sich denn immer um dieses lästige Detail bekümmern? Ist es seine Sache, einen Verwaltungsapparat zu leiten? Mögen sich doch die anderen darum kümmern. Er muß sich frei halten für die großen Entscheidungen. Warum muß er Krieg führen? Eine Müdigkeit überfällt ihn. Er denkt jetzt häufiger an den Tod. Das »*Testament*« fällt ihm ein. Darin steht alles. Das wird ihn fortleben machen, auch wenn er jetzt sterben sollte. Der Gedanke an das Testament beruhigt ihn. Was noch zu leisten aussteht, ist darin. Seine jungen Parteigenossen werden es ausführen. Für sie wird es heilig sein.

Dieses Testament enthält den Aufbau des Ordens, die endgültige Gestalt seines nationalsozialistischen Parteiordens. Es regelt seine Nachfolge. Mit Haß denkt er an Göring. Diesem Manne seinen Platz zu überlassen! Aber er kann es nicht umgehen. Es wird nicht für lange Zeit sein. Göring lebt nicht lange. Dieses Testament enthält den Reichsplan, die Gliederung des neuen Großreiches, seine Verfassung und die neuen Bürgerrechte. Diese Verfassung sollte in Versailles verkündet werden, nach den siegreichen Schlachten. Sie sollte mit dem neuen ewigen Frieden nach Beendigung des Krieges verkündet werden. Dieses Testament enthält die innere Ordnung seines Reiches, die Sozialverfassung, die neue Wirtschaftsordnung. Und dieses Testament enthält das Letzte, Höchste: die religiöse Verkündigung, die ersten stammelnden Sätze des neuen Heiligen Buches, das er der Welt schenken will, wenn er leben bleibt.

Aber er wird nicht leben bleiben. Er fühlt es. Er ist vom Tode gezeichnet. Andere werden sein Werk vollenden müssen. Angst überfällt ihn. Die glücklichen Gefühle, die ihn noch eben erhoben, sind fort. Man stellt ihm nach, man belauert ihn. Er hört Flüstern, das verstummt, wenn er näher kommt. Man sieht ihn immer seltsamer an. Man spricht über ihn. Was sich diese Menschen über ihn sagen mögen? Es sind keine Witze mehr. Sie haben alle finstere Mienen. Diese Menschen führen etwas im Schilde.

Was werden sie mit seinem Testament machen? Wird es nicht dasselbe sein wie mit Hindenburgs Vermächtnis? Sie werden ein anderes unterschieben. Alles wird anders werden. Diese Kreaturen werden sein Werk verstümmeln. Sie werden ihn um seine Unsterblichkeit betrügen. Dieser Göring wird die Monarchie wieder einführen. Die Hohenzollern werden an seinen leeren Platz treten. Die Stunde der Monarchie ist gekommen, sagt Göring. Hat er darum gearbeitet, um die Hohenzollern wieder einzusetzen? Der alte Hindenburg hat es so haben wollen. Er hat dem Alten das in die Hand versprechen müssen. Er hat es nicht gehalten.

Alles wendet sich auf einmal gegen ihn. Niemandem kann man mehr trauen, auch dem Heß nicht. Eigentlich hat doch dieser Heß ein infames Gesicht, mit diesen kleinen versteckten Augen, mit diesen unschönen hervorstehenden Knochen. Heß ist auch falsch. Alle belauern ihn. Seine Technik, alle seine List und Verschlagenheit haben sie ihm abgesehen. Es gibt keine Aufrichtigkeit und Ehrlichkeit unter den Parteigenossen. Einer lauert dem anderen als seinem Todfeinde auf. Das war gut so, am Beginn, damals als er aufstieg und mit diesen Ungebärdigen seinen Gang zur Macht antrat. Er konnte einen gegen den anderen ausspielen. Aber jetzt hat er niemanden, auf den er sich verlassen kann, niemanden, der nicht in erster Linie an sich und seine Zukunft denkt.

Und die Masse, und seine alten Gegner? Sind sie nicht zahlreicher als je? Heben sie nicht frech und dreist wieder ihren Kopf? Diese Offiziere und Junker, vor denen er sich immer noch etwas verlegen fühlt, diese dünkelhaften Beamten, diese beschränkten Industriellen! Die Masse beginnt ihm zu entgleiten. Er merkt das. Sein untrügliches Gefühl dafür ist nicht zu bestechen. Die Leute wollen nicht mehr; sie werden schwach. Und wie soll er jetzt den Krieg führen? Mit diesen Menschen?

Die Aufgaben drängen plötzlich, sie werden selbständig und unabhängig von seinem Willen. Sonst war er der drängende, jetzt ist alles in ein rasendes Tempo hineingeraten. Er wird mitgerissen. Er kann sich nur noch mit Mühe oben halten. Und ein Gewicht bekommen alle Aufgaben auf einmal! Er hat keine Freiheit mehr zu bestimmen. Diese tödlichen Aufgaben haben ihren eigenen Willen. Sie reißen ihn dahin, wo er nicht will. Muß er jetzt das durchführen, was er leidenschaftlich bekämpft hat? Wird er nicht Schritt für Schritt in die entgegengesetzte Richtung gezwungen, die er gehen wollte?

Ja, hat er denn überhaupt etwas erreicht? Wird das nicht alles wieder zusammenbrechen, wenn er nicht mehr an der Spitze steht! Hätte er doch die Verfassung eingeführt, hätte er doch seine Gesetzgebung wenigstens zum Gesetz erhoben. Jetzt wird nichts mehr auf die Nachwelt kommen. Seine Nachfolger werden alles verstümmeln und verfälschen, sie werden sein Andenken zertreten und beschmutzen, so wie er es mit der Arbeit seiner Vorgänger, seiner Gegner gemacht hat. Nichts wird von ihm übrig bleiben bis auf die paar Bauten als Kuriosum. Die Bauten! Vielleicht war er doch nur Baumeister, und alles war ein Umweg, daß er bauen durfte, er, der nicht zur Architektenschule zugelassene Stümper!

Grotesker Umweg seines Lebens!

Nichts hat er in Wahrheit und für die Dauer geschaffen. Alles wird sich verflüchtigen wie ein wirrer Morgentraum. Er kennt die Masse gut genug. Er hat unter ihr gelebt. Er ist ihr zu nahe am Leibe gewesen, als daß er sie nicht für immer verachten müßte. Diese Masse wird auch ihn hassen und verachten. Sie wird sich mit der ganzen atemlosen, keuchenden Gier des Verkümmerten dafür rächen, daß sie an ihn einmal geglaubt, daß sie ihm zugejubelt hat. Ihm, der doch auch nichts Besseres ist, als sie selbst. Auch nur aus der Gosse stammend. Der sich mit Betrug heraufgestoßen hat, da, wo er nicht hingehört. Sie, die ihm am kreischendsten zugejubelt haben, werden die ersten Steine auf ihn werfen. Die Weibsbilder werden ihn anspeien wollen. Sie werden nach seinem Tod schreien, wenn er nicht schon längst tot wäre.

Ist er nicht schon überhaupt tot? Träumt er dies alles nicht bloß noch? Es schwindelt ihn. Sein Leben war ein Fiebertraum. Er wird der große Schuldige heißen. Nichts hat er geleistet. Nur zerstört hat er. Das Fundament ist plötzlich fort, auf dem er hat bauen wollen. Wie im Traum ist dies alles. Wo ist nun seine Reichsgründung? Fallen nicht schon Oesterreich und die Tschechoslowakei wieder ab? Kann er sie halten? Hat er nicht für ewig einen Graben zwischen dem

Reich und Oesterreich aufgerissen? Wo ist die Verfassung, die neue Gaugliederung, mit der er das Andenken an die historische Vergangenheit, an die Fürsten auslöschen wollte? Wo ist der großgermanische Bund, diese Bundesordnung Europas? Was wird aus seiner Sozialverfassung? Was wird aus seiner Wehrmacht?

Zweifel und Angst pressen ihm die Kehle zusammen. Er ist wieder heiser. Er ist krank. Er fühlt nach seinem Puls. Er hat Furcht. Der Schweiß bricht ihm aus. Er zittert. Die Prophezeiung, das letzte Horoskop! Er hat die Warnung in den Wind geschlagen.

Die Einsamkeit bedrückt ihn. Er hat Angst vor der Einsamkeit. Etwas Furchtbares zieht sich um ihn zusammen. Er muß Menschen sehen. Er muß handeln. Er darf nicht denken. Jetzt gilt nur noch eines: handeln.

Er geht zum Fahrstuhl.

XVIII.

Hitler privat

Wer Hitler vor sich gesehen hat, mit den flackernden Augen ohne Tiefe und Wärme, Augen, die hinter ihrem harten Glanz gleichsam abgeriegelt, ohne Hintergrund sind, wer seine Augen dann wieder starr werden sah, dem mußte ein unheimliches Gefühl aufsteigen: dieser Mann ist nicht normal. Und dann wieder konnte man ihn viertelstundenlang apathisch dasitzen sehen, ohne ein Wort, ohne die Augen aufzuschlagen, auf eine fürchterliche Art in den Zähnen stochernd: hörte er überhaupt zu, war er geistesabwesend? Nie kam es zu einem wirklich ausgesprochenen Zwiegespräch. Entweder Hitler hörte schweigend zu, oder er »sprach«. Oder er ging unruhig herum. Er ließ einen nicht zu Wort kommen, er unterbrach einen ständig, er sprang in einer beispiellosen Gedankenflucht von einem Thema zum anderen, unfähig, sich zu konzentrieren.

Ich vermag es nicht zu beurteilen, ob Hitler im klinischen Sinne dem Wahnsinn nahe ist. Was ich selbst erlebte, was mir Bekannte mitteilten, war der Ausdruck einer Hemmungslosigkeit bis zum totalen Persönlichkeitszerfall. Sein Schreien und Toben, Füßestampfen, alle die Ausbrüche seines Jähzornes, die Ausbrüche eines ungebärdigen, verzogenen Kindes: das war trotz seiner grotesken und schauerlichen Art nicht Wahnsinn. Obwohl es schon bedenklich ist, wenn ein alter Mensch an die Wände trommelt, stampft wie ein Pferd im Stall an der Kette, oder sich auf den Fußboden wirft.

Aber er hat Zustände, die an Verfolgungswahnsinn und Persönlichkeitsspaltung nahe heranreichen. Seine Schlaflosigkeit ist mehr als nur die Ueberreizung seines Nervensystems. Er wacht oft des Nachts auf. Er wandert ruhelos umher. Dann muß Licht um ihn sein. Neuerdings läßt er sich dann junge Leute kommen, die die Stunden eines offenbaren Grauens mit ihm teilen müssen. Zu Zeiten müssen diese Zustände einen besonders bösartigen Charakter angenommen haben. Mir hat jemand aus seiner engsten täglichen Umgebung berichtet: er wache des Nachts mit Schreikrämpfen auf. Er schreie um Hilfe. Auf seiner Bettkante sitzend könne er sich nicht rühren. Die Furcht schüttle ihn, sodaß das ganze Bett vibriere. Er stoße verworrene, völlig unverständliche Worte hervor. Er keuche, als glaube er ersticken zu müssen. Der Mann erzählte mir eine Szene, die ich nicht glauben würde, wenn sie nicht aus solcher Quelle käme. Taumelnd habe er im Zimmer gestanden, irr um sich blickend. »Er! Er! Er ist dagewesen«, habe er gekeucht. Die Lippen seien blau gewesen. Der Schweiß habe nur so an ihm heruntergetropft. Plötzlich habe er Zahlen vor sich hergesagt. Ganz sinnlos. Einzelne Worte und Satzbrocken. Es habe schauerlich geklungen. Merkwürdig zusammengesetzte Wortbildungen habe er gebraucht, ganz fremdartig. Dann habe er wieder ganz still gestanden und die Lippen bewegt. Man habe ihn abgerieben, habe ihm etwas zu Trinken eingeflößt. Dann habe er plötzlich losgebrüllt: »Da, da! in der Ecke! Wer steht da?« Er habe aufgestampft, habe geschrien wie man das an ihm gewohnt sei. Man habe ihm gezeigt, daß da nichts Ungewöhnliches sei und dann habe er sich allmählich beruhigt. Viele Stunden hätte er danach geschlafen. Und dann sei es für eine Zeit wieder erträglich mit ihm gewesen.

Hysterie ist ansteckend. Wer jemals gesehen hat, wie normale prächtige Burschen im Zusammenleben mit hysterischen Frauen langsam aber unaufhaltsam ihren Charakter verlieren, dem wird es nicht verwunderlich erscheinen, daß die Hysterie sich über die hohen Reichsleiter, Gauleiter, Beamte, Offiziere, auf ein ganzes Volk ausbreitet.

Aber wie kommt es, daß so viele Besucher dieses Mannes beglückt bis zur Ekstase in ihm den überragenden Genius sehen? Nicht Unmündige, sondern Männer voller Wissen, Erfahrung und Kritik, welchem Zauber unterlagen sie, daß sie nur stammelnd von ihrem Erlebnis sprechen konnten? Der Dichter Max Halbe, nahe befreundet mit unserem greisen Dichter Gerhart Hauptmann, erzählte mir die Begegnung Hitlers mit Hauptmann. Hauptmann, dem so etwas vorschwebte wie die Begegnung Goethes mit Napoleon, hungerte nach einem bedeutungsvollen Wort. Nun, welchem Werk des Meisters würde Hitler, selbst ein Künstler, mit dem Scharfblick des Genius mitten in das Herz schauen? Die »Weber« nicht, aber »Florian Geyer« vielleicht. Gerhart Hauptmann wurde vorgestellt. Der Führer schüttelte seine Hand. Er sah ihm in die Augen. Es war der bekannte Blick, der alle schauern macht, der Blick, von dem ein alter hoher Jurist einmal sagte, er hätte darnach nur einen Wunsch gehabt, zu Hause zu sein, um in Einsamkeit mit diesem Erlebnis fertig werden zu können. Hitler schüttelte noch einmal die Hand Hauptmanns. Jetzt, dachten die Umstehenden, jetzt wird das große Wort kommen, das in die Geschichte eingehen wird. Jetzt — dachte Gerhart Hauptmann. Und der Führer des Deutschen Reiches schüttelte zum dritten Mal und mit Nachdruck die Hand des großen Dichters und ging zum Nebenmann. Es sei der größte Augenblick seines Lebens gewesen, sagte Gerhart Hauptmann später zu seinen Freunden.

Dieser Mann, linkisch und selbst um Worte überall da verlegen, wo er nicht pathetisch sein kann, hat nicht einmal die irritierende Anziehungskraft des Dämons. Ein Mann, alles in allem gewöhnlich, — was wirkte nur auf seine Besucher?

Es gibt eine aufschlußreiche Parallele: Medien. Meist sind es gewöhnliche, unbedeutende Wesen; plötzlich aber wachsen ihnen Fähigkeiten zu, die sie weit über das Maß des Alltäglichen herausheben. Diese Eigenschaften haben keinen Teil an ihrem eigentlichen Wesen. Es sind Gäste einer fremden Ordnung. Das Medium wird von ihnen besessen. Aber es selbst bleibt unberührt und unerhoben von ihnen. So gehen unleugbar Kräfte durch Hitler durch; echt dämonische Kräfte, die den Menschen Hitler nur zum Werkzeug machen. Das

Ordinäre in Verbindung mit dem Ungewöhnlichen, das ist es, was im Verkehr mit Hitler so unerträglich zwiespältig wirkt. Als ob Dostojewski ihn erfunden hätte, so wirkt dieser Mensch in seiner krankhaften Zerrüttung und falschen Schöpferkraft der Hysterie.

Ich habe wiederholt das Geständnis gehört, man fürchte sich vor ihm, man gehe — als erwachsener Mensch — nicht ohne Herzklopfen zu ihm. Man habe das Gefühl: der Mensch springe einem plötzlich an den Hals und erwürge einen, oder werfe mit dem Tintenfaß oder begehe sonst eine sinnlose Tat. Es ist sehr viel unehrliche Begeisterung mit falschem Augenaufschlag, sehr viel Selbstbetrug hinter diesen Redereien von dem großen Erlebnis. Die meisten Besucher *wollen* dieses Erlebnis haben, weil sie so viel davon gehört haben. Es ist wie mit jenem unsichtbaren Bild von Tyll Eulenspiegel, von dem niemand eingestehen wollte, es nicht sehen zu können. Aber diese Besucher, die sich nicht eingestehen wollten, enttäuscht zu sein, kamen doch, wenn man sie näher beklopfte, allmählich mit der Sprache heraus. Ja, eigentlich, so recht etwas gesagt habe er nicht. Nein, bedeutend sehe er nicht aus. Das könne man nicht behaupten. Warum also sich etwas vormachen? Ja, bei Lichte besehen, sei es doch ein ziemlich gewöhnlicher Mensch. Der Nimbus, das ist alles der Nimbus.

Aber lief schließlich wirklich alles darauf hinaus, daß sich der Besucher ein großes Erlebnis nur selbst einsuggerierte? So einfach liegen die Dinge nicht. Ich habe mich oft selbst überprüfen können und ich gestehe, immer wieder in seiner Nähe unter einen Bann gekommen zu sein, den ich erst hinterher wie eine Hypnose abschütteln mußte. Es ist schon ein merkwürdiger Mann. Es führt zu nichts, nur über ihn zu spotten. Er ist schon so etwas wie der große Medizinmann. Buchstäblich aufgefaßt, in dem ganzen Umfang der Bedeutung. In der Verwilderung unseres Lebens ist es so weit, daß der Medizinmann die Rolle der Führung übernimmt. »Ich: Kaiser und Gott«, das ist nicht die Formel seiner Existenz. Nichts Cäsarisches ist an ihm; nicht die Vergöttlichung des Staates in der Gottgestalt des Kaisers: das ist ein ganz falscher Vergleich, die römischen Cäsaren heraufzubeschwören. Die Schamanentrommel dröhnt um Hitler. Asiatische, afrikanische Kulte und Beschwörungen sind das eigentliche Element seiner Bezauberung. Rasende Tänze bis zur Erschöpfung. Es ist der Einbruch der Welt des Primitiven in das Abendland.

Vor nichts wird man sich mehr hüten müssen, als diesen Menschen zu übersteigern, zu verewigen und ihn zum Mythos zu gestalten. Er wird ohnedies noch lange genug die Phantasie seines Volkes beschäftigen und nicht bloß *seines* Volkes. Glaubt er doch selbst an die tiefste Wirkung erst nach seinem Tode. Und trotz aller Vorsicht könnte es geschehen, daß dieser Zauber wieder lebendig wird, wie jene Dämonen, die in eine Flasche gebannt, von einem ahnungslosen Finder befreit, ihm plötzlich als Riesen unter den Fingern aufwachsen. Es ist darum gut und heilsam, die Alltäglichkeit dieses Mannes kennen zu lernen: Hitler, wie er wirklich ist, nicht bloß wie er spricht und wie er sich selbst interpretiert. Es ist keine erfreuliche Beschäftigung.

Hitler ist anspruchsvoll, er ist verwöhnt, er ist geldhungrig. Er kennt kein geregeltes Arbeiten. Ja, er kann überhaupt nicht arbeiten. Er hat Einfälle, Impulse. Er muß dann etwas fieberhaft zu Ende bringen. Es muß dann auch sofort schon fertig sein. Er kennt nicht die lang anhaltende, zähe Bemühung. Alles ist »Krampf« an ihm, um sein Lieblingswort zu gebrauchen. Nichts ist natürlich; auch seine Liebe zu Kindern oder Tieren: alles ist Pose. Er ist zeit seines Lebens Bohemien geblieben. Spät steht er auf. Ganze Tage kann er hindämmernd in Müßiggang verbringen. Eine gesammelte Lektüre ist ihm widerwärtig. Er bringt es nur selten fertig, ein Buch von vorn bis hinten zu Ende zu lesen. Meist liest er ein paar Seiten. Dabei hat er eine große Bibliothek. Er liebt schöne Ausgaben und Einbände. In seiner Privatwohnung in München waren ganze Wände mit Regalen vollgestellt. Die Schwester von Heß band ihm seine Bücher.

Er liebt auch einsame Spaziergänge. Er berauscht sich an den Bergwäldern. Diese Gänge sind ihm Gottesdienst, Gebet. Er schaut in die ziehenden Wolken, lauscht dem Tropfen des Nebels von den Fichten. Er hört Stimmen.

Ich bin ihm so begegnet. Er erkennt dann niemanden. Er will allein sein. Es gibt Zeiten, wo er Menschen flieht.

Er hat die sonderbarsten Gewohnheiten angenommen. Er kann nur einschlafen, wenn sein Bett auf eine ganz besondere Art gemacht ist. Die Decke muß auf eine bestimmte Art gefaltet liegen. Seine vertrauten Männer müssen es sein, die ihm das Bett machen. Steckt hinter diesem Bettzauber ein Mutterkomplex, steckt dahinter nur die Furcht vor Vergiftung, vor einer geheimen Apparatur, Gift auf dem Kopfkissen, Höllenmaschine in der Matratze?

Hitler ist nicht von Natur tapfer, wie Goering. Er ist überängstlich. Er nimmt sich auf eine grandiose Weise wichtig. Er hat nichts von dieser Haltung, das Geschick herauszufordern und ihm zu trotzen. Er läßt sich behüten wie eine kostbare Antike. Exponiert er sich, so sind die Schutzvorrichtungen unübertrefflich. Nur für den Zuschauer besteht die Exponierung. Er ist ein verzagter, empfindlicher Mensch. Haltung und Mut muß er sich mühsam erringen. Er ist nicht unerschrocken, darum braucht er eine Vorbereitung zur tapferen Haltung. Sie wird dann auch zur barschen Forschheit. Er muß sich übersteigern, um im einfachen Sinne Gefahren standzuhalten. Ihm fehlt es an jeder natürlichen Kaltblütigkeit.

Er braucht zu allem und jedem eine Temperaturerhöhung. Zum kleinsten Entschluß, zur einfachsten Handlung bedarf er einer gewissen Veranstaltung, muß er sich heraufschrauben. Daher konnte er auch früher wochenlang stöhnen und klagen, seine Untätigkeit mit Undankbarkeit seiner Leute, mit einem bösen Geschick bemänteln. Er liebte, sich in ein Märtyrertum zu verkrampfen, in den Gedanken seines baldigen Todes zu verlieren. Es sei doch alles umsonst, es helfe doch nichts. Er kennt nur ein Mitleid, das Mitleid mit sich selbst.

Umso erstaunlicher sind dann die Ausbrüche seines »unbändigen Willens«, ist dann plötzlich seine Aktivität. Dann kennt er weder

Müdigkeit noch Hunger. Er lebt dann von einer krankhaften Energie, die ihn geradezu ans Wunderbare Grenzendes leisten läßt. Alles ist dann, mit seinen Worten zu sprechen, »unbändig«, »unduldsam«, »fanatisch«. Aber alles an ihm ist sprunghaft, abrupt. Und in dieser Hinsicht zeigt er nicht die geringste Tendenz zu einer Abklärung mit dem fortschreitenden Alter. Ihm fehlt jedes Gleichmaß und ihm fehlt vor allem jede natürliche Größe, selbst in den größten seiner neugeschaffenen Riesenräume.

Hitler liebte es früher, sich mit der Reitpeitsche in der Hand sehen zu lassen. Das hat er aufgegeben. Aber die dahinter verborgenen Eigenschaften sind geblieben: Verachtung, Hochmut, Grausamkeit, Eitelkeit. Hitler hat nie ein Pferd bestiegen. Aber die hohen Reitstiefel und die Reitpeitsche beweisen das Ressentiment, das ihm Jahre sogenannter Demütigung vor »Kavalieren« und »Offizieren« eingetragen haben. Welch ein eitles und empfindliches Wesen muß dieser Mensch in seiner dunklen Jugend gewesen sein. Hitler steckt voller Ressentiments. Bei einem Zufallswort, einer Ideenverbindung kommt es zum Ausbruch. Besucher von ihm haben völlig ratlos gestanden, wenn ein sichtbares Wohlwollen des Führers in heftiges Schelten und Prahlen umschlug. Mit einer harmlosen Bemerkung hatte der Besucher einen der vielen wunden Punkte berührt, wo das Selbstgefühl und die Eitelkeit verletzt waren.

Aber nicht bloß eitel und von einer mimosenhaften Empfindlichkeit ist der deutsche Führer, sondern er ist vor allem grausam und rachsüchtig. Ihm fehlt jedes Gefühl der Großmut. Der Haß aber ist ihm wie ein Wein, an dem er sich berauscht.

Grausam, rachsüchtig und sentimental: eine bekannte Mischung. Er liebte seine Kanarienvögel und konnte weinen, wenn ihm einer einging. Aber er ließ Menschen, an denen er etwas zu rächen hatte, auf die grausamste Weise in den Tod gehen. Er ißt unglaubliche Mengen von Süßigkeiten und Schlagsahne — und er begeistert sich an der Gestalt eines Sullas mit Proskriptionen und Massenhinrichtungen. Er